6.–

Donatien-Alphonse-François, Marquis de Sade, geboren am 2. Juni 1740 in Paris, ist am 2. Dezember 1814 in Charenton gestorben. Der göttliche Marquis gilt zu Recht als der substantiellste aller Pornographen. Doch stand die Aura des Anrüchigen lange Zeit einer Rezeption des politisch-utopischen Kerns seiner Schriften im Wege. Das von de Sade unermüdlich gestaltete Verhältnis zwischen dem Triebleben des Individuums und der seine Ansprüche einschränkenden Staatsgewalt wirft Fragen auf, die auch an unsere heutige Gesellschaft adressiert werden können. Die hier vorgelegten Texte enthalten de Sades Vorstellungen von einer gerechten Gesellschaftsordnung, den Traum vom idealen Staatsglück: Die fiktive Insel *Tamoé* ist der Gegenpol zum vorrevolutionären Frankreich und zu den Ausschweifungen des Ancien Régime. In der *Rede zu Ehren von Marat und Le Pelletier* sowie dem berühmten Manifest *Franzosen, noch eine Anstrengung* kommt noch einmal Sades Interesse an der Beseitigung von Mißständen und Mißbräuchen zum Ausdruck. Das Revolutionäre dieser Schriften ist Sades Kritik des Strafrechts, dessen Herkunft aus der christlichen Tradition der Sittlichkeit als verantwortlich für seine Methoden der Unterdrückung gesehen wird.

insel taschenbuch 1117
Marquis de Sade
Schriften aus der Revolutionszeit

Marquis de Sade
Schriften aus der Revolutionszeit 1788-1795

Herausgegeben von Georg Rudolf Lind

Insel Verlag

Umschlagabbildung:
Man Ray. Portrait imaginaire de D.A.F. de Sade, 1938

insel taschenbuch 1117
Erste Auflage 1989

Vertrieb durch den Suhrkamp Taschenbuch Verlag
Umschlag nach Entwürfen von Willy Fleckhaus
Druck: Nomos Verlagsgesellschaft, Baden-Baden
Printed in Germany

1 2 3 4 5 6 – 94 93 92 91 90 89

Inhalt

Einleitung

Die Historiker des utopischen Schrifttums pflegen den Marquis de Sade mit Stillschweigen zu übergehen. Sie besprechen ausführlich seinen Zeitgenossen Rétif de la Bretonne, dessen utopische Romanepisoden der Zeitmode huldigen, ohne für sein Gesamtwerk charakteristisch zu sein; hingegen weichen sie einer Beschäftigung mit den von Grund auf utopischen Gedanken des Marquis konsequent aus. Verantwortlich für diese Mißachtung ist anscheinend das Tabu, das seit jeher auf den Schriften dieses verrufenen Autors lag und ihre unvoreingenommene Beurteilung erschwerte. Erst in den letzten drei Jahrzehnten hat man zu fragen begonnen, ob dieser Schriftsteller nicht auch außerhalb seiner eigentlichen Domäne – der Sexualpathologie – Brauchbares zur Ideengeschichte beigesteuert haben könnte. Die Beschäftigung mit seinen politischen Vorstellungen ist dabei an letzter Stelle erfolgt. Werner Krauss und seine marxistischen Schüler, die das französische Schrifttum des 18. Jahrhunderts auf jeden kleinen Vorläufer des wissenschaftlichen Sozialismus abgetastet haben, hüteten sich weise, den obszönen Marquis für die Ahnengalerie des Kommunismus in Anspruch zu nehmen. Eine verständliche Scheu; denn wenn der Marquis auch einige Vorstellungen mit den Theoretikern des Sozialismus gemeinsam haben mag, so umkreist er doch eigensinnig ein Thema, das den Aposteln des Klassenkampfes fernliegt: das Verhältnis zwischen dem Triebleben des Individuums und der seine Ansprüche einschränkenden Staatsgewalt. In Peter Weiss' Theaterstück wird dementsprechend Sades individualistische Revolutionstheorie scharf von Marats kollektiven Umsturzabsichten abgehoben.

Den Zusammenstoß des Individuums mit der Gesellschaft, den Mechanismus von individuellem Vergehen und staatlicher Strafe hatte Sade am eigenen Leibe erfahren. Als ihn der

Staat – im Gefolge der beiden Sittenskandale von Arcueil und Marseille – von der Gesellschaft isolierte, verschaffte er ihm die unwillkommene Muße, in der Haft zum Autor, und d. h. in diesem Fall zum Gesellschaftskritiker und Utopisten zu werden. Sades Schriftstellerei entspringt unstreitig dem Ressentiment, dem Groll über erlittene Unbill; die pornographischen Romane sind seine Rache an einer Gesellschaft, die ihn unbarmherzig ausgestoßen und zu literarischer Ersatzbefriedigung seiner Wünsche verurteilt hatte. Um dieser Rache die größte denkbare Resonanz zu verschaffen, bedient sich der Autor wider Willen einer Gattung, die ihm, obwohl von den Ästhetikern verachtet, ein zahlreiches Leserpublikum zuführen mußte: er schreibt Romane; diese abwechslungsreiche Gattung bot die besten Möglichkeiten, sozialreformerische Ideen in Umlauf zu setzen. Der französische Kritiker Pierre Favre hat in seiner Studie »Sade utopiste« (1967) die beiden utopischen Einlagen des Romans »Aline et Valcour« untersucht. Doch leidet seine Darstellung darunter, daß er den Marquis als ein traditionsloses Monstrum sui generis ansieht und das Pamphlet »Français, encore un effort« unberücksichtigt läßt, ohne das Sades politische Vorstellungswelt fragmentarisch bliebe.

Der Roman »Aline et Valcour« entstand 1785–1788, während der Haftzeit des Autors in der Bastille; Sade hat ihn stets als sein Hauptwerk angesehen. Das verleiht den beiden Utopien, die in den Roman hineingearbeitet wurden, ihren besonderen Stellenwert gegenüber den politischen Gelegenheitsschriften aus der Revolutionszeit. Der Einfall, utopische Episoden in einen Roman einzubauen, der – im Vorwort – ausdrücklich Anspruch auf Wirklichkeitstreue und Wahrscheinlichkeit erhebt, ist freilich wenig originell. Als Künstler ist der Marquis überall abhängig von seinen Vorbildern; seine Sprache strotzt von Clichés; sein Satzbau ist umständlich und ermüdend; nur Zorn und Entrüstung vermögen ihn zu inspirieren und abschnittweise als eindrucksvoll-düsteren Stilisten erscheinen zu lassen. Den heutigen Leser kann nur der ideologische Gehalt seiner Schriften fesseln; die Vernunft- und Naturgläubigkeit des 18. Jahrhunderts sind in ihnen so wörtlich genommen worden, daß ihre gegenteiligen Konsequenzen, Antivernunft und Antinatur, zum Vorschein kommen. So steuert Sade einen düsteren Abgesang auf sein optimistisches Jahrhundert bei. Er selbst scheint allerdings gemeint zu haben, mit »Aline et Valcour« eine Synthese der Romankunst seiner Zeit geliefert zu haben. Er glaubte seine verehrten Vorgänger zu übertrumpfen, indem er Einzelzüge ihrer Werke in sein eigenes übernahm und summierte: die Thesenhaftigkeit der Romane Voltaires, die Reiseabenteuer des Abbé Prévost, Schauer und Rührung Richardsons, das psychologische Einfühlungsvermögen des Briefromans nach dem Muster der »Gefährlichen Liebschaften« Choderlos de Laclos' und die utopischen Staatsträume eines Denis Veiras. Wenn »Aline et Valcour« dennoch nicht das große Menschheitsbuch geworden ist, als das es Sades Biograph Lély gefeiert sehen möchte, so liegt das nicht an einem Mangel an Erfindungsvermögen, sondern am unzulänglichen Künstlertum des Autors.

Bezeichnenderweise sind es zwei Hugenotten – Foigny und Veiras –, die nach der Aufhebung des Edikts von Nantes ihren Unmut an der Willkürherrschaft der französischen Könige in Romanform kleiden. Die Beliebtheit der staatskritischen utopischen Romane nimmt im 18. Jahrhundert immer mehr zu; sie sind die Geheimwaffen in den Händen der Unzufriedenen; als die Revolution ausbricht, ist die Zahl der utopischen Romane fast unabsehbar geworden. Einige Musterstücke der Gattung, die 1787 in Amsterdam in der »Bibliothèque des voyages imaginaires« neu aufgelegt wurden, hat sich Sade von seiner Frau ins Gefängnis schicken lassen; außer Thomas Morus' »Utopia« scheint er zumindest Gombervilles »Polexandre« und Veiras' »Geschichte der Sevaramben« gekannt zu haben. Die phantastischen Reiseabenteuer boten eine bequeme und verhältnismäßig risikolose Möglichkeit zur Gesellschaftskritik. Allerdings: je mehr Weltreisende vom Prestige des Kapitäns Cook oder des Grafen Bougainville in Konkurrenz mit den Schreibtischreisenden traten und nüchterne Logbücher ihrer Weltumsegelungen vorlegten, desto kleiner wurde der Spielraum für Phantasiereisen. Für utopische Erzählungen kamen, wenn sie glaubhaft wirken sollten, nur noch abgelegene Himmelsgegenden in Betracht, über die kein Reisender berichtet hatte. Deshalb hat Sade seine »schwarze« Utopie im tiefsten Zentralafrika, seine »weiße« Utopie auf einer fernen Südseeinsel angesiedelt.

Die Fabel für die Rahmenerzählung der beiden Utopien entlieh sich der Marquis bei Gomberville, dessen Held Polexandre auf der Suche nach seiner Geliebten die ganze Welt durchreist. Auch Sades Reisender, der junge französische Edelmann Sainville, sucht nach seiner geraubten Geliebten und gelangt so über Venedig, Malta und Marokko an die westafrikanische Küste. Ein Schiffbruch – ein äußerst konventioneller Kunstgriff der utopischen Erzähler – läßt Sainville ins kannibalische Königreich Butua gelangen. Unvermittelt treten wir aus dem Bereich des Wahrscheinlichen in die Zone der utopischen Fiktion über. Als Gefangener kommt Sainville an den Königshof von Butua und wird dort von einem portugiesischen Renegaten in die Verfassung des barbarischen Staatswesens eingeführt. Dem anekdotischen Beiwerk, das Sade der Utopie von Butua mitgibt, ist eine starke Prise schwarzen Humors beigemischt: zu mager, um als königlicher Festschmaus in Frage zu kommen, sieht sich Sainville zum Begutachter der Negerdamen bestellt, die in den Harem des Monarchen eingeliefert werden. Entspringt die Indignation, mit der Sainville dem Verfassungsunterricht des Renegaten folgt, der Heuchelei des durch lange Haft gewitzigten Autors, der zeitlebens die Urheberschaft seines Romans »Justine« abstritt? Pierre Favre neigt dieser Ansicht zu. Nach seiner Meinung hat Sade im Königreich Butua eine Wüstlingsgesellschaft darstellen wollen, die seinem Ideal entsprach und in ihrer Abgeschiedenheit, Ruchlosigkeit und Unerbittlichkeit an die versteckten Klöster und Räuberhöhlen aus der »Justine« und das Schloß Silling der »120 Tage von Sodom« erinnert. Gewiß sind in das Königreich Butua Lieblingsvorstellungen des Autors eingegangen: einer kleinen Anzahl privilegierter Despoten steht ein Sklavenvolk gegenüber, das der Willkür seiner Machthaber wehrlos ausgeliefert ist – eine erste utopische Lösung des Konfliktes zwischen Triebleben und Staatsgewalt. Die Willkürakte der Herrscher von Butua sind allesamt sexuell gefärbt, vom übermenschlichen Konsum des Königs bis hin zu den Übergriffen seiner Lehnsherren, die ihre Untertanen straflos morden und brandschatzen. Die Heloten ihrerseits entschädigen sich für ihre Unterwürfigkeit durch ein rücksichtsloses patriarchalisches Gewaltregiment in der eigenen Familie, das die Frauen zur Rolle rechtloser Arbeitstiere und Lustobjekte verurteilt. Trotz seiner Rousseau-Verehrung hat Sade mit dem edlen Wilden nichts im Sinn. Die Gesellschaft von Butua ist barbarisch und antinatürlich; ihre Wollust und Brutalität leisten der Entvölkerung und endlichen Selbstauflösung des Staatswesens Vorschub, ohne daß dies der herrschenden Kaste das geringste Kopfzerbrechen verursachen würde. Butua ist so gezeichnet von Barbarei und Dekadenz, es bietet eine so hohnvolle Karikatur des angeblich unschuldigen Naturzustandes der Menschheit, daß eine andere als die von Favre gegebene Auslegung möglich wird: der Spiegel von Butua fixiert nicht nur die Lieblingsträume des Marquis einer konsequent in Schinder und Opfer unterteilten Gesellschaft, er hält auch – ins Groteske verzerrt – Züge der französischen Gesellschaft des Ancien Régime fest. Die Perversitäten des Negerstaates rivalisieren mit den Perversitäten des vorrevolutionären Frankreich: diese kritische Anzüglichkeit motiviert die Allianz des allmächtigen Despoten mit einer nicht minder herrschsüchtigen Priesterkaste, ein Bündnis, das Sades idealen Vorstellungen gänzlich entgegengesetzt ist und in der Schilderung von Butua nur dann einen sinnvollen Platz findet, wenn Butua eine Karikatur Frankreichs darstellen soll. Sade fühlte sich als Opfer des ministeriellen Despotismus und sah ihn – wie andere politische Schriftsteller seiner Zeit – von der Kirche legitimiert und gestützt. Daher bietet die Schilderung Butuas eine groteske Übersteigerung französischer Mißstände: eine allmächtige Priesterschaft sorgt für strenge Sühne aller Religionsvergehen und mißbraucht die geistliche Schulaufsicht, um die Jugend zu bedingungslosem Gehorsam gegenüber den Unterdrückern und den Götzenbildern zu erziehen. Die Unterordnung der Frau kommt einer Versklavung gleich; es wird ein gedankenloser Patriotismus gelehrt, der dem Herrscher Gut und Blut bedingungslos aufopfert. Vorsichtshalber werden diese Angriffe auf das Ancien Régime dem portugiesischen Renegaten in den Mund gelegt, dessen Vaterland ein verwandtes Bündnis von Aberglauben und Tyrannei aufwies, während Sainvilles entrüstete Einwände offenbar der Absicherung des Autors gegen etwaige Reaktionen des geschmähten Staates dienen, die er 1788 – zur Abfassungszeit des Romans – mit einigem Grunde fürchten mußte. Mag Sade auch den sexuell verbrämten Despotismus von Butua mit Behagen geschildert haben, es scheint unwiderleglich, daß er mit der Utopie von Butua ein Zerrbild der verfallenen französischen Gesellschaft zeichnen wollte. Über die Dekadenz des Ancien Régime hat sich Sade brieflich mit aller Deutlichkeit ausgesprochen; seine eigene Perversität, so gern er sie als unabwendbare Naturanlage ansieht, versteht er als Beiprodukt dieses sozialen Niedergangs. So begreift man, warum er in den lasterhaften Barbaren von Butua die genauen Antipoden der korrupten Herrenschicht Frankreichs erblicken konnte.

Auf das Schreckensgemälde von Butua folgt in Sainvilles Bericht die weiße Utopie der Insel Tamoé; sie enthält Sades Gedanken über eine gerechte Gesellschaftsordnung – in ihrer vorrevolutionären Ausprägung. Der Legende vom edlen Wilden gegenüber bewahrt Sade den Skeptizismus Kapitän

Cooks, der die von Diderot idealisierten Einwohner Tahitis für eine besonders dreiste Spielart von Taschendieben hielt. Sades Inselkönig Zamé ist daher auch kein Naturmensch, sondern ein Weiser aus der Familie des Sarastro der »Zauberflöte«. Er ist Halbfranzose, Sohn eines auf die Insel verschlagenen französischen Offiziers und einer Eingeborenen, beherrscht das Französische und hat die europäische Zivilisation auf einer zwanzigjährigen Bildungsreise studiert. Sade träumt von einem Menschheitsglück, an dem die französische Kulturhegemonie ihren Anteil behält. Die französische Zivilisation verwandelt sich bei ihm in einen sorgfältig destillierten Extrakt, der einem gutartigen Naturvolk injiziert wird und bei ihm bessere Ergebnisse zeitigt als im degenerierten Mutterland.

Bei der Schilderung seiner Inselidylle hat Sade zahlreiche Einzelzüge aus dem utopischen Schrifttum entlehnt. Die Inselhaftigkeit seiner Utopie ist typisch für die Staats- und Glücksträume aller Epochen, von Euhemeros über Morus und Bacon bis hin zu Veiras und Morelly. Zamés Inselparadies ist wirtschaftlich autark und lebt in bewußter Abschließung von der Außenwelt – wie Morus' Utopier und Bacons Atlantisbewohner. Das Vegetariertum des Königs nimmt Gedanken Morellys auf. Die geometrisch übersichtliche Anlage von Straßen und Plätzen spiegelt den Architekturgeschmack des Zeitalters wider, dem schon Veiras bei der Schilderung der Sevaramben-Hauptstadt seinen Tribut entrichtet hatte. Veiras hatte seine Sevaramben nach Berufsklassen uniformiert; Sade uniformiert die Bewohner Tamoés nach Altersstufen. Auch in der Verfassung von Tamoé fallen Einrichtungen auf, die seit Veiras und Morellys »Gesetzbuch der Natur« zum festen Inventar aller kollektivistischen Utopien gehören. Das Privateigentum ist verstaatlicht worden und wird dem Bürger zum Nießbrauch auf Lebenszeit ausgeliehen. Es herrscht Arbeitszwang, und die Kindererziehung erfolgt in staatlichen Heimen, die den Eltern nur ein unverbindliches Besuchsrecht gewähren. Die Lebensweise der Bürger erinnert stark an Veiras' Osmasien, demokratisch verwaltete, arbeitsteilige Wohneinheiten unter dem wachsamen Auge von Militärgouverneuren, die alle Schritte der Bürger genau kontrollieren. Selbst die für Notzeiten vorgesehenen Kornspeicher hat Sade von seinem Vorgänger Veiras übernommen.

Das Herrschaftssystem der Insel Tamoé ist nicht weniger konventionell. König Zamé regiert als aufgeklärter Monarch mit ebenso unumschränkten Vollmachten wie Friedrich II. von Preußen. Wie dieser betrachtet er sich als den ersten Diener seines Staates; wie Friedrich Wilhelm I. ermahnt er seine Untertanen: Lieben sollt ihr mich, nicht fürchten! Zamé übertrumpft die preußischen Könige lediglich durch die resolute Abschaffung der Höflingskamarilla, nach Sades Meinung die erste Vorbedingung für einen wahren Bürgerkönig. 1788 ist der Marquis unstreitig ein Verfechter der konstitutionellen Monarchie; sein Interesse gilt der Beseitigung der Mißbräuche, nicht dem Sturz des Königtums überhaupt. Dazu paßt, daß Sade nach seiner Haftentlassung im Jahre 1790 einem Monarchistenclub angehörte, während er gleichzeitig in seiner Pariser Bürgersektion Ehrenämter ausübte. Wenn König Zamé gegen Ende seiner langen Ansprache an den französischen Gast sein Reformwerk als beendet ausgibt und den nahen Übergang der Insel zur republikanischen Regierungsform prophezeit, so scheint dies eine verhältnismäßig späte Konzession des Autors an die veränderte politische Konstellation des Jahres 1795 zu sein, in dem sein Buch nach siebenjähriger Verzögerung endlich erscheinen konnte. Was 1788 in der stillen Bastillezelle als umstürzlerisch erscheinen konnte – die Forderung nach einem väterlichen Philosophenkönig –, war 1795 von den Ereignissen weit überholt worden. Das rabiate Republikanertum, das sich in Sades Rede auf Marat und Le Peltier äußert, trägt deutlich opportunistische Züge; denn noch am 28. 12. 1791 hatte der Autor an den mit der Verwaltung seines Vermögens beauftragten Anwalt Gaufridy geschrieben: »Ich bin Antijakobiner, und hasse sie wie die Pest; ich verehre den König, aber ich verabscheue die früheren Mißbräuche. Ich möchte, daß man dem Adel seinen Glanz zurückgibt, denn daß man ihn ihm geraubt hat, führt zu nichts; ich möchte, daß der König das Haupt der Nation sei.« Der weite Weg, der von diesen Beteuerungen monarchistischer Gesinnung zu den rabiaten Attacken auf Königtum und Religion führt, die das Manifest »Français, encore un effort« enthält, führt über alle Klippen der Angst, dem Terror der Jakobiner zum Opfer zu fallen, denen die aristokratische Herkunft Sades und die Emigration eines seiner Söhne äußerst verdächtig erscheinen mußte.

König Zamés Reformwerk bezweckt auch nicht, wie Morellys »Gesetzbuch der Natur«, die Herstellung eines kommunistischen Staatswesens. Vielmehr dient die Abschaffung des Privateigentums einzig einer durchgreifenden Neuordnung des Strafrechts. Auf Zamés Ideen zur Strafreform greift das radikale Pamphlet von 1795 (»Franzosen, noch eine Anstrengung...«) zurück, ein Zeichen dafür, daß sie das Kernstück der Inselutopie und ihren einzigen originalen Beitrag zur Geschichte der Utopien darstellen. Unter der Willkür des französischen Strafvollzugs hatte der Marquis gelitten; ihm rückt er in der Utopie von Tamoé zu Leibe. Als Strafrechtler und Sexualpädagoge ist Zamé toleranter als alle seine utopischen Vorgänger. Auf seiner Insel ist die Ehe kein Zwangsinstitut wie bei Veiras und Morelly; Zamé gönnt auch den Junggesellen das Daseinsrecht und weist ihnen zweckdienliche Beschäftigungen in der Staatsverwaltung oder beim Straßenbau zu. Unzufriedenen Ehepartnern wird die Scheidung gestattet; sexuelle Perversionen werden nicht verurteilt, sondern als »inélégants« der Lächerlichkeit preisgegeben. Auf Zamés Insel gibt es keine Gefängnisse, weil der König die – von den modernen Strafrechtlern übernommene – Auffassung vertritt, die Abschließung von der Außenwelt könne nichts zur Besserung der Verbrecher beitragen. Der Strafvollzug soll

nicht mehr abschrecken, er soll auf den Weg der Tugend zurückleiten. Die Verfassung der Insel versucht die Möglichkeiten zur Übertretung der Gesetze zu reduzieren, indem sie die Gesetze selber flexibel hält und auf ein Minimum einschränkt. Die Gleichheit des Besitzes schafft, so meint Zamé, den Anreiz zum Diebstahl aus der Welt, die Möglichkeit der Scheidung beseitigt den Ehebruch; die staatliche Kindererziehung entzieht Familienkonflikten den Boden. Gemessen an der Rechtspraxis des 18. Jahrhunderts erscheint Zamés Strafverfahren als bemerkenswert milde: selbst der Mord wird nicht durch Mord gesühnt. Der Marquis ist ein erklärter Gegner der Todesstrafe und beteuert wiederholt, der Mensch habe kein Recht, seinem Mitmenschen die beiden einzigen Güter zu rauben, die ihm die Natur zugestand: Freiheit und Leben. Dieser Aversion gegen die Todesstrafe ist Sade auch in den Schrecken der Revolutionszeit treu geblieben; zwar hat er, um seine Haut zu retten, Lippenbekenntnisse zu den Bluttaten der neuen Herren abgelegt – die Rede auf Marat darf dafür als Beispiel gelten –, aber er selbst hat als Geschworener seiner Sektion seine verhaßten Schwiegereltern, die Urheber seiner langen Haft, vor der Guillotine gerettet.
Auf seinen Bildungsreisen durch Europa hat Zamé in Theologie und Jurisprudenz die Ursachen aller Zivilisationsschäden erkannt; darum enthält er seinen Untertanen die Beschäftigung mit beiden Bereichen vor. Der Inselkönig vertritt einen dogmenlosen Deismus, der zu nichts anderem verpflichtet als zu einem freundlichen Dank an die Adresse der Gottheit. An die Stelle des Katechismus ist die wirtschaftliche und staatsbürgerliche Ausbildung der Bürger getreten. Zamé ist ein Schüler der Physiokraten; er betrachtet den Reichtum des Bodens als einziges Gut der Nation und zwingt alle Bürger zum Ackerbau. Die Goldmine der Insel wird zugeschüttet und umgepflügt – ein deutlicher Hieb auf die goldhortenden Merkantilisten. Als Volkswirtschaftler ist der König ein Reaktionär; die Manufakturen auf seiner Insel spielen eine sehr

bescheidene Rolle; sie verfertigen nur die täglichen Gebrauchsgegenstände. Produktionsüberschüsse überläßt Tamoé bedürftigen Nachbarinseln; ein eigentlicher Warenaustausch findet nicht statt, weil er Zamés Autarkiebestrebungen im Wege stehen würde. Der Monarch ist überhaupt ein Nützlichkeitsfanatiker; er schert alle Wissenschaften und Künste über den Kamm des Utilitarismus. Gewiß ist Zamé den Künsten freundlicher gesonnen als die meisten seiner utopischen Vorläufer; doch gilt seine Vorliebe nur dem Theater, das er, in Anlehnung an Holbachs Anschauungen, als moralische Anstalt versteht. Die bürgerlichen Sittengemälde, die im Theater von Tamoé aufgeführt werden, verweisen die Zuschauer drastisch auf den Pfad der Tugend. Das Theaterideal Diderots hält auf der glücklichen Südseeinsel Einzug, während die Musik, in Anlehnung an Platon, als verweichlichend abgelehnt und die Malerei nur zur Darstellung allegorischer Lehrgemälde geduldet wird, die den Sieg der Tugenden über die Laster feiern. Mehr als Wissenschaft und Künste liegt Zamé die Vaterlandsliebe der Bürger am Herzen. Wenn Peter Weiss den Marquis sagen läßt: »Ich pfeife auf die Nation«, so verkennt er die Konstanz patriotischer Beteuerungen in Sades Werk. Staatsallmacht und Patriotismus sind in Tamoé auf einen Nenner gebracht worden; das anrüchige Pamphlet von 1795 stellt alles in Zweifel, nur nicht die Vaterlandsliebe der revolutionären Bürger.

Die einzige originale Leistung des Herrschers von Tamoé besteht in der Neuregelung des Verhältnisses von Schuld und Sühne in der Gesellschaft. Die Gesetzgebung Zamés versucht durch eine egalitäre Verfassung den Anreiz zum Verbrechen auszuschalten. Dabei ist der Autor dem Zauber seiner eigenen Idylle so sehr erlegen, daß er ernstlich glaubt, durch eine gründliche Veränderung der Gesellschaftsordnung könnten die meisten Verbrechen ausgeräumt werden. Diese utopische Hoffnung, die zu Sades sonstiger Überzeugung von der natürlichen Lasterhaftigkeit des Menschen in Widerspruch steht, wird mit einer radikalen Beschneidung der individuellen Freiheitsrechte erkauft. Von der schrankenlosen Entfaltung des Individuums, die das Pamphlet von 1795 fordert, ist der Autor 1788 noch weit entfernt. Nicht ganz zu Unrecht wittert Pierre Favre hinter Zamés väterlicher Güte eine verkappte Despotie; nur der Herrscher übt die uneingeschränkte Macht aus; den Inselbewohnern wird eine domestizierte, auf das Lebensminimum eingegrenzte Existenz zugemutet. Zamé mißbraucht diese Macht nicht wie der Negerkönig von Butua, aber er ist das ausführende Organ eines allmächtigen Staates, der alle Regungen seiner fleißig werkelnden Bürgerameisen strikt überwacht und auf den Plan tritt, sobald sich ein Untertan Übergriffe erlaubt. Das Glück von Tamoé entstammt einer gemäßigten Volksverdummung; denn die Mitbürger des edlen Sarastro haben keinen Zugang zur Außenwelt und dürfen nur die 50 000 Unterhaltungsromane konsumieren, die ihr König aus Frankreich importiert hat; nur er ist allseitig informiert, sein Volk von ganzen Wissensgebieten abgeschlossen. Es ist freilich unangemessen, wenn Favre die Insel Tamoé mit einem NS-KZ vergleicht; weit eher drängt sich der Vergleich mit einer sozialistischen Volksrepublik nach dem Muster Chinas auf. Das Glück von Tamoé beruht auf Isolation und staatlichem Dirigismus; es bleibt ein Traum, eine Idylle ohne Suggestionskraft für Sades Zeitgenossen. Die französische Revolution ist über die Träumereien des Bastille-Häftlings achtlos hinweggegangen.

Gleichwohl ist die weiße Utopie aus »Aline et Valcour« für die Entwicklung des Sadeschen Denkens wichtig; sie enthält in gemäßigten Ansätzen nahezu alle Thesen, die das Pamphlet »Franzosen, noch eine Anstrengung ...« in extremer Zuspitzung aufgreift. Zwischen der Abfassung des Romans »Aline et Valcour« und dem Pamphlet aus dem obszönen Roman »La Philosophie dans le Boudoir« liegen die sieben bewegtesten Jahre der französischen Geschichte. Ohne den Kontext der Revolutionszeit bliebe dieser konsternierende Text völlig unverständlich. Er muß kurz nach dem Ende der jakobinischen Schreckensherrschaft entstanden sein. Am 8. 12. 1793 war Sade verhaftet und angeklagt worden, weil er sich 1791 um einen Dienst in der konstitutionellen Leibgarde des Königs bemüht hatte. Während Sades Mithäftlinge zum größten Teil guillotiniert wurden, entging der Ex-Marquis dem gleichen Schicksal dank der Überfüllung und Unübersichtlichkeit der Gefängnisse. Nach Robespierres Tod wurde er mit den übrigen Überlebenden der Schreckenszeit in Freiheit gesetzt. Am 21. 1. 1795 schreibt er an seinen Rechtsanwalt Gaufridy: »Meine *nationale* Verhaftung, die Guillotine vor Augen, hat mir hundertmal mehr Schaden zugefügt als es alle vorstellbaren Bastillen getan haben könnten.«

Auf diesem biographischen Hintergrund muß das Pamphlet beurteilt werden, dessen »bewundernswerten Trugschlüssen« Camus in »L'Homme révolté« Anerkennung gezollt hat. Warum steht dieser utopische Entwurf einer republikanischen Gesellschaftsordnung im Verband eines obszönen Romans, der den Untertitel »die unmoralischen Lehrmeister« trägt? Diese Tatsache hat die Sade-Forscher vor Rätsel gestellt. Hat der Autor in der Auflösung der moralischen Ordnungen eine Möglichkeit gesehen, die Gesellschaft mit seinen eigenen Gedanken von einer schrankenlosen Triebbefreiung infizieren zu können? Hat Peter Weiss das Richtige getroffen, wenn er seinem Sade die Devise in den Mund legt: »Was wäre schon diese Revolution ohne eine allgemeine Kopulation?« Alle Anzeichen sprechen für diese Auslegung, aber es gibt auch abweichende Meinungen. Pierre Klossowski klammert sich an Sades Worte: »Man halte mich nicht für einen gefährlichen Neuerer« und seine Beteuerung, er schreibe nur für einsichtige Leser, die imstande seien, philosophische Thesen ohne Gefahr zu lesen; er zieht daraus den Schluß, der Autor habe möglicherweise die Wortführer der Revolution demaskieren wollen, indem er ihre Thesen zu den letzten absurden Konsequenzen trieb.

Unzweifelhaft versucht das Pamphlet, den zukunftsträchtigen Teil der Utopie von Tamoé in die veränderten Verhältnisse der Revolutionszeit hinüberzuretten: die Gedanken zur Reform des Strafrechts. Die Tonart hat sich verschärft: aus Zamés besonnener Rede ist eine gehässige Polemik geworden, die sich des Wohlwollens der Revolutionäre durch rüde Attacken gegen die gestürzten Mächte versichert. Thron und Altar werden post festum noch einmal zerschmettert. König Zamés Deismus ist einem radikalen Atheismus gewichen, der dem Verehrer Holbachs besser zu Gesichte steht und schon Sades erster Schrift, dem »Dialog eines Sterbenden mit einem Priester« (1782) das Gepräge gibt. Der antimonarchische wie der antiklerikale Teil des Pamphlets unterscheiden sich kaum von verwandten politischen Schriften der Zeit. Verglichen mit den Kirchenschändungen und Priestermißhandlungen, wie sie sich etwa bei der Eroberung von Lyon durch die Revolutionsarmee zutrugen (Oktober 1793), wirkt Sades Appell zur gewaltlosen Ausrottung des Christentums geradezu gemäßigt. Auch Sades Forderung, die antiken Götter neu zu inthronisieren und als Symbole der Tugenden zu verehren, entspricht dem Romkult der Zeit und kann keinen Anspruch auf Originalität erheben. Eigenständig sind wiederum nur die Vorschläge, die der Pamphletist zur Strafreform beibringt; sie treiben König Zamés verwandte Gedanken zu ihren letzten, düsteren Konsequenzen. Deutlicher als in »Aline et Valcour« kommt Sade auf sein eigentliches Thema zu sprechen: die Legitimation eines entfesselten Trieblebens durch den Staat. An die Stelle der Gewaltherrschaft von Butua, die auf dem Machtmißbrauch Einzelner beruhte, soll in der Gesellschaft der freien Republikaner die staatlich geförderte Libertinage der Männer und Frauen treten. Gestützt auf die neue Situation, die durch die Ermordung Ludwigs XVI. entstanden ist – und Königsmord ist in Sades Augen Gottesmord, der die Gesellschaft eo ipso von allen Rücksichtnahmen auf überlieferte Moralvorstellungen christlicher Prägung entbunden hat – fordert der Pamphletist Straflosigkeit für alle Delikte, die Zamés Inselverfassung auf legalem Wege auszuräumen versucht hatte: Straflosigkeit für Gotteslästerung, Eigentumsdelikte, sexuelle Verirrungen und Mordtaten. Eine Regierung, die aus dem Königsmord, d. h. aus dem Gottesmord hervorging, hat nach Sades Meinung das Recht verwirkt, Todesstrafen zu verhängen; eine Revolution, die sich durch Morde erhält, darf darum auch kein anderes Verbrechen bestrafen. Der Extremismus dieser Anschauungen mußte der Gesellschaft unerträglich erscheinen, als die Hochspannung der jakobinischen Revolution vorüber war und die Männer des Direktoriums darangingen, Frankreich im Rückgriff auf die alten Ordnungen zu restaurieren. Sade erleidet das Schicksal aller Utopisten; er wird zum unerwünschten Außenseiter, den Napoléon ins Asyl von Charenton verbannt. Die moderne Strafgesetzgebung ist seinen Anschauungen in einigen Punkten nähergerückt; Religionsfrevel und sexuelle Vergehen werden in vielen europäischen Staaten heute milder beurteilt als vor 170 Jahren. Auch Sades Plädoyer gegen die Todesstrafe hat bei der Nachwelt Gehör gefunden. Diejenigen seiner Thesen, die auch heute noch schockierend wirken, erscheinen wie ein Hohn auf den Vernunftkult des 18. Jahrhunderts; die ständige Berufung auf Vernunft und Natur kann nicht verdekken, daß Sade beide Größen mit logischen Mitteln in ihr Gegenteil verkehrt und anstelle einer Zivilisationsreform eine Rückkehr in die Barbarei vorzivilisatorischer Zustände vorschlägt. Der moralische Relativismus, auf dem sein Pamphlet fußt, war durch die Reiseliteratur des Jahrhunderts vorbereitet worden, die dem Europäer Staatswesen nicht-christlicher Ordnung vor Augen gestellt hatte; die französische Revolution bot die Möglichkeit, ein nicht-christliches Modell der Sittlichkeit zu entwerfen und auf das Strafrecht zu übertragen. Das hat Sade mit der Einseitigkeit des Utopisten getan, und gerade weil sein Pamphlet die christliche Tradition der europäischen Sittlichkeit so radikal in Frage stellt, bietet es auch

heute noch eine lehrreiche Lektüre. Es zwingt zum Nachdenken über die Grundlagen unserer Zivilisation. Überdies berühren sich bestimmte Vorstellungen Sades – die permanente Revolte des Republikaners, die angestrebte Immoralität der Gesellschaft, – mit den Thesen heutiger Ideologen, die mit Sade der Überzeugung sind, die Regierungsform präge den Menschen. (C'est le gouvernement qui fait l'homme).
Wie immer man die politisch-utopischen Vorstellungen Sades beurteilen mag, sie hinterlassen einen zwiespältigen Eindruck, zwielichtig wie die Persönlichkeit des Autors. Es geht nicht an, Sade, wie es der englische Biograph Gorer tut, als »the first reasoned socialist« zu bezeichnen; denn die sozialistischen Einzelzüge seiner Utopien dienen einem gänzlich andersartigen Zweck: der Absicherung des Trieblebens des Individuums gegen den Strafvollzog des Staates. Gerade deshalb haben sich die Marxisten mit diesem unbequemen Vorläufer nicht kompromittieren wollen. Sade bleibt, auch wenn ihn einige seiner französischen Verehrer zum Prometheus und Menschheitsbefreier aufwerten wollen, ein Außenseiter, dem das Verdienst zukommt, die Ideale seines Jahrhunderts exemplarisch ad absurdum geführt zu haben. Wahrscheinlich hat Peter Weiss den Marquis am besten verstanden, wenn er ihm, in der Konfrontation mit Marat, die Worte zuschreibt: »Die Gefängnisse des Innern / sind schlimmer als die tiefsten steinernen Verliese / und solange sie nicht geöffnet werden / bleibt all euer Aufruhr / nur eine Gefängnisrevolte . . .«

Die utopische Insel Tamoé
1788

Der Wind war günstig, das Meer kaum bewegt. Wir hatten eben Neuseeland auf der Höhe des Königin-Charlotte-Kanals umschifft und steuerten mit vollen Segeln auf den Wendekreis zu; da wir in geringer Entfernung, zu unserer Linken, die Gruppe der Gesellschaftsinseln vermuteten, hielt der Steuermann auf sie Kurs, als sich plötzlich mit schrecklicher Heftigkeit ein Wind aus westlicher Richtung erhob und uns von diesen Inseln abtrieb. Der Sturm steigerte sich immer mehr; er wurde von einem so dickkörnigen Hagelschlag begleitet, daß mehrere Matrosen verletzt wurden. Wir refften sogleich unsere Segel, holten die Bramsegel ein und waren bald gezwungen, unseren Kurs zu ändern und mit Masten und Tauen weiterzufahren, bis wir an Land getragen würden, was uns Verderben oder Rettung bringen mußte. Dieses ebenso erwünschte wie gefürchtete Land wurde endlich bei Anbruch des folgenden Tages sichtbar. Hätte sich der Wind, der uns mit Gewalt darauf zutrieb, nicht bei Morgengrauen gelegt, so wären wir unfehlbar zerschellt. Er beruhigte sich, und wir konnten wieder steuern; da aber unser Schiff während des Gewitters offenbar aufgelaufen war und dreimal stündlich leck wurde, waren wir genötigt, auf jeden Fall auf die Insel zuzuhalten, um dort Ausbesserungsarbeiten vorzunehmen.

Obwohl die Insel ganz von Felsen umgeben war, erschien sie uns zauberhaft, und in unserem schrecklichen Zustand genossen wir zumindest die schmeichlerische Hoffnung, unsere Schäden in einer so entzückenden Gegend reparieren zu können.

Ich schickte die Schaluppe und den Leutnant aus, um einen Ankerplatz auszumachen und die Gesinnung der Eingeborenen zu erkunden. Drei Stunden später kam die Schaluppe mit zwei Landeskindern zurück, die mich zu begrüßen wünschten

und dies auf europäische Weise taten; ich sprach zu ihnen nacheinander in verschiedenen Sprachen unseres Kontinents, doch sie verstanden mich nicht. Ich glaubte indessen zu bemerken, daß sich ihre Aufmerksamkeit verdoppelte, wenn ich mich der französischen Sprache bediente, und daß ihre Ohren an ihren Klang gewöhnt waren. Wie dem auch sein mochte, sie gaben mir mit durchaus verständlichen Zeichen, die nichts Wildes an sich hatten, zu verstehen, daß ihr Oberhaupt uns mit dem größten Vergnügen empfangen würde, falls wir in friedlicher Absicht kämen, und daß wir in diesem Falle alles bei ihnen finden würden, was wir zu unserer Hilfe benötigten. Nachdem ich sie meiner friedlichen Absichten versichert hatte, bot ich ihnen Geschenke an; sie lehnten sie würdig ab, und wir fuhren weiter. In der Nähe der Küste fanden wir einen guten Ankerplatz von 12 oder 15 Faden Tiefe, mit schönem rotem Sand; wir gingen vor Anker und, bevor ich an Land ging, stellte ich fest, daß die Insel, an der wir landeten, oberhalb des Wendekreises lag, zwischen dem 260. und 263. Breitengrad und zwischen dem 25. und 26. Grad südlicher Breite, in geringer Entfernung von einem Land, das früher einmal von Davis beobachtet worden war. Als wir anlangten, säumte eine unabsehbare Menge von Inselbewohnern beiderlei Geschlechts die Küste; sie empfingen uns mit allen Anzeichen der Freude, die uns über ihre Gefühle nicht im Zweifel lassen konnten. Von diesem Anblick verführt, wollten einige unserer Matrosen die Frauen liebkosen; doch sahen sie sich im gleichen Augenblick ebenso sittsam wie stolz zurückgewiesen, ohne daß uns dieser erste Fehler, der fast allen Europäern gemeinsam ist, das Wohlwollen dieses Volkes gekostet hätte.
Kaum war ich an Land gestiegen, so traten zwei Eingeborene unter den größten Freundschaftsbezeugungen auf mich zu und gaben mir zu verstehen, sie wollten mich, falls mir das recht wäre, zu ihrem Oberhaupt führen. Ich nahm das Angebot an, erteilte meiner Mannschaft die nötigen Befehle, empfahl ihr die größte Umsicht und nahm nur meine beiden

Offiziere mit mir mit. Nachdem wir im Vorbeigehen die vorzüglichen europäischen Befestigungsanlagen bestaunt hatten, die den Hafen schützten, betraten wir im Gefolge unserer Führer eine prächtige Palmenallee mit vier Baumreihen, die vom Hafen in die Stadt führte.

Diese mit planvoller Regelmäßigkeit erbaute Stadt bot einen bezaubernden Anblick. Sie hatte einen Durchmesser von mehr als zwei Meilen und kreisrunde Gestalt; alle Straßen verliefen schnurgerade, doch jede von ihnen glich eher einer Promenade als einem Durchgang. Zu beiden Seiten waren sie von Bäumen gesäumt, entlang den Häusern verliefen Bürgersteige, und in der Mitte ermöglichte sanfter Sand ein bequemes Gehen. Alle diese Häuser waren einförmig; keines, das größer oder höher gewesen wäre als das andere. Jedes besaß ein Erdgeschoß, eine erste Etage, darüber eine italienische Terrasse und an der Vorderfront eine gleichmäßig gebaute Eingangstür zwischen zwei Fenstern, deren jedes in ein darüber liegendes Fensterkreuz auslief, das der ersten Etage Licht spendete. Alle Fassaden waren in symmetrischen Abschnitten rosa und grün ausgemalt, was allen Straßen ein schmuckes Aussehen verlieh. Nachdem wir einige von ihnen durchquert hatten, die uns um so freundlicher erschienen, als zahlreiche Inselbewohner vor ihren Häusern standen, um uns zu sehen, und so die Buntheit des Schauspiels vermehrten, gelangten wir zu einem großen, kreisrunden, baumumstandenen Platz. Zwei halbrunde Gebäude füllten ihn gänzlich aus; sie waren wie die Häuser bemalt, lediglich etwas größer und höher. Einer dieser Bauten war der Palast des Herrschers; der andere diente der Öffentlichkeit; über seine Bestimmung werde ich bald berichten.

Nichts Ungewöhnliches zeigte uns das Haus des Fürsten an; dort sahen wir keinen der beleidigenden Wachtposten, die durch ihre Vorsicht und ihre Waffen den Tyrannen den Augen seiner Untertanen zu entziehen scheinen. Der ehrwürdige Herrscher, der selbst zu unserem Empfang am Tor seines

Palastes erschienen war, wurde von allen, die uns führten oder begleiteten, ohne Unterschied angesprochen; alle beeilten sich, in seine Nähe zu kommen; alle freuten sich an seinem Anblick, und er grüßte alle mit freundschaftlichen Gebärden.

Bei seinem Anblick glaubte ich mich in die glücklichen Zeiten des goldenen Zeitalters zurückversetzt, wo die Könige nur die Freunde ihrer Untertanen, die Untertanen nur die Kinder ihrer Fürsten waren. Dieser Herrscher war groß allein durch seine Tugenden, geachtet nur um seiner Weisheit willen, geschützt nur durch das Herz seines Volkes. Ich glaubte *Sesostris* mitten in der Stadt Theben zu erblicken.

Zamé, dies war der Name des seltenen Mannes, mochte siebzig Jahre alt sein, er wirkte jedoch wie ein Fünfzigjähriger; er war groß, von angenehmer Gestalt, edlem Betragen, anmutigem Lächeln und lebhaftem Blick; schönes weißes Haar umgab seine Stirn, und er vereinte mit der Annehmlichkeit des reifen Alters die ganze Majestät eines Greises. Sobald er uns bemerkte, erkannte er uns als Europäer, und da er wußte, daß das Französische die gemeinsame Sprache des ganzen Kontinents ist, fragte er mich sogleich in dieser Sprache, welcher Nation ich angehörte.

»Der Nation, deren Sprache Sie sprechen«, sagte ich, indem ich ihn begrüßte.

»Ich kenne sie«, gab mir Zamé zur Antwort, »ich habe drei Jahre lang in Ihrem Vaterlande gelebt; wir werden uns darüber unterhalten ... Aber Ihre Begleiter sehen nicht nach Franzosen aus.«

»Nein, es sind Holländer ...«

Sogleich richtete er einige schmeichelhafte Worte in ihrer Sprache an sie.

»Sie sind überrascht, einen so gebildeten Wilden vorzufinden«, sagte er dann zu mir. »Kommen Sie, folgen Sie mir, ich werde Sie aufklären; ich werde Ihnen meine Geschichte erzählen.«

In seinem Gefolge betraten wir den Palast: seine Möbel waren schlicht und sauber und verrieten einen eher asiatischen als europäischen Geschmack, obwohl auch einige französische Ausstattungsgegenstände vorhanden waren. Sechs außergewöhnlich schöne Frauen umgaben eine Frau von etwa sechzig Jahren, und alle erhoben sich bei unserer Ankunft.
»Das ist meine Frau«, sagte Zamé, indem er mich der ältesten vorstellte; »diese drei hier sind meine Töchter und die drei anderen unsere Freundinnen; außerdem habe ich noch zwei Söhne: wenn sie von Ihrem Besuch gewußt hätten, wären sie schon hier. Ich bin gewiß, daß Sie sie gern haben werden.«
Als Zamé mein Erstaunen über so viel Treuherzigkeit bemerkte, fügte er hinzu: »Ich setze Sie in Erstaunen, ich merke es wohl ... Man hat Ihnen gesagt, ich sei das Oberhaupt dieser Nation, und Sie sind überrascht, daß ich meine Größe nicht, nach dem Beispiel eurer europäischen Fürsten, durch Hochmut und Schweigsamkeit kenntlich mache. Wissen Sie, warum ich ihnen nicht ähnlich bin? Weil sie nur Könige zu sein verstehen; ich habe gelernt, ein Mensch zu sein. Wohlan, machen Sie es sich bequem, wir werden plaudern und ich werde Sie über alles ins Bild setzen. Aber zunächst sagen Sie uns, was Sie brauchen. Es drängt mich, das zu erfahren, damit ich Befehl geben kann, daß man Ihre Wünsche unverzüglich erfüllt.«
Von so viel Güte gerührt, beteuerte ich anhaltend meine Dankbarkeit; da wandte sich Zamé an seine Frau und sagte in unserer Sprache zu ihr: »Ich freue mich, daß Sie einen Europäer zu Gesichte bekommen; aber es ärgert mich, daß er Sie merken läßt, daß es in seinem Vaterlande Brauch ist, dem Wohltäter zu danken, als ob nicht derjenige, der Gutes tut, dem anderen Dank abzustatten hätte.«
Ich teilte ihm unseren Bedarf mit.
»Sie sollen das alles bekommen«, erwiderte Zamé, »und gute Arbeiter dazu, um den Ihrigen beizuspringen. Aber Sie

erwähnen gar nicht den Proviant; der muß Ihnen doch fehlen. Glaubten Sie vielleicht, ich wollte ihn Ihnen schenken? ... Mitnichten, Sie müssen ihn mir abkaufen. Entweder Sie bekommen nichts von allem, was Sie verlangten, oder Sie müssen 14 Tage bei mir zubringen. Sie sehen wohl, daß ich unbescheidener bin als Sie.«

Tiefbewegt über diesen bei einem Fürsten so seltenen Freimut, warf ich mich zu seinen Füßen nieder.

»Aber, aber!«, sprach er, indem er mich aufhob. »Zoraï«, wandte er sich an seine Frau, »du siehst, wie sie sich zu ihren Herrschern einstellen, sie achten sie, statt sie zu lieben. Schikken Sie Ihre Leute an Bord zurück«, fügte er hinzu, »dort werden sie schon einen Teil von dem Erbetenen vorfinden. Was noch fehlt, sollen sie sich ausbitten. Wenn sie lieber in der Stadt wohnen, können sie das tun. Sie jedoch und Ihre Offiziere müssen unbedingt in meinem Hause Quartier nehmen; es ist bequem und weitläufig. Ich habe in ihm bei Gelegenheit Freunde empfangen; Höflinge habe ich nie darin gesehen.«

Zamé gab seine Anweisungen, ich erteilte die meinigen; ich gab ihm zu verstehen, daß die Anwesenheit meiner Offiziere auf dem Schiff notwendig sei.

»Gut denn«, versetzte er, »so behalte ich also nur Sie; aber morgen sollen sie zum Mittagessen zu mir kommen.«

Die Offiziere grüßten und nahmen Abschied.

Wenig später erschienen zwei Bürger in der gleichen Kleidung, die wir schon in der Stadt gesehen hatten – alle Einwohner waren, bis auf die Farbe, einheitlich gekleidet – und teilten Zamé mit, das Essen sei aufgetragen: wir traten in einen großen Saal, wo die Mahlzeit auf europäische Weise zubereitet worden war.

»Es ist dies die einzige Zeremonie, zu der ich mich Ihretwillen versteigen werde«, sagte der liebenswürdige Wirt; »Sie würden nicht so bequem essen wie wir; daher habe ich angeordnet, daß Sitzgelegenheiten aufgestellt würden. Wir bedienen uns ihrer zuweilen; es stört uns also nicht.«

Ohne meinen Dank abzuwarten, setzte er sich neben seine Frau und ließ mich neben sich Platz nehmen. Die sechs jungen Mädchen nahmen die übrigen Plätze ein.

»Diese jungen Damen«, wandte sich Zamé an mich, indem er auf die drei Freundinnen seiner Familie wies, »werden Sie meinen lassen, ich liebte das weibliche Geschlecht. Sie täuschen sich darin nicht, ich liebe es sehr, aber nicht so, wie Sie vielleicht meinen. Die Gesetze meines Landes erlauben die Scheidung, und dennoch«, fuhr er fort, indem er Zoraïs Hand ergriff, »habe ich nur diese gute Freundin und werde keine andere haben. Doch bin ich alt und betrachte die jungen Frauen mit Vergnügen; ihr Geschlecht hat so viele Vorzüge! Ich habe immer die Ansicht vertreten, mein Freund, daß, wer die Frauen nicht liebt, nicht geschaffen ist, um den Männern Befehle zu erteilen.«

»Was für ein prächtiger Mann!«, rief Madame de Blamont aus, »ich liebe ihn schon mit Leidenschaft. Ich hoffe, bei dieser Mahlzeit brauchten Sie keine Angst zu haben, Menschenfleisch essen zu müssen, wie bei Ihrem elenden Portugiesen.«

»Weit gefehlt, Madame«, fuhr Sainville fort, »es kam gar kein Fleisch auf den Tisch: die ganze Mahlzeit bestand aus einem Dutzend Schälchen aus prachtvollem blauem Japan-Porzellan, die nur mit Gemüse, Konfitüre, Früchten und Gebäck gefüllt waren.«

»Der schlechteste Duodezfürst in Deutschland hält auf bessere Küche als ich, nicht wahr, mein Freund?«, sagte Zamé zu mir. »Wissen Sie auch, weshalb? Er füttert mehr seinen Stolz als seinen Magen, und er meint, es sähe nach Größe und Prachtentfaltung aus, wenn er zwanzig Tiere umbringen läßt, um eines zu unterhalten. Mein Stolz gilt anderen Zielen: die Wertschätzung seiner Mitbürger verdienen, von der Umgebung geliebt werden, das Gute tun, das Böse verhindern und alle Welt beglücken; das sind die einzigen Dinge, mein Freund, die der Eitelkeit eines Mannes schmeicheln sollten, den der Zufall für einen Augenblick über die anderen erhoben hat. Nicht um eines religiösen Prinzips willen enthalten wir uns fleischlicher Nahrung; es geschieht aus Gründen der Diät, es geschieht aus Humanität. Warum sollten wir unsere Brüder opfern, wenn die Natur uns andere Dinge gibt? Kann man wirklich annehmen, daß es gesund sein sollte, das faulende Fleisch und Blut von tausenderlei Tieren in seine Eingeweide hineinzuschlingen? Daraus ergibt sich nur ein scharfer Speisesaft, der unsere Organe notwendig schädigt und schwächt, der Krankheit und Tod beschleunigt. Die Speisen, die ich Ihnen biete, sind nicht gesundheitsschädlich: die Dünste, die bei ihrer Verdauung ins Gehirn aufsteigen, sind leicht und erschüttern nicht die Fibern. Bei mir trinken Sie Wasser, mein Gast; betrachten Sie seine Durchsichtigkeit, genießen Sie seine Frische! Sie können sich gar nicht vorstellen, welche Mühe ich aufwende, um Wasser von guter Qualität zu erhalten. Welches Getränk könnte diesem gleichkommen? Welches gesünder sein?... Fragen Sie mich nicht, warum ich trotz meines Alters rüstig bin: ich habe nie Mißbrauch mit meinen Kräften getrieben; trotz meiner zahlreichen Reisen habe ich stets die Unmäßigkeit vermieden, und ich habe nie Fleisch gegessen ...

Sie werden mich für einen Schüler Krotons halten*. Sie werden überrascht sein zu erfahren, daß ich nichts dergleichen bin. Ich bin in meinem Leben einem einzigen Prinzip gefolgt: ich habe daran gearbeitet, die größte Summe denkbaren Glücks um mich zu verbreiten, indem ich mit dem Glück der anderen den Anfang machte. Ich spüre wohl, daß ich mich bei Ihnen noch entschuldigen muß, weil ich Sie auf so bürgerliche Weise empfange. Ein Fürst, der mit seiner Frau und seinen Kindern speist! Nicht viertausend Spitzbuben dingt, um eine Tafel für Monsieur, eine Tafel für Madame führen zu können!... Das ist eine ›petitesse‹! ein ›mauvais ton‹! Würde man so nicht in Frankreich sagen? Sie sehen, ich kenne seine

* Italienische Stadt, in der Pythagoras lehrte.

Sprache. Mein Freund, wie kostspielig und wie grausam für eine empfindsame Seele ist dieser unerträgliche Luxus, der mit dem Blut der Völker erkauft wird! Glauben Sie, ich könnte dinieren bei dem Gedanken, daß die goldenen Teller, von denen ich speiste, mit dem Glück meiner Untertanen erkauft seien und ihre Kinder, um meinen Luxus aufzubringen, nur ein Stück Schwarzbrot zur Fristung ihrer traurigen Tage behielten, hart geworden im Elend, aufgeweicht von Tränen des Schmerzes oder der Verzweiflung? ... Diese Vorstellung würde mich erbeben lassen, ich würde sie nie ertragen. Was Sie heute auf meiner Tafel sehen, können alle Einwohner dieser Insel auf der ihrigen finden, und ich esse es mit Appetit ... Nun, lieber Franzose, Sie sagen kein Wort?«
»Großer Mann«, rief ich in der lebhaftesten Begeisterung, »ich tue mehr, ich bewundere und freue mich.«
»Hören Sie«, versetzte Zamé, »Sie haben sich eben eines Ausdrucks bedient, der mich schockiert: überlassen wir das Wort *Größe* den Despoten, die nur Respekt verlangen; da sie keine anderen Gefühle einflößen können, fordern sie diejenigen, die nur das Werk des Goldes und des Thrones sind. Kein Mensch auf Erden ist größer als der andere, wenn man nur den Zustand ansieht, in dem uns die Natur geschaffen hat: wer Ungleichheit anstrebt, erreiche sie durch Tugenden. Die Einwohner dieses Landes nennen mich ihren Vater, und ich will, daß Sie mich Ihren Freund heißen: sagten Sie nicht, daß ich Ihnen einen Dienst erwiesen habe? ... Nun denn: ich habe also ein Anrecht auf den Titel eines Freundes, um den ich bitte, und ich mache es geltend.«
Die Unterhaltung wurde allgemein: die Frauen, die fast alle französisch sprachen, trugen mit ebensoviel Geist wie Anmut und Einfalt dazu bei. Wie ich feststellte, waren sie ebenso gekleidet wie die Frauen der Stadt, und ihr Kostüm war so schlicht wie elegant; ein leichtes, eng anschließendes Korselett mit Halbrock hebt ihren Wuchs stark hervor – alle sind auffallend groß und schlank –; ein zartgelber Schleier, von

feinerem, dünnerem Stoff als unsere Gaze, ist angenehm um ihr Haar geschlungen, fällt in weichen Wellen um ihre Hüften und endigt in einem großen Knoten über dem linken Schenkel. Alle Männer sind asiatisch gekleidet und tragen eine Art leichten Turbans von gefälliger Form und gleicher Farbe wie ihr Gewand.

Die drei Farben, die sie für ihre Kleidung wählen, sind grau, rosa und grün: grau ist die Farbe der Greise, das reife Alter trägt grün und die Jugend kleidet sich rosa. Der Stoff ihrer Gewänder ist fein und weich; da das Klima sanft und gleichmäßig ist, ist er zu allen Jahreszeiten der gleiche. Er erinnert an unseren florentiner Taft; auch die Frauen tragen ihn. Stoffe und Schleier werden in ihren eigenen Manufakturen aus der dritten Rinde eines Baumes gewebt; sie zeigten ihn mir; er ähnelt dem Maulbeerbaum. Zamé erklärte mir, diese Pflanzenart sei eine Besonderheit seiner Insel.

Die beiden Bürger, die uns zum Essen gebeten hatten, waren die einzigen, die uns bedienten; alles vollzog sich geordnet und war in weniger als einer Stunde beendigt.

»Mein Gastfreund«, sagte Zamé zu mir, indem er aufstand, »Sie sind müde; man wird Sie auf Ihr Zimmer führen. Morgen werden wir früh aufstehen und uns unterhalten; ich werde Ihnen die Regierungsform dieses Volkes erläutern. Ich werde Sie davon überzeugen, daß derjenige, den Sie für seinen Fürsten halten, nur sein Gesetzgeber und sein Freund ist... Ich werde Ihnen meine Geschichte erzählen und dennoch darauf achten, daß den Bedürfnissen Genüge geschieht, von denen Sie mir gesprochen haben: es ist nicht genug, zu seinen Freunden über sich selbst zu sprechen, wesentlicher ist es, sich um sie zu kümmern. Ich überlasse Sie nunmehr einem dieser treuen Diener«, fuhr er fort, indem er auf einen der Bürger deutete, die uns bedient hatten, »er wird Sie einweisen. Das erscheint Ihnen sehr schlicht, nicht wahr? Selbst wenn Sie nur bei einem Finanzmann zu Gast wären, hätten Sie zwei goldbetreßte Kammerdiener zu Ihrer Verfügung: hier finden

Sie nur einen meiner Freunde – das ist der Name, den ich meinen Dienern gebe. Bei dem einen bestreiten Lüge, Hochmut und Egoismus die Unkosten des Zeremoniells; was Sie hier sehen, ist nur das Werk meines Herzens. Leben Sie wohl!«

Das Appartement, in das ich mich zurückzog, war einfach, aber sauber und bequem wie alles, was ich in diesem reizenden Hause beobachtet hatte. Mein Bett bestand aus drei Matratzen; sie waren mit getrockneten, mit einer Art von Mark gestärkten Palmblättern gefüllt und ebenso sanft wie Federbetten. Ein leichtes Netz von dem gleichen Stoff, aus dem die Frauen ihre Schleier bezogen, war an der Wand befestigt; man zog es um sich, um sich gegen den Biß einer kleinen Fliege zu schützen, die zu bestimmten Jahreszeiten in diesem Lande lästig fällt.

In diesem Zimmer verbrachte ich eine der besten Nächte, die ich seit dem Beginn meines Mißgeschicks genossen hatte. Ich glaubte mich in den Tempel der Tugend versetzt und ruhte sanft zu den Füßen ihrer Altäre.

Am anderen Tag erkundigte sich Zamé, ob ich aufgewacht sei, und als ich aufgestanden war, sagte man mir, er warte auf mich. Ich fand ihn in dem gleichen Zimmer, in dem er mich am Vorabend empfangen hatte.

»Junger Fremdling«, sprach er zu mir, »ich meinte, Sie würden gern erfahren, wer Ihr Gastgeber ist und warum Sie am entferntesten Ende der Welt einen Mann vorfinden, der dieselbe Sprache spricht wie Sie und Ihr Vaterland zu kennen scheint. Setzen Sie sich und hören Sie mir zu!«

Zamés Geschichte

Gegen Ende der Regierungszeit Ludwigs XV., erzählte Zamé, wollte ein französisches Kriegsschiff von China nach Amerika fahren und entdeckte dabei diese Insel, die zuvor kein Seefahrer bemerkt hatte und auf der seither kein anderer erschienen ist. Die Schiffsmannschaft hielt sich hier fast einen Monat lang auf, mißbrauchte den Zustand der Schwäche und Unschuld, in dem sie dieses unglückliche Volk vorfand, und erlaubte sich zahlreiche Übergriffe.

Ein junger Schiffsoffizier, der sich sterblich in eine Eingeborene verliebt hatte, ließ seine Landsleute ruhig abfahren und versammelte, als er sie weit genug entfernt glaubte, die Häuptlinge des Volkes. Durch den Mund der Frau, die er liebte und mit der er sich inzwischen verständigen konnte, erklärte er ihnen, er sei nur auf der Insel zurückgeblieben, weil ihm ein so gutes Volk heftige Zuneigung eingeflößt habe. Er wolle sie vor dem Unglück schützen, das ihn die Entdekkung der Insel durch seine Landsleute vorausahnen lasse. Dann zeigte er den versammelten Häuptlingen eine Inselgegend, in der wir unglücklicherweise eine Goldmine besitzen und sprach zu ihnen: »Meine Freunde, nach diesem dort dürsten die Menschen meines Vaterlandes. Dieses elende Metall, dessen Gebrauch ihr nicht kennt, das ihr achtlos mit Füßen tretet, ist der teuerste Gegenstand ihrer Wünsche. Um dieses Gold den Eingeweiden der Erde zu entreißen, werden sie in größerer Stärke wiederkommen, euch unterjochen, in Fesseln schlagen und vom Erdboden vertilgen; oder, noch schlimmer, sie werden euch verbannen, wie sie und ihre spanischen Nachbarn es täglich auf einem Kontinent tun, der einige hundert Meilen von dem eurigen entfernt ist, dessen Lage ihr nicht kennt und der diese Art von Reichtümern ebenfalls im Überfluß besitzt. Ich habe gemeint, euch vor ihrer Habgier retten zu können, indem ich bei euch bliebe. Da ich weiß, auf welche Weise sie sich einer Insel bemächtigen, könnte ich dem entgegenwirken; da ich weiß, wie sie gegen euch kämpfen werden, könnte ich euch zeigen, wie ihr euch verteidigen müßt. Vielleicht kann ich euch ihrer Besitzgier entreißen: gebt mir die Mittel zum Handeln; als einzige Belohnung gewährt mir die Frau, die ich liebe.«

Einstimmig sprach man ihm seine Geliebte zu und gönnte ihm

sofort jede erdenkliche Hilfe, damit er das Versprochene ins Werk setzen konnte.

Er durchreiste die Insel und fand sie rund und in einem Umkreis von etwa fünfzig Meilen ganz von Felsen umschlossen, mit Ausnahme der Seite, von wo ihr gekommen seid. Nur diese Seite bedurfte, so meinte er, kunstvoller Befestigungsanlagen. Vielleicht haben Sie nicht darauf geachtet, wie er den Hafen unzugänglich gemacht hat. Wir werden ihn bald besichtigen, und ich werde Sie an Ort und Stelle davon überzeugen, daß Sie dort nicht so leicht gelandet wären, wenn wir nicht Ihre Schwäche und Hilfsbedürftigkeit für die einzigen Gründe Ihrer Ankunft auf unserer Insel gehalten hätten. Der einzige Zugangsweg nach Tamoé wurde daher von ihm nach europäischer Weise befestigt; er brachte dort Batterien in Stellung, die von mir nur vervollkommnet und ergänzt worden sind. Er hob eine Miliz aus, richtete in dem am Eingang der Bucht erbauten Fort eine Garnison ein und gefiel der Nation durch die Weisheit seiner Vorsorge und die Überlegenheit seiner Einsichten so sehr, daß sie ihn beim Tode seines Schwiegervaters, eines der angesehensten Häuptlinge, einstimmig zum Fürsten der Insel wählte. Von Stund an änderte er deren Verfassung; er ließ durchblicken, sein Unternehmen bedürfe zu seiner Vervollkommnung einer erblichen Herrschaftsform, damit er seine Absichten auf seinen Nachfolger übertragen könnte und dieser Erbe in der Lage sei, sie zu verwirklichen und zu verbessern. Man stimmte ihm zu ...

Zu dieser Zeit kam ich auf die Welt; ich bin der eheliche Sohn dieses der Nation so teuren Mannes; mir hat er seine Absichten anvertraut, und ich bin glücklich genug, sie erfüllt zu haben.

Ich werde Ihnen nicht von seiner Verwaltung berichten; er konnte nur beginnen, was ich vollendet habe. Indem ich Ihnen mein Vorgehen näher beschreibe, lernen Sie das seinige kennen: doch zurück zu den Ereignissen, die dem voraufgingen.

Sobald ich fünfzehn Jahre alt geworden war, verbrachte mein Vater fünf Jahre damit, mir Geschichte, Geographie, Mathematik, Astronomie, Zeichnen und Navigationskunst beizubringen. Dann führte er mich auf das Gelände der Goldmine, von der er fürchtete, ihre Reichtümer könnten seine Landsleute anziehen, und sagte zu mir: »Wir wollen aus ihr herausholen, was nötig ist, damit du mit ebensoviel Pracht wie Nutzen reisen kannst: leider kann man nicht von hier abreisen, ohne daß dieses Metall unentbehrlich würde. Laß es jedoch in den Augen dieser einfachen und glücklichen Nation nach wie vor als verächtlich gelten; wenn sie es kennenlernte, würde sie herunterkommen. Sie soll der Überzeugung bleiben, das Gold habe nur einen fiktiven Wert und sei wertlos für ein Volk, das weise genug ist, diese Torheit nicht mitzumachen.«

Dann ließ er einige Reisekoffer mit diesem Metall füllen, den Platz, wo er es entnommen hatte, zuschütten und umpflügen, damit man seine Spur vergessen sollte; er ließ mich ein großes Schiff besteigen, das nach seinen Zeichnungen nur zum Zweck meiner Reise erbaut worden war, umarmte mich und sprach mit Tränen in den Augen:

»O du, den ich vielleicht nie wiedersehen werde, du, den ich dem Glück der Nation, die mich adoptiert hat, zum Opfer bringe, lerne die Welt kennen, mein Sohn, übernimm von allen Völkern der Erde, was dir für das Glück deines Volkes am vorteilhaftesten zu sein scheint! Tu es der Biene nach: umschwärme alle Blumen und bring nur den Honig heim: unter den Menschen wirst du viel Torheit, gepaart mit ein wenig Weisheit, finden, einige gute Leitgedanken, vermischt mit abscheulichen Absurditäten ... Bilde dich, lerne deine Mitmenschen kennen, bevor du sie zu beherrschen wagst ... Der Purpur der Könige soll dich nicht blenden! Sieh ihnen ins Herz unter allem Pomp, der ihre Mittelmäßigkeit, ihren Despotismus und ihre Unverschämtheit verschleiert.

Mein Lieber, ich habe die Könige stets verabscheut, und ich

habe dir nicht einen Thron bestimmt; ich will, daß du der Vater, der Freund der Nation, die uns adoptiert hat, sein sollst. Du sollst ihr Gesetzgeber und ihr Führer sein, ihr Tugenden geben, nicht Fesseln. Strafe die Tyrannen, die Europa deinen Blicken enthüllen wird, mit souveräner Verachtung; überall wirst du sie von Sklaven umringt finden, die ihnen die Wahrheit entstellen, weil die Günstlinge zu viel zu verlieren hätten, wenn sie sie ihnen zeigen würden. Deshalb lieben die Könige die Wahrheit nicht und fürchten sie fast immer: das einzige Mittel, sie nicht zu fürchten, heißt Tugendhaftigkeit. Wer offen einhergeht, wessen Gewissen rein ist, braucht nicht zu fürchten, daß man ihm die Wahrheit sagt. Wessen Herz jedoch besudelt ist, wer nur auf seine Leidenschaften hört, liebt Irrtum und Schmeichelei, weil sie ihm die Übeltaten verbergen, die er begeht, weil sie das Joch erleichtern, mit dem er drückt, weil sie ihm seine Untertanen in der Freude zeigen, während sie in Tränen ertrinken. Hast du erst die Ursache bemerkt, die die Höflinge zur Schmeichelei antreibt, sie zwingt, einen dichten Schleier über die Augen ihres Gebieters zu breiten, so wirst du die Defekte der Regierungsform entdecken. Studiere sie, um sie zu vermeiden; die Pflicht, sein Volk zu beglücken, ist so wesentlich, es ist so süß, das zu erreichen, so schrecklich, dabei zu scheitern, daß ein Gesetzgeber keine ruhigen Minuten kennen darf, die ausgenommen, in denen seine Anstrengungen Erfolge zeitigen.
Du wirst überrascht sein über die Mannigfaltigkeit der Kulte; überall wirst du den Menschen eingebildet auf den seinigen und der Ansicht finden, er allein sei der beste, er allein stamme von einem Gott, der zum einen nie mehr gesprochen hat als zum anderen. Wenn du sie alle philosophisch überprüfst, so bedenke, daß der Kult für den Menschen nur insoweit nützlich ist, als er der Moral Kräfte leiht und einen Zügel für die Sittenverderbnis darstellen kann. Deshalb muß er rein und schlicht sein: wenn er deinen Augen nur monströse Dogmen und schwachsinnige Mysterien darbietet, so flieh diesen Kult,

er ist falsch, er ist gefährlich, er würde in deiner Nation nur zu einer unversieglichen Quelle von Mordtaten und Verbrechen. Wenn du ihn in diesen kleinen Erdenwinkel einführtest, würdest du ebenso schuldig wie die elenden Betrüger, die ihn auf der Erde ausgebreitet haben. Flieh ihn, mein Sohn, verabscheue diesen Kult; er ist nur das Werk der Schurkerei der einen und der Dummheit der anderen, er würde dieses Volk nicht bessern. Wenn dir aber einer vor Augen kommt, der einfach in seiner Lehre, tugendhaft in seiner Moral ist, allen Prunk verachtet, alle kindischen Fabeln zurückweist und nur die Anbetung eines einzigen Gottes zum Gegenstand hat, so ergreife ihn, das ist der richtige. Wir gefallen dem Ewigen nicht durch Narrenpossen, die hier verehrt und dort verachtet werden, sondern durch Herzensreinheit und Wohltätigkeit... Wenn es wahr ist, daß es einen Gott gibt, so besteht er aus diesen Tugenden; es sind die einzigen, die der Mensch nachahmen muß. Ebenso wirst du über die Vielfalt der Gesetze staunen: wenn du sie mit der gleichen Aufmerksamkeit prüfst, die ich von dir für die Kulte verlange, so bedenke, daß der einzige Nutzen der Gesetze darin besteht, den Menschen glücklich zu machen. Alles, was sich von diesem Maßstab entfernt, betrachte als falsch und grauenerregend.

Das Menschenleben ist zu kurz, als daß ich allein zu dem Ziel gelangen könnte, das ich mir gesteckt habe; ich habe dir nur den Weg ebnen können, du mußt ihn zu Ende gehen. Vererbe unsere Denkart auf deine Kinder, so werden zwei oder drei Generationen dieses Volk auf den Gipfel der Glückseligkeit führen... Glückliche Reise!«

Er sprach es, erneuerte seine Umarmungen... und die Wogen trugen mich fort. Ich durchreiste die ganze Welt; zwanzig Jahre blieb ich meinem Vaterland fern, und ich verwandte sie nur darauf, die Menschen kennenzulernen. In jeglicher Art von Verkleidung mischte ich mich unter sie: bald lernte ich wie der berühmte Kaiser von Rußland, Gefährte des Künstlers und des Landmanns, bei dem einen den Schiffsbau, bei dem anderen die beste Jahreszeit zur Getreideaussaat, die Kenntnis der dafür geeigneten Böden, die Kunst, Pflanzen zu züchten und zu veredeln, Bäume zu beschneiden, junge Pflänzchen an Spalieren zu ziehen und zu kräftigen, Korn zu ernten und für die menschliche Ernährung zu verwenden ... Der Dichter erhob mich über diese Stände, verschönerte meine Gedanken, gab ihnen Kraft und Farbe und lehrte mich die Kunst, sie zum Ausdruck zu bringen; der Historiker zeigte mir, wie man der Nachwelt Taten überliefert und die Sitten aller Nationen bekannt macht; der Diener der Altäre unterwies mich in der unverständlichen Wissenschaft von den Göttern; der Handlanger der Gesetze führte mich in die noch wahnhaftere ein, wie man den Menschen an Ketten legt, um ihn zu bessern; der Finanzmann unterrichtete mich über die Erhebung von Steuern, entwickelte mir das greuliche System, wie man nur sich selbst mit dem Mark des Unglücklichen mästet und das Volk ins Elend stößt, ohne den Staat wohlhabender zu machen; der Kaufmann, für den Staat weitaus wichtiger, lehrte mich, die fernsten Waren zur fiktiven Währung der Nation in Bezug zu setzen, sie auszutauschen, sich durch das unzerstörbare Band der Korrespondenz mit allen Völkern der Erde zu verbinden, Bruder und Freund des Christen wie des Muselmanen, des Anbeters Foés wie des Gefolgsmannes *Alis* zu werden, sein Kapital zu verdoppeln, indem man sich seinen Landleuten nützlich erweist, kurzum, mit den Seinigen reich zu sein an allen Gaben von Kunst und Natur, am Luxus aller Erdenbewohner teilzuhaben und mit ihrem Glück glücklich zu sein, ohne seine vier Wände verlassen zu müssen. Der geschmeidigere Diplomat weihte mich in die Interessen der Fürsten ein; sein Auge, das den dichten Schleier künftiger Jahrhunderte durchdringt, beurteilte mit mir die Revolutionen aller Reiche nach ihrem gegenwärtigen Zustand, nach ihren Sitten und Meinungen. Doch indem er mir die Kabinette der Fürsten aufschloß, entlockte er meinen Augen Tränen; er zeigte mir, wie sie alle aus Dünkel und Eigensucht das Volk auf den Altären ihres Glücks aufopferten und wie der Thron dieser Ehrgeizlinge überall auf Strömen von Blut schwamm. Der leichtsinnigere, falschere Hofmann schließlich lehrte mich, die Könige zu täuschen, und von den Königen selber lernte ich, bei dem Gedanken zu verzweifeln, daß ich selber dazu geboren sei, einer der ihrigen zu werden.

Überall gewahrte ich viele Laster und wenige Tugenden; überall sah ich, wie Eitelkeit, Neid, Geiz und Unmäßigkeit den Schwachen den Launen des Mächtigen dienstbar machten; überall konnte ich die Menschen in zwei Klassen unterteilen, die in gleicher Weise zu beklagen waren: in der einen befand sich der Reiche, ein Sklave seiner Genüsse; in der anderen der Unglückliche, ein Opfer des Schicksals. Nie bemerkte ich in der einen Klasse das Streben, besser zu sein, nie in der anderen die Möglichkeit, besser zu werden, als ob beide nur an ihrem gemeinsamen Unglück arbeiteten und nur darauf erpicht seien, ihre Fesseln zu vervielfachen: immer sah ich die Reicheren ihre Fesseln durch die Verdopplung ihrer Wünsche verstärken, die Ärmeren, gekränkt und verachtet, von ihnen nicht einmal die notwendige Ermutigung empfangen, um das Gewicht ihrer Bürde ertragen zu können. Ich forderte Gleichheit, man bezeichnete sie mir als Wahngebilde. Ich merkte bald, die sie verwarfen, hatten etwas dabei zu verlieren; von Stund an hielt ich sie für möglich ... was sage ich! von Stund an hielt ich sie allein für das Glück eines Volkes.* Aus den Händen der Natur gehen alle Menschen gleich hervor; die Denkungsart, die sie unterscheidet, ist falsch; überall, wo sie gleich sind, können sie glücklich sein; ihr Glück wird unmöglich, wo die Unterschiede vorhanden sind. Diese Unterschiede können im Höchstfall einen Teil der Nation beglücken; der Gesetzgeber muß sich jedoch darum bemühen, daß alle in gleicher Weise glücklich werden. Haltet mir nicht entgegen, es sei schwierig, die Klassenunterschiede aufzuheben; es kommt

* Vergessen wir nicht, daß dieses Werk ein Jahr vor der Französischen Revolution abgefaßt wurde.

nur darauf an, die bestehenden Meinungen zu entkräften und die Vermögensverhältnisse auszugleichen; dieser Vorgang ist weniger schwierig als die Einführung einer Steuer.
Freilich hatte ich weniger Mühe als andere, denn ich arbeitete an einer Nation, die dem Naturzustand noch zu nahe war, als daß sie durch das falsche System der Unterschiede verdorben worden wäre; daher konnte ich leichter zum Erfolg gelangen.
Nachdem ich die Gleichheit in meinen Plan aufgenommen hatte, forschte ich nach der zweiten Ursache für das Unglück des Menschen: ich fand sie in seinen Leidenschaften. Da er beständig zwischen ihnen und den Gesetzen schwankt und abwechselnd das Opfer der einen oder der anderen wird, gelangte ich zu der Überzeugung, es könne nur gelingen, ihn in dieser Hinsicht weniger unglücklich zu machen, wenn er weniger Leidenschaften und weniger Gesetze hätte.
Auch dieses Verfahren war einfacher als man glaubt: indem ich den Luxus unterdrückte und die Gleichheit einführte, vernichtete ich schon Hochmut, Begehrlichkeit, Geiz und Ehrgeiz. Wenn alles gleich ist, worauf sollte man sich etwas einbilden, sofern es sich nicht um Talente oder Tugenden handelte? Was soll man begehren, welche Reichtümer verscharren, welchen Rang erstreben, wenn alle Vermögen sich gleichen und jedermann mehr besitzt als er braucht? Die Bedürfnisse des Menschen gleichen sich: Apicius* hatte keinen größeren Magen als Diogenes; dennoch brauchte der eine zwanzig Köche, während der andere mit einer Nuß dinierte: wenn man beide gleichstellen würde, hätte Diogenes nichts eingebüßt, da er mehr bekäme als die einfachen Dinge, mit denen

* Der Gefräßigste und Verderbteste der Römer; unmäßig in allem, hielt er lange Zeit Sejanus als Mätresse aus; mehr als 15 Millionen verausgabte er allein für seine Bett- und Tafelausschweifungen; endlich teilte man ihm mit, er sei ruiniert; er rechnete nach, und als er fand, daß ihm nur noch ein Einkommen von 100 000 Pfund verblieb, vergiftete er sich aus Verzweiflung.

er sich begnügte, und Apicius, der nur das Notwendige bekäme, hätte höchstens in der Phantasie gelitten. »Wenn ihr naturgemäß leben wollt«, sagte Epikur, »werdet ihr nie arm sein; wenn ihr nach der herrschenden Meinung lebt, werdet ihr niemals reich sein: die Natur verlangt wenig, die herrschende Meinung viel.«

Mit meinen ersten Maßnahmen, sagte ich mir, werde ich also die Laster vermindern; die Vielfalt der Gesetze wird aber nutzlos, wenn die Laster abnehmen: die Verbrechen sind es, die die Gesetze notwendig gemacht haben. Vermindert die Summe der Verbrechen, einigt euch darauf, daß etwas, was ihr als verbrecherisch ansaht, im Grunde etwas ganz Einfaches ist, und das Gesetz wird überflüssig. Wie viele Bagatellen und Launen haben keine Schädigung der Gesellschaft zur Folge und würden, wenn ein philosophischer Gesetzgeber sie gerecht einschätzen würde, gar nicht mehr als gefährlich und noch weniger als kriminell angesehen werden! Unterdrückt außerdem die Gesetze, die die Tyrannen nur geschaffen haben, um ihre Autorität zu beweisen und die Menschen besser an ihre Launen zu ketten! Wenn all das geschehen ist, bleiben von der Menge der Zügel nur recht wenige übrig, und der Mensch, der unter der Last dieser Menge leidet, findet sich folglich unendlich erleichtert. Die größte Kunst bestände darin, das Verbrechen mit dem Gesetz zu verbinden, also so zu verfahren, daß das wie immer geartete Verbrechen das Gesetz nur mäßig beleidigen und das Gesetz, weniger unnachgiebig, seine Macht nur bei wenigen Verbrechen fühlbar machen würde. Auch das ist nicht schwierig, und ich glaube dieses Problem erfolgreich gelöst zu haben: wir kommen darauf zurück.

Durch die Einführung der Scheidung hob ich fast alle Laster der Unmäßigkeit auf; kein einziges dieser Art würde übrigbleiben, hätte ich den Inzest wie die Brahmanen und die Päderastie wie die Japaner dulden wollen. Doch ich glaubte darin einen Nachteil zu sehen: nicht daß diese Handlungen

an und für sich nachteilig seien, nicht daß Verbindungen im Schoß der Familien nicht eine Fülle guter Ergebnisse zeitigten; auch die Päderastie kann nur die Gefahr mit sich bringen, die Bevölkerungszahl zu vermindern, ein Unrecht von sehr geringer Bedeutung, da als bewiesen gelten darf, daß das wahre Glück eines Staates nicht so sehr in einer übergroßen Bevölkerungszahl besteht als vielmehr in einem ausgewogenen Verhältnis zwischen seiner Volkszahl und seinen Mitteln.* Wenn ich diese Laster schädlich glaubte, so geschah es nur im Hinblick auf meinen Regierungsplan: der Inzest zerstörte die Gleichheit, die ich einführen wollte, indem er die Familien zu sehr vergrößerte und isolierte; und durch die Päderastie bildete sich eine abgesonderte Klasse von Menschen, die sich selbst genügten und das Gleichgewicht notwendig störten, das einzurichten ich für wesentlich hielt. Da es mir jedoch darum zu tun war, diese Verirrungen auszurotten, hütete ich mich davor, sie zu bestrafen; die Autodafés von Madrid, die Galgen der Grève hatten mir hinlänglich gezeigt, daß man den Irrtum erst recht ausbreitet, wenn man Schafotte für ihn errichtet. Ich nahm meine Zuflucht zur öffentlichen Meinung; Sie wissen, sie ist die Königin der Welt; gegen das erste dieser Laster säte ich Widerwillen, das zweite bedeckte ich mit Lächerlichkeit: zwanzig Jahre haben ausgereicht, um sie auszulöschen. Ich hätte sie verewigt, wenn ich mit Gefängnissen oder Henkern gearbeitet hätte.
Eine Menge anderer Verbrechen, wußte ich, keimte im Schoß der Religion. Als ich Frankreich durchreiste, sah ich die Scheiterhaufen von Mérindol und Cabrières rauchen; man gewahrte noch die Galgen von Amboise; in der Hauptstadt vernahm man noch die Schreckensglocke der Bartholomäusnacht; Irland triefte vom Blut der Morde, die um Lehrmeinungen willen befohlen worden waren; in England herrschten

* »Ein großes Reich und eine große Bevölkerungszahl«, sagt Raynal in Band VI, »können zwei große Übel sein; wenige, aber glückliche Menschen; ein kleines Staatsgebiet, aber gut regiert.«

grauenhafte Streitigkeiten zwischen Puritanern und Nonkonformisten. Die unglückseligen Väter unserer Religion, die Juden, sprachen, während sie in Spanien verbrannt wurden, die gleichen Gebete wie ihre Henker; in Italien redete man mir nur von den Kreuzzügen Innozenz' IV.; als ich durch Schottland, Böhmen und Deutschland kam, wies man mir täglich Schlachtfelder, auf denen Menschen ihre Brüder liebevoll umgebracht hatten, um sie die rechte Weise, Gott anzubeten, zu lehren.*

Gerechter Himmel!, rief ich aus, dienen denn diese Fanatiker den Furien der Hölle? Welche barbarische Hand stiftet sie dazu an, sich um Meinungen willen umzubringen? Ist das eine heilige Religion, die sich auf Berge von Leichen stützt, die ihre Katechumenen mit Menschenblut stigmatisiert?

Gerechter und heiliger Gott, was kümmern dich unsere Systeme und Meinungen? Was bedeutet die Art und Weise, wie der Mensch dich anruft, für deine Größe? Du willst, daß der Mensch gerecht sei; dir gefällt es, wenn er human ist: du forderst weder Kniefälle noch Zeremonien; du brauchst weder Dogmen noch Mysterien; du willst nur überströmende Herzen, erwartest von uns nur Dankbarkeit und Liebe.

Befreien wir diesen Kult, sagte ich mir dann, von allem, was Meinungsverschiedenheiten hervorrufen kann; er sei so einfach, daß keine Sekte aus ihm hervorgehen kann. Ich werde Ihnen zeigen, wie dieses gute Volk Gott anbetet, und Sie werden selbst urteilen, ob es sich je über die Art seiner Verehrung täuschen kann.

Wir halten den Ewigen für groß und gut genug, uns hören zu können, ohne daß es eines Mittlers bedürfte. Da wir ihm nur

* Zwanzig Jahre lang hat man in Böhmen gekämpft, und mehr als zwei Millionen Menschen mußten das Leben lassen, damit entschieden würde, ob man das Abendmahl in zwei Gestalten oder nur in einer nehmen müßte. Die Tiere, die um ihre Weibchen kämpfen, haben wenigstens eine Entschuldigung in der Natur; aber was kann die Menschen entschuldigen, die sich wegen einem bißchen Mehl und ein paar Tropfen Wein erschlagen?

das Opfer unserer Seelen darbringen, da wir keine Zeremonien kennen, da wir Gott nur um die Vergebung unserer Fehler bitten und um Hilfe, sie zu vermeiden, da wir ihm nur im Geiste die Fehler gestehen, die unser Gewissen verwirren, sind die Priester bei uns überflüssig geworden. Da wir sie für immer verbannten, brauchen wir nicht mehr zu fürchten, daß unsere Brüder massakriert werden um des Hochmuts oder der Absurdität einer Gattung von Individuen willen, die für Staat und Natur unnütz und für die Gesellschaft immer verhängnisvoll sind.
Eine andere, ebenso verdorbene und in ganz anderer Weise gefährliche Menschenklasse, die sich zwischen den Monarchen drängt, den sie hindert, und die Nation, die sie unterwirft, schien mir größte Aufmerksamkeit zu verdienen: Sie begreifen, daß ich von den kleinen subalternen Despoten reden will, die von Standes wegen zur Rebellion geneigt sind, bewaffnet mit einem Schwert, das bestraft, ohne zu bessern, mit einer Autorität, die ausgleicht, ohne den Ausgleich zu finden. Ich fragte mich, wozu solche Leute eigentlich dienen sollten, welche Notwendigkeit bestand, eine vermittelnde Macht zwischen der Nation und ihrem Oberhaupt bestehen zu lassen. Was kann aus der engen Verkettung zweier Mächte herauskommen, von denen die eine immer die andere einschränkt, was kann sich daraus anderes ergeben, sage ich, als schwache und eingeschränkte Aktionen, die allemal nur Sklaverei beweisen? Ist der Fürst wohlmeinend, wozu dient es dann, daß ihn sein Parlament einengt? Und wenn das Parlament böse Absichten verfolgt, wird es der König in seinem eifersüchtigen Bestreben, seinerseits allein zu handeln, daran hindern können, nur seine Interessen zu verfolgen? Was ist das für eine Autorität, die von einer anderen eingeschränkt wird? Ein ständiger Instanzenkonflikt, dessen einziges Ergebnis Anarchie ist. Die Monarchie ist entweder gut oder schlecht; wenn sie gut ist, braucht sie nicht eingeschränkt zu werden; wenn sie schlecht ist, d. h. zum Despotismus tendiert, einem bei

dieser Regierungsform unvermeidlichen Laster, wird der vermittelnde Senat sie gewiß nicht mildern. In diesem Fall darf man sie nicht mehr mildern, man muß sie verändern. Außer vielen Nachteilen findet man keinen einzigen Fall, in dem die doppelte Machtverteilung nützlich sein könnte.*

Seine Befürworter entgegnen, diese Körperschaft sei für die ganze Nation notwendig, denn man brauche Gesetze, um das Verbrechen zu bestrafen, und Treuhänder für diese Gesetze. Auf den ersten Teil dieser Entgegnung werden wir an anderer Stelle zurückkommen; befassen wir uns hier nur mit dem zweiten Teil: man brauche Treuhänder für die Gesetze. Wenn die Gesetze gerecht sind, brauchen sie nirgend anders hinterlegt zu werden als im Herzen jedes Bürgers; dort finden sie ihren natürlichen Platz.

Sofortige Wirkung: keine vermittelnde Instanz zwischen meinem Volke und mir; keine Konkurrenten, die auf meine Autorität eifersüchtig sind und nur daran arbeiten, sie auszuhöhlen oder zu schwächen; aus Stolz auf die ihrige nur darauf bedacht wären, sie zu stärken; aus Geiz mir im Unglück nie beistehen, aus Grausamkeit grundlos das Blut der Völker vergießen, aus Ehrgeiz unfehlbar die Gleichheit stören würden, die ich herstellen will – Parasiten, die am Fuß des nützlichen Baumes vegetieren, von seiner Substanz leben, die sie vergiften, und auf Kosten seiner Wurzeln wachsen, die sie beschädigen und beschmutzen.

Immerhin, denken wir noch einmal nach, sagte ich mir; vielleicht gibt es eine andere Lösung; überprüfen wir die Angelegenheit. Soll ich ein Parlament wie das englische einführen? Das wäre zweifellos weniger gefährlich für das Volk, aber

* »Die Parlamente in einem Königreich, sagt Linguet, d. h. die zwischen Untertan und Obrigkeit vermittelnde Körperschaft, dienen nur dazu, die Klagen des einen zu ersticken, die Macht der anderen zu fesseln.« Reicht diese Feststellung nicht aus, um erkennen zu lassen, daß eine republikanische Regierung unvergleichlich weniger Nachteile haben würde als die unsrige?

ein größerer Hemmschuh für mich. Je mehr ich meine Macht teile, desto mehr schwäche ich sie, und da ich nur darauf bedacht bin, Gutes zu wirken, will ich nicht, daß mich etwas daran hindert. Soll ich es nach venezianischem Muster gestalten? Soll ich mich damit bescheiden, einer der hundert Despoten meiner Nation zu sein? Dann werde ich eine nutzlose Figur; ich gebe meinem Volk hundert Gebieter und mache es infolgedessen zum Opfer hundert verschiedener Leidenschaften statt es nur der eines einzigen zu unterwerfen, der keinen anderen Wunsch kennt als es zu beglücken; selbst wenn er seinen Vorsatz ändern sollte, wäre es nur den Lastern dieses einzigen ausgesetzt statt denen von hundert.

Ich staunte darüber, ich muß es gestehen, daß nicht schon andere vor mir ernsthafte Überlegungen über die Nutzlosigkeit dieser vermittelnden Macht, über die Gefahren ihrer Institution angestellt hatten, daß eure europäischen Souveräne all diese abscheulichen Senate nicht schon längst verbannt hatten. Wie ist es z. B. möglich, sagte ich mir bei meiner Frankreich-Reise, daß der Adel dieser Nation einer Beamtenkörperschaft Autorität über sich einräumt, die nicht aus seinen Reihen hervorgegangen ist? Ich wollte der Ursache dieses Widerspruchs auf den Grund gehen, da dieser Adel sonst so eifersüchtig auf seine Rechte bedacht war; ich fand sie in der Entstehung der Parlamente.

Bis 1302 reichten einige reisende Richter, die im Gefolge ihrer Könige von Provinz zu Provinz zogen, für die Rechtsprechung aus*; bis zu diesem Zeitpunkt hatte man noch nicht daran gedacht, diese Gerichtshöfe zu institutionalisieren. Philipp der Schöne sah die Gefahren nicht voraus, die mit der Einrichtung einer ständigen Macht verbunden waren, die eine

* Unter dem ersten Königshaus waren die Juristen unbekannt; die Richter, die zur Rechtsprechung ausersehen wurden, taten es als mit Äxten und Schwertern bewaffnete Krieger; diese Amtsabzeichen waren edel, zumindest riefen sie nicht Gelächter oder Verachtung hervor wie die unschickliche Maskerade unserer Senatoren.

Mittlerstellung zwischen seinem Volke und ihm einnahm; er kam auf den politisch unklugen Einfall, seinen Richtern eine Art von Dauerexistenz zu verschaffen und ihre Institution zu stabilisieren. Er begann mit dem Gerichtshof von Paris. Die Sitzungsperioden dieser Parlamente sollten zwei Monate dauern; die eine begann zu Ostern, die andere zu Allerheiligen. Den Gerichtshof bildeten zwei Kirchenfürsten, der Erzbischof von Narbonne und der Bischof von Rennes, zwei adlige Laien, der Graf von Dreux und der Graf von Burgund, und 26 Räte, darunter 13 Geistliche und 13 Laien; zu den übrigen Jahreszeiten sollten sie in Troyes und Rouen tagen*. Die Würde der Präsidenten dieses Parlaments, der Glanz, mit dem der Monarch seine Mitglieder umgab, ließen alle Adligen wünschen, ebenfalls darin Platz zu nehmen. Man ließ daher keinen Laien zu, der nicht Ritter war**, und wenn man unter ihnen einige Juristen aufnahm, so geschah es nur, um sie um Rat fragen zu können. War es verwunderlich, daß der französische Adel einem Senat, den er selber stellte, einige Rechte abtrat? Wurde er nicht von Ebenbürtigen gerichtet? Bei alledem konnte ihn nichts kränken, nichts entehren.

Doch das änderte sich bald: die Juristen erhielten das volle Stimmrecht; sie tagten zusammen mit den Adligen. Diese wohnten den Sitzungen in der Pracht ihres Standes bei, die Juristen hingegen traten in gefütterten Roben auf, herausgeputzt mit Unterröcken und Talaren, kurzum, in dem lächerlichen, faden Aufzug von Scharlatanen, der noch heute im Schwange ist, als ob man sich verkleiden müßte, um Recht zu sprechen, als ob nicht jedes Individuum, das sich maskiert, um seinen Verrichtungen nachzugehen, damit entschieden ein betrügerisches Gewerbe ausübt.*** Diese unanständigen Possen-

* In Troyes hieß das »die großen Tage«, in Rouen »das Kampffeld«.

** Auf diese erste Einrichtung geht der Brauch zurück, sie »nosseigneurs« zu nennen, ein Brauch, den man hätte abschaffen müssen, als kein Grund mehr bestand, sie so zu bezeichnen.

*** Man muß sehr zufrieden sein, daß der gute König Zamé in diese bei-

reißer waren dabei weniger lächerlich durch ihre Maskerade als durch das Dornengestrüpp der Förmlichkeiten ihrer Rechtspraxis, hinter dem sie sich verschanzten; sie erschreckten und ekelten die wackeren, loyalen Barone, die der Meinung waren, um einen Menschen zu richten, brauche man nur auf Gott und auf sein Gewissen zu hören. Voller Unmut darüber, daß Leute dieser Klasse sie leiteten und ihnen gelegentlich präsidierten, zogen sie sich zurück und überließen ihnen das Schlachtfeld. Kurz zuvor hatte man die Kirchenfürsten von diesen Versammlungen ausgeschlossen, so daß die Juristen nunmehr ganz unter sich waren. Dennoch verlor sich die Wertschätzung, die man einem Tribunal entgegenbrachte, das aus den besten Kräften des Königreiches bestand, nicht mit dem Auszug des Adels, der sie ihm erworben hatte. Oft sehen wir, wie das Volk aus alter Gewohnheit einen Steinhaufen verehrt, weil an seiner Stelle früher ein Tempel stand. Das Vorurteil blieb dasselbe; der Adel glaubte immer noch von Ebenbürtigen gerichtet zu werden, obwohl nur noch Nichtadlige auf den von ihm verlassenen Bänken saßen.

Unmerklich machte die Entwürdigung des Senats weitere Fortschritte; zur Zeit des Italienkrieges unter Franz I. war seine Zusammensetzung vollends erbärmlich. Wenn die Juristen wenigstens einen tröstlichen Schatten von Talent besessen hätten! Als die Käuflichkeit der Ämter aufkam, blieben nur Liederlichkeit und Unwissenheit übrig. Der erstbeste Diener, der genug besaß, um sich ein Amt kaufen zu können, ließ sich ungestraft im Tempel der Themis nieder; da diese Käuflichkeit nicht abgeschafft wurde, sind die daraus entstehenden Mißstände die gleichen geblieben. Franz II. wollte die alte Form der Wählbarkeit wieder einführen. Um Streitigkeiten zu vermeiden, wurde bestimmt, das Parlament solle drei Kan-

ßende Satire nicht den ehrwürdigen Diener der Altäre einbezieht, der in Chorhemd und Meßgewand den Segen des Himmels auf ein Volk herabflehen muß, das erröten würde, wenn es so gekleidet gehen müßte wie dieser Priester.

didaten vorschlagen, unter denen der König wählen würde. Was geschah? Was sich stets ereignet, wenn ein Verfahren zur Unzeit gewählt wird. Parteiungen nahmen überhand; die einen waren für die Guise, die anderen für den Prinzen Condé oder den Konnetabel, und da es sich um Juristen handelte, waren nur sehr wenige für den Herrscher. Nichts wurde entschieden; der Parteigeist entflammte nur noch mehr; unter Karl IX. gewann das Verfahren der Käuflichkeit die unbedingte Oberhand. Das Vorurteil aber, diese gefährliche Hydra, deren Köpfe in dem Maße, in dem man sie abschlägt, neu wachsen, das Vorurteil blieb bestehen. Der Adel wollte nie einsehen, daß er nicht mehr von seinesgleichen gerichtet wurde, welche Veränderungen auch vorfielen; er ging nicht von seinen Vorstellungen ab, auch wenn der rüpelhafte Hermelinträger, der ihn um der geringsten Kleinigkeit willen entehrte, der Sohn des Lakaien war, der eben noch bei seinen Vätern gedient hatte; das beweist eine Anekdote vom Prozeß gegen Montmorency: »Erkennen Sie mich nicht, Monseigneur?«, fragte ihn einer der Richter. – »Verzeihen Sie«, gab der Konnetabel zur Antwort, »Sie haben mir oft zu trinken eingeschenkt.«*

Doch betrachten wir, untersuchen wir einen Augenblick diese selbstherrlichen Gerichtshöfe. Was zeigen die Parlamente unter Karl VI.? Ein Bild der Auflehnung und der Treulosigkeit, der Schurkerei und des Verrats. Was taten die Pantomimen der Themis, als euer unglückliches Königreich, zerrissen von grausamen Parteiungen, dem Feinde preisgegeben war, der es ausplünderte, den Aufrührern, die es verwüsteten? Dem Interesse ihres Vaterlandes immer zuwiderhandelnd, folgten sie bald dem Banner Burgunds, bald öffneten sie die Tore der Hauptstadt den Engländern, ohne daß der unglückliche, in den entferntesten Winkel seiner Staaten verbannte Monarch jemals von ihnen Trost oder Hilfe empfangen hätte.

* Man vergleiche den Artikel über den Marschall von Montmorency in »Die Geschichte der Verschwörungen«.

Was gaben sie Karl VIII. zur Antwort, als er nach seiner traurigen Expedition nach Neapel Geld brauchte? Sie würden ihm mit ihren Ratschlägen beistehen, Geld hätten sie nicht. Als die verhängnisvolle Liga von *Malines* ganz Europa gegen Ludwig XII. vereinigte und dieser Vater des Volkes, zweifellos einer eurer besten Monarchen, aus Furcht, von so vielen Mächten erdrückt zu werden, verlangte, die Börsen aller Bürger sollten sich ihm öffnen, was boten diese großherzigen Patrioten dem beunruhigten Staate an? Ermahnungen! Sie sagten, sie wagten zu sagen, eines ihrer heiligsten Rechte sei es, nicht besteuert zu werden, auf dieses Recht wollten sie nicht verzichten und man solle sich anderswo Hilfe suchen. Was gewahre ich in der nächsten Herrschaftszeit, als der grausame Tag von Pavia die Nation um Haaresbreite ihrem Untergang nahebringt? Welches unwürdige, hassenswerte Schauspiel bieten mir diese schändlichen Tribunen, als die Tränen aller Überlebenden dieser schrecklichen Niederlage in blutigen Strömen das Unglück des Vaterlandes beklagen? Wie Besessene irren sie über die Straßen, noch lächerlicher, weil sie eine militärische Verkleidung gegen ihre schmutzigen Talare eingetauscht haben. Mit ihren giftigen Nüstern blasen sie das Feuer der Uneinigkeit in alle Herzen; von Platz zu Platz schütteln sie die Schlangen der Zwietracht; in allen Stadtteilen verbreiten sie das Pestgift der Rebellion und beweisen dem Volke, Venedig müsse Frankreich als Vorbild dienen. Ein Senat solle Frankreich regieren, der das gesamte Gold Europas besitze und dank dieser Regierungsform das Zünglein an der Waage bilden werde; dieses Glück sei der Nation verheißen, sobald sie sich ihnen ausliefere. Schriften mit diesen hassenswerten Maximen werden an allen Ecken verteilt, zirkulieren in der Volksmenge, werden an alle Türen angeschlagen, selbst auf der Kanzel der Wahrheit abgekündigt, besudeln den Vorhof des Hauses Gottes ... Nicht zufrieden mit diesem Übermaß an Kränkung, bestehlen sie, pflicht- und vaterlandsvergessen, den Staat um die wenigen

Mittel, die ihm unter so traurigen Umständen verblieben sind; die Schatzmeister erhalten von ihnen die Aufforderung, das Geld nur in ihre Hände auszuzahlen. Als dann Luise von Savoyen, die Regentin des Königreiches, die ehrenwerteste, weiseste, unglücklichste der Frauen, die Mutter des gefangenen Franz I., als Luise ihre Autorität geltend macht und die Rebellen zu ihrer Pflicht zurückführt, womit befassen sie sich? Sühnen sie ihre Verbrechen? Denken sie daran, daß sie Franzosen sind und ihr Vaterland blutet? Wischen sie die Tränen des Volkes ab? Sorgen sie für seine Bedürfnisse? Nein, sie lassen sich nur von Fanatismus und Eigennutz leiten; sie fordern von Luise, es solle ihnen gestattet sein, die Lutheraner nach Belieben zu rädern; sie verlangen die Aufhebung des Konkordats, die Rückkehr zur pragmatischen Sanktion. Das sind die großen Themen, die sie beschäftigen; das bewegt ihre schmutzigen Seelen, als alles trauert und verzweifelt, als alles vom Schmerz gebeugt ist, als alle Bürger wie im betrübten Ninive das Haupt senken und mit Asche bestreuen.
Sollen wir ihre Wirksamkeit unter Karl IX. verfolgen? Es ist bekannt, in welchem erschöpften Zustand sich die Finanzen befanden, als dieser schwache Sproß der Medici den Thron bestieg. Ein Erlaß der Generalstaaten, die damals in Orléans zusammentraten, verlangte, daß diesen Söldnern ein Teil des Gehalts gestrichen würde: was geschah? Alle lehnten sich auf; sie dächten nicht daran, dem verschuldeten Staat zu helfen, sie lehnten es ab, ihm länger zu dienen und wollten ihr Amt niederlegen. So als ob man das abscheulichste Verbrechen begangen habe, als man sie um Hilfe anging, und als ob dieses Verbrechen nur durch die Unterbrechung ihrer Tätigkeit wiedergutgemacht werden könnte. Dennoch gibt Katharina von Medici nach; sie verachtet die Parlamentsmitglieder hinlänglich, um ihnen nicht die Ehre zu erweisen, sie als Bürger anzusehen. Außerdem bedarf sie ihrer, um die Zwietracht im Staat zu schlichten; sie schont sie; sie beschränkt sich darauf, die Freiheit einiger unglücklicher Religionsanhänger von

ihnen zu fordern, auf deren Exekution auf dem Rad sich die Richter im voraus freuen: sie wird abgewiesen. Sie bittet sie, das Edikt von *Romorantin* und das Edikt zur Befriedung des Landes zu registrieren, die beide die Ruhe herstellen und jedem Individuum erlauben sollen, Gott so anzubeten, wie es ihm gut scheint: erneute Ablehnung.* So könnte ja der Friede wiederhergestellt werden; es gäbe dann keine Justizmorde mehr, die man mit Vergnügen begehen könnte; man könnte keine Calvinisten über gelindem Feuer rösten; hätte keine Aussicht mehr, die Regierungsform der Nation zu verändern und sich auf ihren Trümmern einzurichten. Also halten die Parlamentsmitglieder stand, registrieren nichts, verlängern das Unglück des Staates, und begünstigen – als Gipfel der Provokation – zusammen mit Toulouse die Drahtzieher der Liga; durch diesen Greuel reißen sie alle Wunden des Vaterlandes auf, an denen es so lange zu leiden hatte.

Wer schürt die Partei der Sechzehn unter Heinrich III.? Wer anders als diese Schändlichen herrscht in der Hauptstadt, sät dort Schrecken und Entsetzen, färbt die Bäche mit Blut und hinterläßt in den Annalen der Nachwelt den schrecklichen Namen »Tag der Barrikaden« für diese unwürdige Rebellion?

Mein Herz blutet, ich halte inne; es bricht, wenn ich die Übel nachzeichne, mit denen diese schurkische Menschenklasse mein Vaterland befleckt hat. Seht sie euch an, diese eifrigen Verfechter des Gemeinwohls; stets darauf bedacht, ihre Untaten

* Vom Kanzler wegen dieser Unverschämtheit zur Rede gestellt, gaben der Abgeordnete de Thou und der Generalstaatsanwalt Bourdin nur zur Antwort, es sei nicht üblich, daß der Gerichtshof über seine Beschlüsse Rechenschaft ablege. Statt Prahlereien dieser Art streng zu bestrafen, beschränkte sich Karl IX. darauf – ein sicherer Beweis für die Schwäche der Regierung! –, ihnen zu verbieten, irgendeine Veränderung bei der Registrierung seiner Edikte vorzunehmen, und von ihnen zu verlangen, sie sollten seine Befehle ausführen, ohne an ihnen herumzudeuteln. Beanstanden könnten sie so viel sie wollten: die beste Art, Niederträchtigkeiten zu verachten, besteht darin, daß man sie gestattet.

zu verschleiern, stets bereit, die kleinsten Irrtümer der anderen an die Öffentlichkeit zu tragen, bedienen sie sich der Binde der Justitia, um die Dummen zu blenden, die sie verehren, und ihres grausigen Schwertes, um diejenigen zu bestrafen, die ihnen die Maske vom Gesicht reißen.

Seht sie euch an, die empfindsamen, tugendhaften Bürger, besudelt mit dem Blut ihrer Brüder, ewige Rebellen, Fanatiker, Verfolger und Mörder! Nicht zufrieden mit den unglücklichen Opfern, die ihnen ein absurdes Gesetzbuch überliefert, sind sie, um ihre Beute zu vervielfachen, unverschämt genug, Lüge und Verleumdung zu ermutigen und die Fackel der Zwietracht in den Schoß der Familien zu tragen; sie dringen in deren verborgenste Geheimnisse ein und bauen auf diesen Ungerechtigkeiten die Reputation ihres Eifers und ihrer Achtung vor den Sitten auf, die kein Bürger so ungestraft beleidigt wie sie. Seht sie euch an, die Henker ihrer Landsleute*, die Verfolger der Unschuld**, die Störer des Landesfriedens***, die Verräter am Vaterland****. Seht sie euch an, diese erhabenen Beamten, die zu verehren uns ein Rest von törichtem Vorurteil anhält, obwohl sie nur Verachtung, strenge Strafen und öffentlichen Abscheu verdienen.

Man braucht Richter, sagte ich; gut denn, aber diese Richter sollen nichts anderes tun als richten. Wer diese achtbare Funktion ausübt, soll unter den angesehensten Bürgern der Nation ausgewählt werden und vor allem das Recht, seine Mitmenschen zu richten, nicht käuflich erwerben. Ihr werdet nur Schurken zu Richtern haben, solange derjenige, der für sein Amt bezahlen mußte, zunächst daran denkt, wie er seine Vorauszahlung wieder hereinbekommt, ehe er euch zu eurem Recht verhilft.

* Betrachtet die Liste ihrer Todesurteile, und ihr werdet sehen, daß die Naturkatastrophen weniger Menschen dahinraffen.

** Siehe die Urteile über *Calas, Sirven, Salmon, de la Barre* usw.

*** Siehe »der Tag der Barrikaden«.

**** Siehe die Folgen der Schlacht bei Pavia usw .

Es muß Gesetze geben; abermals gut, aber kann die Todesstrafe den Gesetzesbrecher züchtigen? Gott behüte! Das allerhöchste Wesen allein kann über das Leben der Menschen verfügen; in dem Augenblick, wo ich mir seine Rechte anmaßte, würde ich mich selber für kriminell halten. Weil ihr Europäer gewohnt seid, euch einen barbarischen, blutrünstigen Gott zu verfertigen und einen Ort der Qual anzunehmen, wohin alle von Gott Verdammten gehen müssen, habt ihr seine Gerechtigkeit nachahmen wollen, indem ihr die gleichen Peinigungen und Morde erfandet. Ihr habt nicht bemerkt, daß ihr die Notwendigkeit des größten Verbrechens, die Auslöschung des Mitmenschen, mit einem Hirngespinst begründet, das nur eurer Phantasie entsprungen ist.

Mein Freund, fuhr der wackere Mann fort, indem er mir die Hände drückte, der Gedanke, Böses könnte je Gutes herbeiführen, ist eines der schrecklichsten Delirien aus dem Gehirn von Dummköpfen. Der Mensch ist schwach, Gottes Hand hat ihn so geschaffen; weder steht es mir zu, die diesbezüglichen Gründe der höchsten Macht zu erforschen, noch kann ich den Menschen dafür bestrafen, daß er so sein muß, wie er ist. Ich muß alle Mittel aufwenden, um zu versuchen, ihn ebenso gut zu machen, als er werden kann, keines, um ihn dafür zu bestrafen, daß er nicht so ist, wie er eigentlich sein sollte. Ich muß ihn belehren. Jeder Mensch hat dieses Recht gegenüber seinen Mitmenschen, aber niemandem steht es zu, die Handlungsweise der anderen gängeln zu wollen. Das Glück des Volkes ist die erste Pflicht, die mir der Wille des Ewigen auferlegt; ich arbeite nicht daran, indem ich es umbringe. Ich will gerne mein Blut hingeben, um das seinige zu schonen, aber ich will nicht, daß es um seiner Schwächen oder Interessen willen einen Tropfen Blutes verliert. Wenn man das Volk angreift, wird es sich verteidigen; wenn sein Blut dann fließt, wird es in Verteidigung seiner Heimstätten, nicht um meines Ehrgeizes willen geschehen. Die Natur bedrängt es mit zahlreichen Übeln; ihm weitere aufzuzwingen, habe ich kein Recht.

Von Gott und diesen ehrenwerten Mitbürgern habe ich die Macht erhalten, um ihnen nützlich zu sein; ich habe sie nicht bekommen, um sie zu unterdrücken. Ich will ihre Stütze, nicht ihr Verfolger, ihr Vater, nicht ihr Henker sein. Diese Bluthunde, die nach der traurigen Ehre gieren, ihre Mitmenschen zu massakrieren, diese blutgesättigten Geier, die ich mit Kannibalen vergleiche, werde ich nicht auf meiner Insel dulden. Sie schaden ihr statt ihr zu nutzen. Auf jedem Blatt der Geschichte der Völker, die sie bei sich dulden, kann ich lesen, wie diese abscheulichen Menschen die weisen Pläne eines Gesetzgebers stören oder das Bündnis mit der Nation ablehnen, wenn deren Ruhm auf dem Spiele steht; sie legen die Nation in Fesseln, wenn sie schwach ist, sie lassen sie im Stich, wenn sie kraftvoll ist. Solche Monstren sind im Staat von größter Gefahr.

Als ich diese Pläne erwogen hatte, befaßte ich mich mit dem Handel: euer Kolonialhandel erschreckte mich. Ist es wirklich nötig, sagte ich mir, weit entfernte Niederlassungen zu gründen? Einer eurer guten Schriftsteller sagt: erfordert unser wahres Glück den Genuß von Dingen, die wir weit entfernt suchen müssen? Sind wir dazu verurteilt, immerfort unseren Geschmack zu verkünsteln? Sind Zucker, Tabak, Gewürze, Kaffee usw. die Menschen wert, die ihr für diesen Humbug aufopfert?

Meines Erachtens ist der Außenhandel nur wichtig, wenn eine Nation zu viel oder zu wenig besitzt. Wenn sie zu viel hat, kann sie ihren Überfluß gegen Komfort- oder Mode-Artikel eintauschen. Der Wohlhabenheit kann man den Luxus gestatten; wenn sie nicht genug Luxusgüter besitzt, ist es nur zu verständlich, daß sie sich sucht, was sie braucht. Aber auf Frankreich trifft beides nicht zu. Ihr habt wenig Überfluß, und es fehlt euch an nichts. Ihr seid in der Lage eines Volkes, das glücklich sein kann mit dem, was es hat; sein Boden macht es reich, ohne daß es etwas hinzuerwerben, um es gut zu haben, oder etwas austauschen müßte, damit es ihm noch besser geht.

Versorgt euch dieses überreiche Land nicht weit über euren Bedarf, ohne daß ihr gezwungen wäret, Kolonien zu gründen oder Schiffe in die drei Weltteile zu entsenden, um euer Wohlergehen zu steigern? Da eure geographische Lage vorteilhafter ist als die irgendeines anderen europäischen Reiches, könntet ihr mit etwas Mühe die Erzeugnisse der ganzen Erde besitzen. Der Süden der Provence, Korsika, die Nachbargebiete Spaniens würden euch ohne große Anstrengung Zukker, Tabak und Kaffee liefern. Innerhalb der Klasse des Überflüssigen kann man diese Güter als am wenigsten unnütz betrachten; und wenn ihr auf Gewürze verzichten müßtet, könntet ihr diesen Verlust, bei dem eure Gesundheit gewänne, bedauern? Habt ihr nicht alles bei euch, was zum Wohlstand des Bürgers, ja selbst zum Luxus des Reichen gehört? Eure Tuche sind ebenso schön wie die englischen; Abbeville versorgte einst Rom, die prächtigste Stadt der Erde. Eure bunten Stoffe sind vorzüglich, eure Seidenstoffe weicher als alle europäischen. Eure geschmackvollen Modemöbel liefert ihr an die ganze Welt. Eure Gobelins sind denen von Brüssel überlegen; eure Weine werden überall getrunken und haben den großen Vorteil, sich beim Transport zu veredeln. Eure Getreideernten sind so überreich, daß ihr oft zum Export genötigt seid.* Eure Öle sind feiner als die Italiens, eure Früchte schmackhafter und gesünder; vielleicht könntet ihr mit einiger Mühe sogar die Früchte Amerikas züchten. Brenn- und Bauholz werdet ihr immer im Überfluß haben, wenn ihr auf seine Pflege bedacht seid. Wozu braucht ihr also den Außenhandel?

* In Frankreich zählt man 23 Millionen Einwohner; man erntet hierzulande etwa 50 Millionen Zentner Getreide, d. h. jährlich eine Menge, mit der man alle Einwohner 13 Monate lang ernähren könnte; trotz dieses Reichtums ist die Nation auch ohne Naturkatastrophen zuweilen nahe daran, Hungers zu sterben!

Nötigt die fremden Nationen, eure Häfen anzulaufen, um euren eventuellen Überschuß abzuholen, bemüht euch nur darum, ihr Geld oder einige kleine Luxusgegenstände zum Entgelt zu erhalten! Rüstet keine Schiffe mehr aus, um den Luxus aus der Ferne zu holen, setzt nicht mehr ein Sechstel der Nation dem gefährlichen Element aus, um die Launen der übrigen zu befriedigen; es ist das eine verhängnisvolle Einrichtung, die euer Gewissen schlagen läßt, wenn ihr erkennt, daß eure Genüsse mit dem Leben eurer Mitmenschen erkauft sind. Verzeihung, mein Freund, an diese Tatsache denkt man nicht oft genug; sie ist in meinen Überlegungen stets gegenwärtig. Man wird euch alles liefern, um von euch zu erhalten, was ihr zum Entgelt geben könnt; verzichtet auf Kolonien, sie sind nutzlos, verderblich und oft sehr gefährlich. Kinder, die so weit von ihrer Mutter entfernt sind, kann man unmöglich in striktem Gehorsam halten.
Hier nahm ich mir die Freiheit, Zamé zu unterbrechen, um ihn mit der Geschichte der englischen Kolonien bekannt zu machen.
»Was Sie da berichten«, fuhr er fort, »habe ich kommen sehen; nur allzu wahrscheinlich ist es, daß die Republik Washingtons allmählich wachsen wird wie die des Romulus; sie wird zunächst Amerika unterwerfen und dann die Erde erzittern lassen: nur euch nicht, Franzosen, weil ihr schließlich das Joch des Despotismus abschütteln und eurerseits Republikaner sein werdet; denn diese Regierungsform ist die einzige, die einer freien, energischen und stolzen Nation wie der eurigen zu Gesichte steht.*
Wie dem auch sei, ich wiederhole: eine Nation, die glücklich genug ist, alles, was sie braucht, im eigenen Lande zu besitzen, soll verzehren, was sie besitzt, und den Export des Überschusses nur unter der Bedingung erlauben, daß man ihn ab-

* Gib zu, Leser, daß man sich im Gnadenstand eines in die Bastille gesperrten Menschen befinden mußte, um 1788 eine solche Vorhersage zu wagen.

holen kommt. Wenn wir an einem der nächsten Tage diese glückliche Insel durchreisen, können wir auf dieses Thema zurückkommen; nehmen wir jetzt den Faden der mich selber betreffenden Ereignisse wieder auf!

Nach dem Studium dieser Fragen faßte ich den Entschluß, eine große Anzahl europäischer Pflanzen, deren Verwendung mir nützlich schien, auf meine Insel heimzubringen, um deren natürliche Produktion zu ergänzen. Ferner wollte ich die Kunst, Manufakturen zu leiten, erlernen, um die Pflanzen hier zweckmäßig verwenden zu können; ich wollte alle Luxusartikel abschaffen, unsere verbesserten, durch unsere Vorsorge vermehrten Erzeugnisse genießen und alle Handelsverbindungen – mit Ausnahme des Tauschhandels im Inneren – abbrechen.

Wir haben nur wenige Nachbarn: zwei oder drei Inseln im Süden, noch unzivilisiert; ihre Einwohner besuchen uns gelegentlich; wir geben ihnen, was wir zu viel haben, ohne je etwas von ihnen zu erhalten ... sie kennen nichts Großartigeres als uns. Wäre der Handel anders eingerichtet, würde er uns bald den Krieg auf den Hals ziehen; sie kennen unsere Macht nicht; wir würden sie zerschmettern, und Blutvergießen zu vermeiden ist die erste Absicht aller meiner Maßnahmen.

Wir leben also mit diesen Nachbarinseln in Frieden. Ich bin glücklich genug, sie unsere Regierungsform schätzen gelehrt zu haben; wenn wir der Hilfe bedürfen, würden sie sich unfehlbar mit uns verbünden, aber sie würden uns nichts nützen. Wenn uns ein Feind angreift, werden alle unsere Bürger Soldaten. Es ist keiner unter ihnen, der nicht lieber stürbe als die Regierungsform verändert sähe. Das ist eine weitere Frucht meiner Politik; indem ich dafür sorgte, daß sie mich lieben, habe ich Soldaten aus ihnen gemacht. Indem ich ihnen ein sanftes Schicksal, ein glückliches Leben gab, indem ich die Landwirtschaft förderte und ihnen im Überfluß zukommen ließ, was sie sich wünschen können, habe ich sie durch unauflösliche Bande gebunden. Wenn sie Eroberern in den Weg treten, schützen sie ihre Heime, ihre Frauen und Kinder, das einzige Glück ihres Lebens, und für diese Dinge schlägt man sich wacker. Wenn ich diese Miliz einmal brauchen sollte, wird meine Ansprache aus einem einzigen Satz bestehen: »Meine Kinder«, werde ich sagen, »hier sind eure Häuser, hier sind eure Lieben, dort die Menschen, die sie euch rauben wollen; auf zum Kampf!«

Können eure europäischen Fürsten ihren Söldnern solche Interessen bieten? Ohne die Ursache zu kennen, die sie in den Kampf schickt, vergießen sie ihr Blut töricht für Konflikte, die ihnen gleichgültig sind und von denen sie nicht einmal eine Ahnung haben. Sorgt für eine gute, solide Verwaltung; wechselt ihre Leiter nicht bei der kleinsten Laune eurer Fürsten oder der geringsten Grille ihrer Mätressen aus! Ein Mann, der sich in der Regierungskunst geschult hat, ein Mann, der die Geheimnisse der Staatsmaschine kennt, muß hochgeschätzt und auf seinem Platz belassen werden. Es ist unklug, dieses Geheimnis vielen Bürgern zugleich anzuvertrauen. Was geschieht, wenn sie wissen, daß sie ihren hohen Platz nur kurze Zeit innehaben? Sie kümmern sich nur um ihre eigenen Interessen und vernachlässigen die eurigen.

Befestigt eure Grenzen, haltet eure Nachbarn in Respekt! Verzichtet auf den Geist der Eroberungen; wenn ihr nie Feinde habt und euch nur damit befassen müßt, eure Grenzen zu schützen, braucht ihr nicht ständig eine große Anzahl von Männern zu dingen. Entlaßt sie, so gebt ihr dem Pflug hunderttausend Arme zurück und verwendet sie besser, als wenn sie ein Gewehr tragen, das in jedem Jahrhundert kaum viermal dienlich ist und nach meinem Plan nicht ein einziges Mal dienen würde. Dann braucht ihr dem Familienvater nicht die Kinder wegzunehmen, die er nötig braucht; es wird sich nicht der Geist der Zügellosigkeit und der Sittenlosigkeit in der Elite eurer Mitbürger ausbreiten*, nur weil ihr dem schwach-

* Diese Wahrheit ist um so einleuchtender als es gewiß wenig schlechtere

sinnigen Luxus frönt, stets eine furchterregende Armee besitzen zu wollen.

Nichts ist so lachhaft wie das ständige Gerede eurer Schriftsteller über Bevölkerungsprobleme, wo doch alle Maßnahmen eurer Regierung beweisen, daß die Bevölkerungszahl zu hoch ist: würde sie sonst die Armeeangehörigen, die aus der Blüte der Nation rekrutiert sind, an die Kette des Zölibats legen? Würde sie nicht den vielen Priestern und Nonnen die Freiheit zurückgeben, die durch die gleichen sinnlosen Ketten der Enthaltsamkeit gebunden sind? Da es trotz diesen mächtigen Dämmen gegen die Bevölkerungszunahme immer noch einen Überschuß gibt, ist es lächerlich, sich immer noch über dieses Thema zu ereifern. Hätte ich mich getäuscht? Ist euch wirklich an einer Bevölkerungsvermehrung gelegen? Haltet ihr sie für wesentlich? Gut denn, so bleibt nicht bei kleinen Maßnahmen stehen! Öffnet eure Klöster, verzichtet auf eine überflüssige Miliz, und die Zahl eurer Untertanen wird sich vervierfachen.

Eines Tages kam ich in Paris durch die Arena der Themis, wo ihre Tempelhüter, einen eleganten Frack unter dem schwarzen Rock, nach dem Nachtmahl bei ihren Nutten Unglückliche, die häufig wertvoller sind als sie, leichten Herzens zum Tode verurteilen. Man war eben dabei, diesen Menschenfleischschlächtern ein Schauspiel zu bieten.

»Welches Verbrechen hat dieser Unglückliche begangen?«, erkundigte ich mich.

»Er ist Päderast«, lautete die Antwort; »Sie müssen doch einsehen, daß das ein abscheuliches Verbrechen ist; es verhindert die Bevölkerungszunahme, es ist ihr abträglich ... dieser Schurke verdient daher, selber vernichtet zu werden.«

»Gut räsoniert«, erwiderte ich meinem Philosophen, »der Herr ist ein wahres Genie.«

Ich folgte einer Menschenmenge, die sich in geringer Entfer-

Schulen gibt als die Garnisonen, wenige, in denen ein junger Mann seinen Umgangston und seine Sitten rascher verdirbt.

nung von dort in ein Kloster drängte; dabei sah ich ein armes Mädchen von 16 oder 17 Jahren, frisch und schön, das eben der Welt Valet gesagt und gelobt hatte, sich lebendig in der Einsamkeit zu begraben.

»Freund«, fragte ich meinen Nachbarn, »was tut dieses Mädchen?«

»Sie ist eine Heilige«, entgegnete er mir, »sie entsagt der Welt; in der Tiefe eines Klosters begräbt sie den Keim zu zwanzig Kindern, mit denen sie den Staat beschenkt haben würde.«

»Welch ein Opfer!«

»Gewiß, mein Herr, sie ist ein Engel; ihr Platz ist im Himmel vorgemerkt.«

»Unsinniger«, sagte ich zu meinem Partner, weil ich bei dieser Inkonsequenz nicht mehr an mich halten konnte, »dort verbrennst du einen Unglücklichen, dessen Unrecht, wie du sagst, darin besteht, daß er die Fortpflanzung verhindert, und hier rühmst du ein Mädchen, das im Begriff steht, dasselbe Verbrechen zu begehen. Löse mir diesen Widerspruch auf, Franzose, oder verarge es einem vernünftigen Ausländer, der durch Frankreich reist, nicht, daß er es oft für ein Zentrum der Narrheit oder der Absurdität hält.«

Ich habe nur einen Feind zu fürchten, setzte Zamé hinzu, das ist der unstete, schweifende Europäer, der auf sein Behagen verzichtet, um das der anderen zu stören, weil er anderswo köstlichere Reichtümer als die seinigen vermutet und fortgesetzt eine bessere Regierungsform wünscht, weil man ihm die seinige nicht angenehm zu machen verstanden hat. Ungestüm, unbarmherzig und unrastig, zum Unglück der übrigen Erde geboren, lehrt er den Asiaten den Katechismus, fesselt den Afrikaner, tilgt den Bürger der Neuen Welt aus und sucht noch mitten auf den Weltmeeren nach unglücklichen Inseln, die er unterwerfen könnte. Ja, das ist der einzige Feind, den ich fürchte, der einzige, gegen den ich kämpfen werde, wenn er sich blicken läßt; der einzige, der uns entweder zerstören oder nie seinen Fuß auf diese Insel setzen wird. Er kann nur auf einer Seite an Land gehen; sie ist – ich habe es Ihnen schon gesagt – durch sichere Befestigungen geschützt: Sie werden die Batterien sehen, die ich aufstellen ließ. Die Verwirklichung dieses Ziels war die letzte Sorge meiner Reise; für sie verwandte ich das letzte Gold, das mir mein Vater gegeben hatte.

In Cadix ließ ich drei Kriegsschiffe bauen, sie mit Kanonen, Mörsern, Bomben, Gewehren, Kugeln und Pulver, mit all eurer erschreckenden europäischen Munition spicken, und deponierte das alles in dem Hafenmagazin, das mein Vorgänger errichtet hatte. Die Kanonen wurden in ihre Schießscharten gelegt; hundert junge Leute üben zweimal im Monat die verschiedenen Handgriffe, die zu ihrer Bedienung erforderlich sind. Meine Mitbürger wissen, daß diese Vorkehrungsmaßnahmen nur dem Feinde gelten, der eine Invasion unseres Landes versuchen sollte. Sie sind deshalb nicht beunruhigt, sie versuchen nicht einmal, die Wirkungen dieser teuflischen Munition zu erkunden, deren Erfahrung ich ihnen stets vorenthalten habe. Die jungen Leute üben, ohne zu schießen. Wenn es ernst wird, wissen sie, was sich daraus ergeben würde; das genügt. Gegen die gutartigen Völker in unserer Umgebung hätte es dieser Vorkehrungen nicht bedurft; Ihre barbarischen Landsleute zwingen mich dazu; nur mit Bedauern werde ich diese Waffen zur Anwendung bringen.

Mit dieser furchtbaren Ausrüstung kehrte ich nach Ablauf von zwanzig Jahren in mein Vaterland zurück. Glücklicherweise fand ich meinen Vater noch am Leben und erhielt seine Ratschläge. Er ließ meine Schiffe abwracken, weil er fürchtete, die Möglichkeit, mit Leichtigkeit große Reisen zu unternehmen, könnte die Habgier dieses guten Volkes entflammen, die Aussicht, sich anderswo nach dem Beispiel der Europäer zu bereichern, ihre Ruhe stören.

Es lag ihm daran, daß dieses liebenswürdige, friedliebende Völkchen, beglückt durch sein Klima, seine Erzeugnisse, seine wenigen Gesetze und seine schlichte Gottesanbetung, immer seine Unschuld behielte, indem es nie mit fremden Nationen in Verbindung trat, die ihm keine Tugend bringen, sondern es nur mit ihren Lastern anstecken würden. Ich habe alle Pläne des verehrten Autors meiner Tage befolgt und sie verbessert, sooft es mir möglich schien: wir haben diese Nation aus dem Naturzustand in die Zivilisation geführt. Diese Zivilisation ist freilich sanft, sie macht den Naturmenschen, der sie empfängt, glücklicher; sie ist weit entfernt von den barbarischen Auswüchsen, zu denen euch die eurige geführt hat, Auswüchsen, die euch hassenswert und verabscheuungswürdig erscheinen lassen, Auswüchsen, die den von euch Unterworfenen die glückliche Unabhängigkeit zurücksehnen lassen, der ihr ihn grausam entrissen habt.

Der Naturzustand des Menschen ist das Leben in freier Wildbahn; wie Bär und Tiger im Schoße der Wälder geboren, hielt der Mensch einen Zusammenschluß erst für nützlich, als sich seine Bedürfnisse verfeinerten und er Mittel zu ihrer Befriedigung suchte. Wenn ihr ihn der Wildnis entreißt, um ihn zu zivilisieren, so bedenkt den primitiven Zustand, in dem er lebte, den Zustand der Freiheit, zu dem ihn die Natur geschaffen hatte, und fügt nur hinzu, was seinen früheren Glückszustand vervollkommnen kann. Erleichtert sein Leben, aber schmiedet ihm keine Ketten! Ermöglicht die bequemere Erfüllung seiner Wünsche, aber versklavt ihn nicht! Haltet ihn zu seinem eigenen Glück in Schranken, aber zermalmt ihn nicht durch einen Wust sinnloser Gesetze! All eure Mühsal ziele darauf ab, seine Genüsse zu verdoppeln, indem ihr ihn die Kunst lehrt, sie lange und in Sicherheit zu genießen! Gebt ihm eine Religion, so sanft wie der Gott, der ihren Gegenstand ausmacht! Befreit sie vor allem von reinen Glaubensdingen; laßt sie in Werken bestehen, nicht in Glaubensanschauungen. Euer Volk möge nicht meinen, es müsse irgendwelchen Männern blind vertrauen, die im Grunde nicht mehr von der Religion wissen als es selbst; es soll überzeugt davon sein, es gefalle dem Ewigen, wenn man seine Seele so rein hält, wie sie aus seinen Händen kam. Dann wird es sich ganz von selber beeilen, den guten Gott anzubeten, der von ihm nur die Tugenden fordert, die für das Glück des Individuums, das sie praktiziert, notwendig sind. So wird das Volk eure Verwaltung lieben, es wird sich ihr von selbst unterwerfen, und ihr werdet an ihm Freunde haben, die eher zugrunde gehen als euch im Stich zu lassen oder nicht mehr mit euch an der Rettung des Vaterlandes zu arbeiten.

Morgen setzen wir diese Unterhaltung fort, sagte Zamé; ich habe Ihnen meine Geschichte erzählt, junger Mann, ich habe Ihnen gesagt, was ich getan habe. Nun muß ich Sie davon noch überzeugen. Gehen wir zum Mittagessen; die Frauen warten auf uns.

Alles verlief wie am Vortag: die gleiche Genügsamkeit, Ungezwungenheit, Aufmerksamkeit und Güte von seiten meiner Gastgeber. Diesmal nahmen auch Zamés Söhne teil; sobald man sie gesehen und gesprochen hatte, mußte man sie gern haben: der eine war 22 Jahre alt, der andere 18; beiden waren die Milde und Freundlichkeit ins Gesicht geschrieben, die ihre liebenswürdigen Eltern auszeichneten. Sie überhäuften mich mit Aufmerksamkeiten und Zeichen der Schätzung; aus ihren Blicken sprach nicht die beleidigende, verächtliche Neugier, die man an den Gebärden und Blicken unserer jungen Leute beobachten kann, wenn sie zum ersten Mal einen Fremden gewahren. Sie beobachteten mich nur, um mir zu schmeicheln, sprachen nur, um mich zu loben, fragten nur, um durch meine Antworten Gründe zu finden, mir Beifall zu spenden.*

* Ein reisender französischer Philosoph findet, das muß man zugeben, an den Individuen seiner Nationalität, denen er begegnet, mindestens ebenso interessante Studienobjekte wie sie ihm die Ausländer bieten, bei denen er sich aufhält. Man kann kaum das Ausmaß an Überheblichkeit und Impertinenz beschreiben, mit dem unsere Stutzer reisen; von allem, was sie nicht begreifen oder was es bei ihnen zu Hause nicht gibt, sprechen sie verleumderisch; alles, was nicht so leichtfertig ist wie sie, betrachten sie mit beleidigender, verächtlicher Miene. Kurzum, daß sie sich in allen

Am Nachmittag meinte Zamé, wir sollten sehen, ob es meiner Mannschaft an nichts fehle: es war schwierig, bessere Anordnungen erteilt zu haben, unmöglich, sie besser ausgeführt zu finden. Bei diesem Anlaß zeigte er mir, wie schwierig es war, seinen Hafen anzulaufen, und wie er verteidigt wurde. Zwei Außenwerke umgaben ihn vollständig und beherrschten ihn derart, daß ein einlaufendes Schiff von der zahlreichen Artillerie auf den beiden Redouten zerfetzt werden mußte; gelangte man aber bis an die Reede, so geriet man in das Feuer des Forts. Entging man diesen todbringenden Gefahren, so verteidigten zwei breite Boulevards die Zugänge zur Stadt. Sie füllten sich bei Bedarf mit der gesamten Jugend der Hauptstadt, und die Invasion war zum Scheitern verurteilt.

»Bisher habe ich gottlob von alledem keinen Gebrauch machen müssen«, erklärte mir Zamé, »und ich hoffe sehr, das Volk braucht sich dieser Vorkehrungen nie zu bedienen. Betrachten

Ländern lächerlich machen, ist unbestritten einer der Hauptgründe für die Antipathie, die andere Völker uns gegenüber empfinden. Deshalb sollten, scheint mir, die Minister besser dafür sorgen, daß die Erlaubnis zu reisen nur Leuten gewährt wird, die ihre Nation in der Meinung Europas nicht herabsetzen, damit sie die uns eigentümlichen Laster nicht jenseits der Grenzen verbreiten. – In eine überfüllte italienische Herberge kam zu später Stunde ein Wagen, und man wußte nicht recht, ob man die Tore öffnen sollte. Der Wirt zeigt sich am Fenster und fragt den Reisenden, welcher Nationalität er angehört. – »Franzosen«, antworten ein paar Domestiken unverschämt. – »Macht, daß ihr weiterkommt«, sagt der Wirt, »ich habe keinen Platz mehr.« – »Meine Leute irren sich«, greift der Herr geschickt ein, »es sind Mietdiener; ich bin Engländer; machen Sie auf, Herr Wirt!« Im gleichen Augenblick eilt alles herbei und empfängt den Reisenden mit Eifer. Ist es nicht schrecklich, daß unsere Nationalität derart in Mißkredit stand, daß man sie verstecken und verleugnen mußte, um beim Ausländer Zugang zu finden, und das nicht nur in der großen Welt, sondern sogar in einem Wirtshaus? Warum sollten wir uns nicht bemühen, liebenswert zu erscheinen, wenn der Erfolg nur davon abhängt, Fehler abzulegen, die uns selbst im eigenen Lande in den Augen des Weisen entehren, der uns mit Gelassenheit prüft? Doch die Revolution wird, indem sie unsere Sitten verwandelt, auch unsere lächerlichen Seiten verringern; mindestens wollen wir das hoffen, zu unserem Glück.

Sie die riesigen Felsen, die sich von hier aus zur Rechten wie zur Linken hinziehen; am Hafeneingang öffnen sie sich, dahinter sind sie auf allen Seiten unzugänglich und erreichen eine Höhe von mehr als 300 Fuß; sie schließen die Insel ein und dienen uns überall als Umwallung. Wir werden mithin lange Zeit haben, um dieses gute Volk das Glück genießen zu lassen, das wir ihm bereitet haben. Diese Gewißheit macht die Freude meines Lebens aus; sie wird mich zufrieden sterben lassen.« Wir kehrten zurück.
Kurz bevor wir wieder in den Palast eintraten, sagte Zamé zu mir: »Sie sind jung; für die Langeweile, die ich Ihnen heute früh verursacht habe, werde ich Sie durch ein Schauspiel nach Ihrem Geschmack entschädigen.«
Kaum waren die Türen geöffnet, sah ich hundert Frauen um die Gattin des Gesetzgebers versammelt; alle waren einförmig gekleidet, in rosa, der Farbe ihrer Altersstufe.
»Es sind die schönsten Frauen der Hauptstadt«, versetzte Zamé, »ich habe sie vor Ihren Augen versammelt, damit Sie zwischen ihnen und Ihren Französinnen die Wahl treffen können.«
Wäre ich mit der Göttin meines Herzens weniger beschäftigt gewesen, so hätte ich sicherlich die erstaunliche Versammlung schöner Gesichter besser gewürdigt, die mir in diesem Augenblick geboten wurde. Aber mir stand nur der zärtliche Gegenstand meiner Liebe vor Augen; allemal, wenn die Schönheit – in welcher Gestalt auch immer – vor meinen Augen erschien, bot sie mir nur Leonores Bild dar.
Dennoch würde es, muß ich sagen, Mühe kosten, in irgendeiner europäischen Stadt eine ebenso große Zahl hübscher Gestalten zu versammeln. Im allgemeinen sind die Bewohnerinnen von Tamoé rassige Erscheinungen – ich werde versuchen, Ihnen Zilia zu schildern; das wird Ihnen einen guten Begriff geben von diesen bezaubernden Frauen, denen die Natur so viele Reize offenbar deshalb gewährt hat, weil sie das glücklichste Land der Erde bewohnen dürfen.

Zilia ist groß, ihr Wuchs schlank und geschmeidig, ihre Haut blendend weiß. Ihre Züge sind ein Sinnbild der Treuherzigkeit und Bescheidenheit. Ihre Augen sind eher zärtlich als lebhaft, sehr groß und tiefblau; in jedem Augenblick scheinen sie zarte Liebe und wollüstiges Gefühl auszudrücken. Ihr köstlich geschnittener Mund läßt, sobald er sich öffnet, schönste weiße Zähne hervortreten. Sie ist blaß, aber ihre Gesichtsfarbe belebt sich, sobald man sie anschaut, und ihr Teint wird alsdann rosenfrisch. Ihre Stirn ist edel geformt. Ihr angenehm frisiertes Haar ist aschblond, und seine reiche Fülle, elegant von den anmutigen Umrissen ihres Schleiers gehalten, der in Wellen auf ihren alabasternen Busen herabfällt, verleihen ihr vollends das Aussehen einer Göttin der Jugend. Sie hatte eben ihr sechzehntes Lebensjahr vollendet und versprach noch zu wachsen, obwohl ihre leichte Figur schon groß genug war. Ihre Arme sind ein wenig zu lang, ihre Finger von einer geschmeidigen Zierlichkeit, an die sich unsere Augen erst gewöhnen müssen.

. . . .

»Das ist die Frau meines Sohnes«, sagte Zamé, indem er mich Zilia vorstellte, »sie kann bisher erst drei französische Wörter; es sind die ersten, die ihr Gatte ihr beigebracht hat. Da er sie aber talentiert findet, wird er fortfahren. Sag uns also diese drei Wörter!«, ermunterte sie der charmante Vater.

Und die zärtliche, entzückende Zilia legte die Hand auf ihr Herz, blickte ihren Gatten mit ebensoviel Anmut wie Bescheidenheit an und sagte errötend: »Voilà votre bien.«

Alle Frauen stimmten ein Gelächter an, und ich sah nun, welche Heiterkeit und Herzenseinfalt bei diesem glücklichen Volke herrschten.

Ich befragte Zamé, warum die Gatten nicht bei ihren Frauen seien.

»Damit Sie die Geschlechter gesondert beurteilen können«, erwiderte er mir; »morgen werden Sie die jungen Männer allein kennenlernen; übermorgen bringen wir beide zusammen. Ich kann Ihnen nur wenige Vergnügen bieten; deshalb teile ich sie ein.«

Angeregt von der Gegenwart der verehrungswürdigen Gattin ihres Herrschers, die sie liebte, überließen sich die interessanten Frauen für den Rest des Tages tausend unschuldigen Vergnügungen. Dabei nahmen sie die mannigfachsten Posen ein, brachten ihre natürliche Anmut zur Geltung und überzeugten mich vollends von der Sanftheit und Liebenswürdigkeit ihres Wesens. Sie führten verschiedene Spiele ihres Landes, darunter auch einige europäische, vor und betrugen sich bei allen anständig und höflich, bescheiden und sittsam; nur ist es bei ihnen Brauch, den Busen entblößt zu tragen. Aber alles ist Sache der Gewohnheit, und ich habe nicht festgestellt, daß die für sie typische Tracht irgendwelche Unsittlichkeiten zur Folge gehabt hätte. Die Männer sind es gewohnt, ihre Frauen so zu sehen; sie waren es schon, bevor sie sie nackt sahen. Zamés diesbezügliche Gesetze haben also Gutes gewirkt statt zu zerstören.

»Man erglüht nicht bei einem ganz alltäglichen Anblick«, erläuterte mir der liebenswürdige Herrscher, als er die Überraschung gewahrte, in die mich dieser Brauch stürzte; »Schamgefühl ist nur eine Tugend der Konvention; die Natur hat uns nackt geschaffen, also gefiel es ihr, daß wir so sein sollten. Da ich außerdem dieses Volk im Zustand der Nacktheit vorfand, würde ich seine Frauen zur Verzweiflung getrieben haben, wenn ich sie in europäische Korsettstangen eingezwängt hätte. Wenn man die Bräuche einer Nation verändert, muß man die alten, so weit sie nicht nachteilig sind, respektieren. So erreicht man am besten, daß sie sich an alles gewöhnen und gegen nichts auflehnen.«

Den entzückenden Frauen wurde eine schlichte, frugale Mahlzeit vorgesetzt; ihre Höflichkeit, ihr Taktgefühl und ihre Zurückhaltung blieben sich gleich; dann zogen sie sich zurück.

Am nächsten Tag fand eine Beratung statt, und ich bekam

Zamé erst am Nachmittag zu Gesichte; ich brachte den Morgen damit zu, mich um die Bedürfnisse unserer Mannschaft zu kümmern.

Sobald er abkömmlich war, sagte unser bezaubernder Gastgeber: »Kommen Sie, ich muß Ihnen noch vieles mitteilen, um Ihnen eine vollständige Kenntnis unserer Heimat und unserer Sitten zu vermitteln. Ich habe Ihnen gesagt, in meinen Staaten sei die Scheidung erlaubt; das bringt uns auf ein paar Einzelheiten.

Da die Natur den Frauen nur wenige Jahre zur Fortpflanzung der Gattung gewährt, scheint sie dem Mann zu verstehen zu geben, sie erlaube ihm zwei Gefährtinnen: wenn die Gattin aufhört, ihrem Manne Kinder zu schenken, bleiben diesem noch fünfzehn oder zwanzig Jahre Zeit, sich Kinder zu wünschen und die Möglichkeit, Kinder zu bekommen, auszukosten. Ein Gesetz, das ihm gestattet, eine zweite Frau zu nehmen, kommt nur seinen legitimen Wünschen entgegen; ein Gesetz, das sich dieser Regelung widersetzt, steht durch seine Härte und Ungerechtigkeit dem der Natur im Wege. Die Scheidung hat also zwei Nachteile: erstens können die Kinder der älteren Mutter von der jüngeren mißhandelt werden; zweitens werden die Väter immer die letzten Kinder vorziehen.

Um diese Schwierigkeiten aus der Welt zu schaffen, verlassen bei uns die Kinder das Elternhaus, sobald sie den Mutterbusen nicht mehr brauchen; sie erhalten eine nationale Erziehung; sie sind nicht mehr die Kinder von diesem oder jenem, sie sind die Kinder des Staates. Die Eltern können sie in den Erziehungsheimen besuchen, aber die Kinder kehren nicht mehr ins Elternhaus zurück. Daraus ergibt sich: keine Privatinteressen mehr, keine Familiengesinnung, die stets für die Gleichheit verhängnisvoll ist und gelegentlich gefährlich für den Staat; keine Angst davor, mehr Kinder zu haben als man ihnen an Vermögensgütern hinterlassen kann.

Da die Häuser nur von einem Ehepaar bewohnt sind, stehen

oft einige leer; sobald ein Haus vakant wird, kehrt es in die Masse der Staatsgüter zurück, aus der es nur für die Lebenszeit der Benutzer herausgenommen wurde. Der Staat ist der einzige Besitzer aller Güter, die Untertanen sind nur Nutznießer. Sobald ein Junge das fünfzehnte Lebensjahr erreicht, wird er in das Haus geführt, in dem die Mädchen erzogen werden. Dort wählt er eine Gattin seines Alters. Wenn das Mädchen einwilligt, wird die Ehe geschlossen; wenn es nicht einverstanden ist, sucht der junge Mann so lange weiter, bis er Einverständnis findet. Von Stund an übergibt man ihm eines der leerstehenden Häuser und den Grund und Boden, der zu diesem Hause gehört; ob er seiner Familie gehört hat oder nicht, ist dabei gleichgültig: es genügt, daß das Gut frei ist, damit er in seinen Besitz eingesetzt wird.

Falls das junge Paar Eltern besitzt, wohnen diese der Eheschließung bei. Ihre Zeremonie ist einfach und besteht darin, daß beide Gatten im Namen des Ewigen schwören müssen, daß sie sich lieben und vereint daran arbeiten werden, Kinder zu bekommen, daß der Gatte seine Frau oder diese den Gatten nur um legitimer Gründe willen verstoßen werden. Ist das geschehen, so ziehen sich die Eltern, die als Zeugen teilgenommen haben, zurück, und die jungen Leute sind ihre eigenen Herren; sie werden von ihren Nachbarn beaufsichtigt und angeleitet, die verpflichtet sind, ihnen für einen Zeitraum von zwei Jahren mit Rat und Tat zur Hand zu gehen. Nach Ablauf dieser Frist werden die jungen Gatten gänzlich aus der Bevormundung entlassen. Wenn die Eltern die Sorge um diese Anleitung übernehmen wollen, so steht ihnen das frei; dann kommen sie täglich während der vorgeschriebenen zwei Jahre und helfen den Jungvermählten.

Drei Gründe sind es, um derentwillen der Gatte die Scheidung verlangen kann: er kann seine Frau verstoßen, wenn sie nicht gesund ist, wenn sie ihm keine Kinder schenken will oder kann, und wenn es bewiesen ist, daß sie zänkisch ist und ihrem Mann all das verweigert, was er rechtmäßig von ihr fordern kann. Die Frau ihrerseits kann verlangen, ihren Mann verlassen zu können, wenn er nicht gesund ist, wenn er keine Kinder machen will oder kann, solange sie imstande ist, Kinder zu bekommen, und wenn er sie mißhandelt, welche Ursache er dazu immer haben mag.

Am Rande aller Städte unseres Staates gibt es eine ganze Straße, die kleinere Häuser enthält als die für die Ehepaare bestimmten; diese Häuser gibt der Staat den Verstoßenen beiderlei Geschlechts und den Unverheirateten. Wie die übrigen haben sie kleine anliegende Grundstücke, so daß der Unverheiratete oder der Verstoßene, welchen Geschlechts er auch sei, nichts zu verlangen brauchen, weder der Unverheiratete von seiner Familie noch der Gatte vom Gatten.

Ein Mann, der seine Frau verstoßen hat und eine neue begehrt, kann sie sich entweder unter den verstoßenen Frauen wählen, falls er dort eine findet, die ihm zusagt, oder sie sich im Erziehungsheim der Mädchen holen. Die Frau, die ihren Mann verstoßen hat, handelt entsprechend; sie kann sich einen Gatten unter den verstoßenen Ehemännern aussuchen, falls einer dabei ist, der sie annimmt, falls sie darunter einen findet, der ihr gefällt, oder sie sucht ihn sich unter den jungen Leuten, falls einer darunter ist, der sie zur Frau nehmen will. Will jedoch der eine oder der andere der verstoßenen Gatten lieber allein in der kleinen Wohnung leben, die ihm der Staat zuweist, ohne eine neue Ehe einzugehen, so hat er dazu das Recht: zu allen diesen Dingen wird man nicht gezwungen, sie geschehen alle in gutem Einvernehmen. Nie können dabei die Kinder ein Hindernis darstellen; der Staat nimmt den Eltern diese Bürde ab; sobald die ersten Kinder kommen, befreit er sie davon. Über die zweimalige Wahl hinaus entfällt die Verstoßung; dann muß man Geduld üben und sich gegenseitig ertragen. Man kann sich kaum vorstellen, wie wirksam das Gesetz, das die Väter und Mütter von ihren Kindern befreit, häusliche Zwietracht und Mißhelligkeiten beseitigt: die Gatten genießen nur noch die Rosen der Ehe; ihre Dornen bekommen sie nicht mehr zu spüren. Dabei werden die Bande der Natur in keiner Weise gebrochen; sie können nach wie vor ihre Kinder sehen und lieben: man läßt ihnen alles, was mit der Annehmlichkeit seelischer Gefühle zu tun hat und nimmt ihnen nur, was diese Empfindungen schwächen oder zerstören könnte. Die Kinder ihrerseits lieben darum ihre Eltern nicht weniger; da sie aber gewohnt sind, die Heimat als ihre zweite Mutter anzusehen, werden sie bessere Bürger, ohne deshalb weniger zärtliche Kinder zu sein.

Man hat gesagt und geschrieben, die staatliche Erziehung passe nicht für eine Republik, und man hat sich geirrt: diese Erziehungsart paßt zu jeder Regierungsform, die zur Vaterlandsliebe erziehen möchte, und das ist der hervorstechende Charakterzug der unsrigen. Wenn ich im übrigen auf der Insel Tamoé eine republikanische Erziehung eingeführt habe, so will ich Ihnen die Gründe dafür bald erklären. Da die Verstoßungen, deren Einzelheiten Sie eben erfahren haben, so leicht zu bewerkstelligen sind, ist der Ehebruch, ein bei euch allgemeines Verbrechen, unter uns äußerst selten. Ist er jedoch bewiesen, so wird er eine vierte Ursache für die Trennung der Ehepartner: oft tauschen dann zwei Ehepaare ihre Gefährten aus. Doch gibt es so viele Möglichkeiten, sich Befriedigung zu verschaffen, wenn man die Bande der Ehe auf sich nimmt, ihre Fesseln wiegen so leicht, daß ein Liebesabenteuer nur selten diese Bande befleckt.

Da die Vermögenswerte, die die Gatten ernähren müssen, alle von gleichem Wert sind, gibt bei der Eheschließung nur die eigene Wahl den Ausschlag. Da alle Mädchen gleich reich sind und alle Jungen den gleichen Vermögensanteil besitzen, brauchen sie vor der Heirat nur noch ihre Herzen zu befragen. Wenn man aber gegenseitig den hat, den man sich wünscht, warum sollte man wechseln? Und wenn man wechseln kann, sobald es statthaft ist, aus welchem Grunde sollte man dann noch das Glück der anderen stören? Gleichwohl gibt es Intrigen, dieses Übel ist nicht zu vermeiden; aber sie sind so selten und so versteckt, wer sie ersinnt und wer sie erleidet, schämt sich ihrer derartig, daß daraus keinerlei Unordnung in der Gesellschaft entsteht: keine Unbesonnenheiten, keine Klagen, nur wenige Verbrechen; kann man in Eheangelegenheiten mehr erreichen? Erreicht ihr in eurem Europa mit allen Mitteln, die ihr verwendet, mit den skandalösen Häusern, in denen unglückliche Opfer zuchtlos der öffentlichen Unmäßigkeit ausgeliefert werden, auch nur die Hälfte von dem, was ich durch die eben geschilderte Verfahrensart erreiche?*

Ich habe Ihnen eben unsere Besitzordnung dargestellt: aus diesen Einzelheiten ersehen Sie, daß der Untertan kein Eigentum besitzt, das, was er besitzt, nur vom Staat bekommt und bei seinem Tode alles an ihn zurückfällt. Da er jedoch diesen Besitz sein Leben lang in vollem, sicherem Frieden genießt, hat er das größte Interesse daran, seine Ländereien nicht brachliegen zu lassen. Sein Wohlergehen hängt von der Mühe ab, die er sich mit seinem Grundstück gibt; er ist daher genötigt, sich darum zu kümmern. Wenn die beiden Gatten altern oder einer von ihnen durch Tod ausscheidet, so finden die alten Leute oder die alten Witwer, die einstmals den Jungen halfen, nunmehr bei ihnen Unterstützung; an die Jungen hält man sich, sofern im Fall von Alter, Krankheiten oder Wit-

* Zur Entschuldigung dieser Häuser führt man an, sie sollten größere Übel verhindern, und der Unmäßige finde, statt die Frau seines Nachbarn zu verführen, in verpesteten Kloaken Befriedigung. Ist es nicht merkwürdig, daß sich eine Regierung nicht schämt, 1500 Jahre in dem schweren Irrtum zu verharren, es sei besser, die infamste Ausschweifung zu dulden, als die Gesetze zu verändern? Und wer stellt die Opfer dieser schrecklichen Lokalitäten? Sind die Weibspersonen, die man dort findet, nicht Frauen oder Mädchen, die ursprünglich Geiz oder Unmäßigkeit verführt haben? So gestattet der Staat also, daß ein Teil der Frauen oder Mädchen seiner Nation verdorben wird, um den anderen Teil zu retten: zugegeben, das ist ein schöner Nutzen, eine ungemein weise Rechnung! Gestehe, philosophischer, gesetzter Leser, sind Zamés Überlegungen nicht vorzuziehen, wenn er niemand verderben will, wenn durch die schöne Ordnung seiner Gesetze kein Volksteil dem anderen aufgeopfert wird und alle in gleicher Weise rein bleiben?

werschaft nicht alles in gleicher Weise bewirtschaftet wird wie zuvor.
Die jungen Leute haben gewiß kein unmittelbares Interesse daran, die Ländereien der Alten instand zu halten; sie haben ja schon, was sie brauchen, und können nicht auf ihr Erbe rechnen. Doch helfen sie ihnen aus Dankbarkeit, aus Anhänglichkeit an das Vaterland und weil sie im übrigen einsehen, daß sie bei eigener Altersschwäche ähnliche Hilfe brauchen werden; man würde sie ihnen verweigern, wenn sie sie nicht anderen gewährt hätten.
Ich brauche Sie nicht darauf hinzuweisen, daß die Gleichheit der Vermögensumstände den Luxus völlig verbannt: in einem Staatswesen gibt es keine besseren und sichereren Luxusgesetze. Die Unmöglichkeit, mehr zu besitzen als seine Nachbarn, vernichtet vollkommen dieses zerstörerische Laster aller europäischen Nationen: man mag sich wünschen, bessere Früchte und feinere Lebensmittel zu haben als ein anderer; da dies jedoch nur von der Sorgfalt und Mühe abhängt, die man aufwendet, um sie zu bekommen, hat es nichts mehr mit Aufwand zu tun, es ist Wettstreit; und da Wettstreit nur zum Vorteil der Untertanen gereichen kann, muß die Regierung ihn fördern.
Sehen wir uns nunmehr an, mein Freund, fuhr der ehrwürdige Mann fort, wie viele Verbrechen durch diese Einrichtungen verhindert werden. Wenn ich Ihnen beweise, daß ich die Summe der Verbrechen vermindere, ohne daß dem Bürger ein Haar gekrümmt oder eine Stunde der Pein auferlegt wird, werden Sie mir dann zugeben, daß ich bessere Arbeit geleistet habe als die brutalen Erfinder und Parteigänger eurer grausamen Gesetze, die wie die drakonischen nur mit dem Schwert in der Hand vorgehen? Werden Sie mir zugeben, daß ich den weisen und großen Leitgedanken der persischen Gesetze erfüllt habe, die dem Richter einschärfen, dem Verbrechen lieber vorzubeugen, als es zu bestrafen? Um einen Menschen in den Tod zu schicken, braucht man nur einen

Dummkopf und einen Henker; um ihn daran zu hindern, den Tod zu verdienen, sind viel Geist und Sorgfalt nötig.
Durch die Gleichheit der Besitzumstände entfallen die Diebstähle; der Diebstahl ist nur die Begierde, sich anzueignen, was man nicht besitzt und mit Eifersucht bei einem anderen wahrnimmt; sobald jedoch jeder das Gleiche besitzt, kann dieser verbrecherische Wunsch nicht mehr aufkommen.
Da die Gleichheit der Besitzumstände die Eintracht fördert und die Milde der Regierung alle Untertanen ihre Herrschaftsform lieben läßt, gibt es keine Staatsverbrechen und keine Revolutionen mehr.
Da die Kinder aus dem Elternhaus entfernt worden sind, entfallen Inzestverbrechen; da sie sorgfältig, stets unter den Augen ehrbarer, anständiger Männer erzogen werden, gibt es keine Vergewaltigungen mehr.
Dank der Ehescheidung: wenig Ehebrüche.
Da internen Zwistigkeiten durch Gleichheit des Standes und der Besitztümer vorgebeugt wird, versiegen alle Quellen für Mordtaten.
Dank der Gleichheit: kein Geiz und kein Ehrgeiz mehr, und wie viele Verbrechen erwachsen aus diesen beiden Ursachen! Keine ungeduldigen Erben mehr, da das Lebensalter die Güter bringt, nicht der Tod der Eltern; da dieser Tod nicht mehr gewünscht wird, keine Vatermorde, Brudermorde und andere ebenso greuliche Verbrechen, deren bloßer Name nicht mehr ausgesprochen werden sollte.
Wenig Selbstmorde; nur Unglück stiftet zu ihnen an: hier sind alle glücklich und alle gleich; warum sollte man also nach der Selbstvernichtung trachten?
Keine Kindermorde mehr: warum sollte man sich seiner Kinder entledigen, wenn sie einem niemals zur Last fallen und man von ihnen nur Hilfe zu erwarten hat? Da die Ausschweifungen der jungen Männer entfallen, weil sie bei ihrem Eintritt ins Leben heiraten, sind die Familientöchter nicht mehr wie bei euch der Entehrung und dem Verbrechen ausgesetzt.

Ein solches Mädchen steht nicht mehr wie bei euch, schwach, verführt und unglücklich, vor der Wahl, dahinzuwelken oder um jeden Preis die unwillkommene Frucht ihrer Liebe zu vernichten.

Ich gebe zu, es können gleichwohl nicht alle Rechtsbrüche verhindert werden. Man müßte ein Gott sein und mit anderen Wesen als dem Menschen zu tun haben, um das Verbrechen gänzlich von der Erde zu vertilgen. Aber vergleichen Sie die Verbrechen, die bei meiner Regierungsweise übrigbleiben können, mit denjenigen, zu denen der Bürger durch die Laster der eurigen notwendig getrieben wird. Bestraft ihn darum nicht, wenn er Böses tut, weil ihr es ihm dadurch unmöglich macht, gut zu handeln; ändert eure Regierungsform und quält nicht den Menschen, der, wenn sie schlecht ist, nur zu einem bösen Verhalten gelangen kann; nicht er ist daran schuld, sondern ihr ... ihr, weil ihr ihn daran hindern könntet, Böses zu tun, wenn ihr eure Gesetze ändern würdet, und sie dennoch, hassenswert wie sie sind, bestehen laßt, um nicht das Vergnügen entbehren zu müssen, den Gesetzesbrecher mit ihrer Hilfe bestrafen zu können. Würdet ihr nicht denjenigen für ein Scheusal halten, der einen Unglücklichen vollends verderben würde, weil er sich in einen Abgrund fallen ließ, in den ihn eben die Hand stieß, die ihn bestrafte?

Seid gerecht: duldet das Verbrechen, da die Mängel eurer Regierungsform dazu verführen; oder wenn euch das Verbrechen schädlich erscheint, so verändert die Regierungsform, die es entstehen läßt. Macht es – wie ich es tat – dem Bürger unmöglich, Verbrechen zu begehen, aber opfert ihn nicht der Ungereimtheit eurer Gesetze und eurer hartnäckigen Weigerung, sie zu verändern.

»Einverstanden«, sagte ich zu Zamé, »aber mir scheint, Sie haben zwar weniger Laster, aber dafür kaum Tugenden; ist das nicht ein kraftloses Staatswesen, in dem die Tugenden gefesselt sind?«

»Zunächst eines«, erwiderte Zamé, »selbst wenn dem so wäre,

würde ich es vorziehen: es wäre mir zweifellos tausendmal lieber, im Menschen alle Laster zu vernichten als in ihm Tugenden entstehen zu lassen, wenn ich das nur könnte, indem ich ihm Laster auf den Weg gäbe; denn erwiesenermaßen schadet das Laster dem Menschen weitaus mehr als ihm die Tugend nützlich ist; vor allem in eurer Regierungsform ist es weitaus wesentlicher, nicht das Laster zu haben, das bestraft wird, als eine Tugend zu besitzen, die man nicht belohnt. Doch Sie täuschen sich: aus der Vernichtung der Laster ergibt sich nicht ohne weiteres die Unmöglichkeit der Tugenden: die Tugend besteht nicht darin, nichts Lasterhaftes zu begehen, sie äußert sich darin, daß man unter den gegebenen Umständen so gut wie möglich handelt; die Gelegenheit dazu ist unseren Bürgern ebenso gegeben wie den eurigen: zwar wird bei uns, ich gebe es zu, die Wohltätigkeit nicht mit frommen Stiftungen geübt, die nur zur Mästung von Mönchen dienen, oder mit Almosen, die nur die Müßiggänger ermuntern. Doch ist sie tätig, indem sie dem Nachbarn hilft, den Körperbehinderten beispringt, die alten Leute und die Kranken pflegt, gute Richtlinien für die Erziehung der Kinder aufstellt und Zwistigkeiten oder inneren Streitigkeiten vorbeugt. Mut kann man zeigen, indem man geduldig die Übel erträgt, die uns die Natur schickt; ist die so geübte Tugend nicht wertvoller als ein Mut, der uns zur Zerstörung unserer Mitmenschen antreibt? Doch würden wir auch diese Tugend mit Edelmut üben, wenn es um die Verteidigung der Heimat ginge. Und kann sich nicht auch die Freundschaft, die man unter die Tugenden zählen kann, bei uns in voller Milde entfalten und die angenehmste Herrschaft üben?

Wir lieben die Gastfreundschaft und üben sie gegen unsere Freunde und Nachbarn. Trotz der Gleichheit ist der Wetteifer nicht erloschen. Sie sollen unsere Tischler und Maurer zu Gesicht bekommen und können selbst urteilen über ihren Eifer, einander zu übertreffen, sei es an Geschicklichkeit, sei es in der Art, die Steine zu behauen, zu bearbeiten und aus ihnen kunstvoll die leichte Form unserer Häuser zu bilden, ihr Gebälk anzuordnen usw.

»Aber sie sind doch«, hielt ich Zamé entgegen, »Bürger zweiter Klasse im Staat, was Sie auch von ihnen sagen mögen; der Arbeiter ist nur ein Söldner; so ist er in der öffentlichen Meinung entwürdigt und von dem Bürger, der nicht arbeitet, unterschieden.«

»Irrtum!«, erwiderte Zamé, »es besteht kein Unterschied zwischen dem Maurer und dem Diener an meiner Tafel. Ihr Stand ist gleich, ihr Vermögen ebenso, ihre Wertschätzung desgleichen. Kurzum, es unterscheidet sie nichts, und wir geben nicht wie ihr der öffentlichen Meinung Gelegenheit, den einen emporzuheben und den anderen zu erniedrigen: meine Schwiegertochter Zilia, die Sie bewundert haben, ist die Tochter eines unserer geschicktesten Fabrikanten; um ihn für seine Verdienste zu belohnen, habe ich mich mit ihm verwandtschaftlich verbunden.

Nur die Begabungsrichtung unserer jungen Leute bestimmt den Unterschied in ihren Beschäftigungen während der Lebenszeit: der eine hat nur Talent für die Landwirtschaft, jedes andere Tun verdrießt ihn oder es paßt nicht zu seiner Veranlagung; er begnügt sich damit, das Grundstück zu bebauen, das ihm der Staat anvertraut, den anderen in diesem Fach zu helfen und ihnen diesbezügliche Ratschläge zu erteilen. Der nächste führt den Hobel geschickt; aus ihm machen wir einen Schreiner; Werkzeuge dazu fehlen uns nicht, ich habe sie kofferweise aus Europa mitgebracht; wenn das Eisen einmal verbraucht ist, werden wir es mit dem Gold aus unseren Minen reparieren, und so wird das schnöde Metall wenigstens einmal zu nützlichen Zwecken gedient haben. Ein anderer Schüler zeigt Geschmack an der Architektur, also wird er Maurer. Weder die einen noch die anderen sind Söldner; für die Dienste, die sie leisten, bezahlt man sie mit anderen Diensten; sie arbeiten zum Wohl des Staates: welches schändliche Vorurteil sollte sie also erniedrigen? Welcher Beweggrund sollte sie in den Augen ihrer Mitbürger herabsetzen? Sie haben den gleichen Besitz, die gleiche Geburt, also müssen sie gleich sein: wenn ich Unterschiede zuließe, würde der Arbeiter sicherlich besser abschneiden als der eventuelle Müßiggänger. Nicht der Nichtstuer darf der geschätzteste Bürger in einem Staate sein, Wertschätzung darf nur demjenigen zuteil werden, der sich auf die nützlichste Weise beschäftigt.

»Aber die Belohnungen, die Sie dem Verdienst zukommen lassen«, bemerkte ich zu Zamé, »müssen doch, weil sie den Empfänger auszeichnen, Eifersucht auslösen und gegen Ihren Willen Unterschiede schaffen?«

»Ein weiterer Irrtum! Diese Auszeichnungen stacheln den Wetteifer an, aber sie lassen keine Eifersüchteleien aufkommen: diesem Laster beugen wir von Kindheit an vor, indem wir unseren Schülern den Wunsch anerziehen, denen gleichzukommen, die Gutes leisten, und falls möglich etwas noch Besseres zu leisten, nicht aber sie zu beneiden, weil der Neid nur in eine betrübliche, peinliche Lage versetzt; die Anstrengungen hingegen, die sie unternehmen müssen, um denjenigen zu überflügeln, der Belohnungen verdient, führen sie zu dem inneren Genuß, den uns das Lob verschafft. Diese Leitgedanken, die von der Wiege an eingeschärft werden, zerstören die Saat des Hasses; man möchte lieber nachahmen oder übertreffen als hassen, und so gelangen alle unmerklich zur Tugend.«

»Und wie bestrafen Sie?«

»Meine Strafen sind leicht und den wenigen Vergehen angepaßt, die in unserer Nation möglich sind. Sie demütigen und brandmarken niemals, weil man einen Menschen zugrunde richtet, wenn man ihn brandmarkt; sobald ihn die Gesellschaft zurückweist, bleibt ihm kein anderer Ausweg als Verzweiflung oder Selbstaufgabe, verheerende Auswüchse, die nichts Gutes bewirken und den Unglücklichen unweigerlich zum Selbstmord oder auf das Schafott treiben, während man ihn mit mehr Milde und weniger abscheulichen Vorurteilen zur Tugend zurückbringen und vielleicht eines Tages zum

Heroismus führen würde. Unsere Strafen basieren auf der öffentlichen Meinung: ich habe die Geistesart dieses Volkes aufmerksam erforscht; es ist empfindlich und stolz, es liebt den Ruhm; ich demütige sie, wenn sie schlecht handeln: wenn ein Bürger einen schlimmen Fehler begangen hat, muß er zwischen zwei Herolden durch alle Straßen wandern; sie verkünden mit lauter Stimme die Vergehen, mit denen er sich befleckt hat. Es ist kaum zu glauben, wie sehr diese Zeremonie sie ärgert und wie tief sie von ihr beeindruckt sind; ich spare daher diese Strafe für die schwersten Vergehen auf*; die leichten werden gelinder bestraft: ein nachlässiges Ehepaar zum Beispiel, das das Grundstück schlecht verwaltet, das ihm der Staat anvertraut, muß das Haus tauschen, ich schicke es auf eine unbebaute Domäne, wo es die doppelte Sorgfalt und Mühsal aufwenden muß, um zu seiner Nahrung zu gelangen. Wenn es fleißiger geworden ist, gebe ich ihm das erste Gelände zurück.

Was Sittlichkeitsverbrechen anbetrifft: wenn die Schuldigen in einer anderen Stadt wohnen, werden sie durch ein Kennzeichen an der Kleidung bestraft; wenn sie in der Hauptstadt wohnen, entziehe ich ihnen zur Strafe die Erlaubnis, bei mir erscheinen zu dürfen: nie empfange ich Lüstlinge oder Ehebrecherinnen. Diese Herabsetzung stürzt sie in Verzweiflung; sie lieben mich und wissen, daß mein Haus nur denen offensteht, die die Tugend in Ehren halten, daß man sie üben muß oder für immer darauf verzichten, mich besuchen zu können. Sie gehen in sich, sie bessern sich: Sie können sich kaum vorstellen, wie viele Bekehrungen ich mit diesen Mittelchen erreicht habe. Die Ehre ist der Zügel des Menschen; wenn man richtig mit ihnen umzugehen weiß, kann man sie führen, wohin man will: wenn man stets nur die Rute in der Hand trägt, demütigt man sie, entmutigt sie und stürzt sie ins Verderben. Auf diesen Tatbestand werden wir immer wieder zu-

* Ausgenommen den Mord, der strenger bestraft wird; von ihm spricht Zamé an späterer Stelle.

rückkommen. Ich sagte Ihnen schon, ich will Ihnen meine Gedanken über die Gesetze mitteilen; Sie werden Ihnen, hoffe ich, um so lieber zustimmen als es mir durch ihre Verwirklichung gelungen ist, dieses Volk glücklich zu machen.
Was meine Belohnungen angeht, fuhr Zamé fort, so bestehen sie in der Verleihung militärischer Ränge. Obwohl alle als Soldaten und Vaterlandsverteidiger geboren werden, obwohl sie darin einander gleich sind wie in ihren Familien, brauche ich Leute, die sie gegen den Feind führen; diese Ränge belohnen Verdienst und Talente: einen guten Maurer mache ich zum Leutnant des Staatsheers; ein allerseits als intelligent und tugendhaft anerkannter Bürger wird Hauptmann, ein vorzüglicher Landwirt Major: so geht es weiter; es sind Schimären, aber sie schmeicheln. Man darf weder die Strafen zu streng bemessen noch den Belohnungen zu viel Wert beilegen; es kommt nur darauf an, das auszuwählen, was am stärksten auf die Eigenliebe wirkt. Mit diesen beiden Mitteln kann man den Menschen zu allem bringen, was man sich vornimmt; aber man muß ihn kennen, um diese Mittel zu finden, und daher sage ich immer wieder, in dieser Kenntnis, in diesem Studium besteht die erste Kunst des Gesetzgebers. Ich weiß wohl, es ist bequemer, gleiche Strafen und Belohnungen zu haben, wie in eurem Europa, Eselsbrücken, über die die kleinen Missetäter ebenso hinüberspazieren müssen wie die großen, ob ihnen das zuträglich ist oder nicht. Ohne Zweifel ist es bequemer, aber ist das Bequemere immer das Bessere? Was folgt bei euch aus den Strafen, die nicht bessern, und aus den Belohnungen, die wenig schmeicheln? Ihr behaltet immer die gleiche Summe von Lastern, ohne eine einzige Tugend zu erwerben; in all den Jahrhunderten, in denen ihr so verfahrt, habt ihr nichts an der natürlichen Verderbtheit des Menschen geändert.
»Aber Sie haben doch wenigstens Gefängnisse?«, fragte ich Zamé. »Dieser für eine Regierung so wesentliche Schutzdamm ist doch von Ihrer Weisheit nicht vergessen worden?«

»Junger Mann«, gab mir der Gesetzgeber zur Antwort, »ich staune, daß Sie mir ernstlich eine derartige Frage stellen können: wissen Sie denn nicht, daß das Gefängnis, diese schlechteste und gefährlichste der Strafen, nur ein alter Mißbrauch der Justiz ist, den Despotismus und Tyrannei in Schwang gebracht haben? Man mußte denjenigen, den man richten sollte, zur Hand haben und erfand daher zunächst Fesseln, die die Barbarei beibehielt; dieser Greuel entsprang, wie alle möglichen Akte der Strenge, im Schoße der Ignoranz und der Verblendung. Unfähige Richter, die in gewissen Fällen weder zu verurteilen noch freizusprechen wagten, zogen es vor, den Angeklagten das Gefängnis hüten zu lassen; sie glaubten ihr Gewissen dadurch entlastet, daß sie diesen Mann nicht das Leben verlieren ließen und ihn doch nicht der Gesellschaft zurückgaben. Ist das Verfahren deshalb weniger absurd?
Wenn ein Mensch schuldig ist, muß man ihn einem Urteilsspruch unterwerfen; wenn er unschuldig ist, muß man ihn freisprechen; jedes mittlere Verfahren kann nur fehlerhaft und falsch sein. Den Erfindern dieser greulichen Einrichtung bleibt nur eine Entschuldigung: sie hofften den Menschen zu bessern; doch muß man ihn schlecht kennen, um sich einbilden zu können, das Gefängnis könne jemals diese Wirkung auf ihn ausüben. Man bessert einen Missetäter nicht, indem man ihn isoliert, vielmehr muß man ihn der Gesellschaft überlassen, die er beleidigt hat. Von ihr muß er täglich seine Strafe empfangen, und durch diese Schule allein kann er wieder besser werden. Wenn er zu einer verhängnisvollen Einsamkeit, zu einem gefährlichen Dahinvegetieren, zu einer verheerenden Verlassenheit verurteilt wird, so keimen seine Laster, sein Blut kocht und sein Kopf gerät in Gärung. Da er seine Begierden nicht befriedigen kann, verstärkt sich deren verbrecherische Ursache, und er verläßt das Gefängnis nur noch gefährlicher und schurkischer: Wärter und Ketten sind für wilde Tiere bestimmt; das Abbild Gottes, des Weltenschöpfers, ist nicht geschaffen für eine solche Verworfenheit.

Sobald ein Bürger einen Fehler begeht, laßt euch nur von einem Vorsatz leiten: wenn ihr gerecht sein wollt, so sei seine Strafe entweder für ihn oder für die anderen nützlich. Jede Strafe, die diesen Gesichtspunkt außer Augen läßt, ist eine Schmach; schwerlich kann aber das Gefängnis für denjenigen, den man darin einsperrt, nützlich sein, da feststeht, daß man in den unzähligen Gefahren dieser Art der Quälerei nur noch schlimmer werden muß.

Das Gefängnis ist daher ein unverzeihlicher Mißbrauch, den alles verdammt und nichts rechtfertigt, eine vergiftete Waffe in den Händen des Tyrannen oder des pflichtvergessenen Beamten, ein unwürdiges Monopolgeschäft zwischen dem Juristen, der diese Fesseln verhängt, und dem elenden Schurken, der diese Unglücklichen ernähren muß und daher weder Lüge noch Verleumdung verschmäht, um ihre Leiden zu verlängern. Es ist ein gefährliches Mittel, das man unklugerweise den Familien gewährt, um an einem ihrer Mitglieder, ob schuldig oder nicht, Haßgefühle, Feindschaft, Eifersucht oder Rachsucht auszulassen, in allen Fällen ein unmotivierter Greuel, eine Aktion, die im Gegensatz zur Verfassung jeder Regierung steht, die die Könige nur wegen der Schwäche ihrer Nation an sich reißen konnten.

Wenn ein Mensch einen Fehler begangen hat, laßt ihn ihn wiedergutmachen, indem er sich der Gesellschaft nützlich macht, die er zu stören wagte. Er entschädige die Gesellschaft für das Unrecht, das er ihr zugefügt hat, durch alles, was in seiner Macht stehen kann; aber sondert ihn nicht ab, sperrt ihn nicht widerrechtlich ein, denn ein Eingeschlossener ist weder sich selbst noch den anderen zu etwas nütze; es gibt nur ein einziges Land, wo die Unglücklichen gar nichts gelten, die Schurken alles, ein Land, wo Geld und Frauen die ersten Ursachen der Verfahren sind, ein Land, wo Humanität und Gerechtigkeit von Despotismus und Pflichtvergessenheit mit Füßen getreten werden und man es wagt, sich Unwürdigkeiten dieser Art zu erlauben.

Wenn eure Gefängnisse seit dem Zeitpunkt, in dem ihr darin so viele Individuen schmachten laßt, die besser sind als ihre Richter oder Kerkermeister, wenn diese törichten Kerkerstrafen nicht einmal zwanzig, nicht einmal zehn, wenn sie eine einzige Bekehrung zur Folge gehabt hätten, würde ich euch raten, sie bestehen zu lassen und annehmen, wenn sich der Untertan im Gefängnis nicht bessert, so sei es sein Fehler, nicht der des Gefängnisses, das notwendig bessern muß.

Doch ist es völlig ausgeschlossen, das Beispiel eines einzigen Menschen zitieren zu können, der im Kerker gebessert worden wäre.

Kann er es überhaupt? Kann man in Niedrigkeit und Entwürdigung besser werden? Kann man aus den ansteckendsten Beispielen des Geizes, der Gaunerei und der Grausamkeit Gewinn ziehen? Man verdirbt dort seinen Charakter und seine Sitten, wird gemein, lügnerisch, wild, schmutzig, verräterisch, bösartig, heimtückisch, meineidig, wie die ganze Umgebung, mit einem Wort, man wechselt dort alle seine Tugenden gegen alle Laster ein, und wenn man entlassen worden ist, so beschäftigt man sich aus Abscheu gegen die Menschen nur noch damit, ihnen zu schaden oder sich an ihnen zu rächen.*

Was ich Ihnen morgen über die Gesetze zu sagen habe, wird Ihnen meine Vorstellungen von diesen Dingen deutlicher machen. Kommen Sie, junger Mann, folgen Sie mir; gestern habe ich Ihnen meine schönsten Frauen gezeigt, heute will ich Ihnen ein Probestück der Truppen zeigen, die ich dem Feind bei einer Invasion entgegenstellen würde.

»Wenn Sie mir eine Bitte erlauben, mein Wohltäter«, sprach ich zu Zamé, »bevor wir diese Unterhaltung unterbrechen,

* Glückliche Franzosen, ihr habt es begriffen, als ihr die Monumente des Schreckens, die schändlichen Bastillen in Staub und Asche legtet, in denen euch die gefesselte Philosophie diese Worte zurief, ehe sie noch die Energie ahnen konnte, mit denen ihr die Ketten zerbrechen würdet, die ihre Stimme erstickten.

möchte ich gern noch etwas über die Künste auf Ihrer Insel erfahren.«

»Wir verbannen alle Luxuskünste«, gab mir der Philosoph zur Antwort, »wir dulden hier nur die bürgerlich nützlichen Künste: Landwirtschaft, Tuchherstellung, Architektur und Kriegskunst; das sind die einzigen. Alle anderen habe ich völlig verbannt, mit Ausnahme einiger Künste der Unterhaltung, deren Ergebnisse ich Ihnen vielleicht noch vorführen kann. Nicht, daß ich ihnen persönlich nicht zugetan wäre, ich widme mich ihnen sogar gelegentlich, aber nur in meinen Mußestunden ... Sehen Sie«, bei diesen Worten öffnete er die Tür zu einem anstoßenden Arbeitszimmer, »dort hängt ein Gemälde von meiner Hand; wie gefällt es Ihnen? Es stellt die Verleumdung dar, wie sie die Unschuld an den Haaren zum Richtstuhl der Gerechtigkeit schleift.«

»Eine Eingebung des Apelles«, rief ich, »Sie haben sie ganz nach seinem Geiste gestaltet.«

»Gewiß«, erwiderte Zamé, »Griechenland gab mir den Gedanken ein; Frankreich hat mir das Thema geliefert.*

Gehen wir, mein Freund, unsere Infanterie wartet auf uns; ich brenne darauf, sie Ihnen vorzuführen.«

Dreitausend europäisch bewaffnete junge Männer füllten den Platz; sie waren in Abteilungen angetreten; an der Spitze jeder Abteilung standen einige Offiziere.

»Dort stehen«, erklärte Zamé, »meine Herzöge, meine Barone, meine Grafen, meine Marquis, meine Maurer, meine Weber, meine Zimmerleute, meine Bürger, mit einem Wort, meine guten, treuen Freunde, bereit, das Vaterland unter Einsatz ihres Lebens zu verteidigen. Auf der Insel liegen noch fünfzehn weitere Städte, die etwas kleiner sind als die Hauptstadt; aus ihnen könnten wir ein Corps aufstellen, das diesem an Zahl gleich sein würde; das ergibt ungefähr 45 000 Mann

* Es läßt sich nicht genau feststellen, von wem der Autor hier reden will; doch muß man den Gegenstand in den Annalen des Jahrhundertanfangs suchen.

zur Verteidigung unserer Küsten ... Gehen wir nun weiter! Wenn Alarm gegeben wird, müssen sich die Truppen zum Fort begeben. Wir wollen zum Spaß selber diesen Alarm auslösen.«

Auf den vorgeschobenen Befestigungswerken stand ständig eine kleine Wachmannschaft. Wir begaben uns zum äußersten Vorposten, nahmen seine Alarmfahne und stellten sie dorthin, wo sie von der Stadt aus wahrgenommen werden konnte. Obwohl zwischen Stadt und Hafen eine Viertelmeile lag, hatte sich die Infanterie in weniger als sechs Minuten – ich übertreibe nicht – in allen Befestigungsanlagen verteilt, und die Artillerie war in Stellung gebracht worden.

»Auf den Berggipfeln, die die Insel umgeben«, erklärte mir Zamé, »stehen Posten, die allwöchentlich abgelöst werden; beim ersten Alarm werden dort oben Feuer entzündet. Die zu diesem Zweck bestimmten Milizen versammeln sich und eilen nacheinander so rasch herbei, daß die Aufgebote der am weitesten entfernten Stadt – sie liegt dreißig Meilen von hier – weniger als 15 Stunden nach dem Alarm am Hafen eintreffen. So vergrößert sich unsere Armee mit der wachsenden Gefahr; der Feind benötigt für seine ersten Anläufe sicherlich die vierzehn oder fünfzehn Stunden, die ich brauche, um alle Truppen zu versammeln; wenn er trotz aller Sicherheitsvorkehrungen eine Landung versuchen sollte, findet er 45 000 Mann zu seinem Empfang bereit.«

»Diese Vorsichtsmaßnahmen garantieren Ihnen den Sieg«, sagte ich zu Zamé; »die Truppen, die auf unseren Entdekkungsschiffen mitfahren, sind viel zu schwach, um gegen Sie kämpfen zu können. Ich wage zu versichern, daß nichts je die Ruhe stören wird, die Sie benötigen, um die Zivilisation dieses Volkes glücklich zu vollenden ... Augenblicklich ist nur der berühmte Engländer Cook unterwegs*, ein großer See-

* Zu dieser Zeit wurden die Briefe des Romans »Aline et Valcour« abgefaßt, ihre Daten beweisen es, und deshalb täuscht sich Zamé über die Engländer.

mann, der überdies alle Talente eines Staatsmannes und Unterhändlers in seiner Person vereinigt.«

»Wenn er Engländer ist, so fürchte ich ihn nicht«, versetzte Zamé, »diese ebenso kriegerische wie freimütige Nation wird meine Pläne eher fördern als zu zerstören suchen.«

Wir begaben uns auf den Rückweg zur Stadt. Dabei eskortierte uns die Truppe, die auf der Straße unaufhörlich manövrierte und ihre Formation mit der größten Genauigkeit und der angenehmsten Leichtigkeit veränderte.

Hundert von diesen jungen Männern, die schönsten und am besten gewachsenen, wurden zu einem Imbiß bei Zamé geladen und vergnügten sich dort, wie am Vortag die Frauen, mit mehreren kleinen Spielen, sodann mit Ring- und Faustkämpfen, bei denen Geschicklichkeit und Anmut immer vorherrschten.

Die Männer sind in Tamoé im allgemeinen gut gewachsen; wenn sie ihren höchsten Wuchs erreicht haben, messen sie selten unter fünf Fuß sechs Zoll, einige sind sogar noch größer; nur selten beeinträchtigt ihr hoher Wuchs die Regelmäßigkeit ihres Körperbaus. Ihre Gesichtszüge sind zart und für Männer fast zu fein, ihre Augen sehr lebhaft, ihr Mund etwas zu groß, aber sehr frisch, ihre Haut fein und weiß, ihr Haar üppig und bei fast allen vom schönsten Braun. Ihre Bewegungen sind von natürlicher Ungezwungenheit, ihre Haltung ist edel und stolz, doch bleibt ihr Umgangston sanft und anständig.

»Die Natur hat es in jeder Hinsicht mit ihnen gut gemeint«, erklärte Zamé, als er bemerkte, daß ich sie zufrieden musterte.

. . . .

Am nächsten Tag sprach dieser ehrwürdige Menschenfreund zu mir: »Ich habe versprochen, mit Ihnen über die Gesetze zu sprechen; gehen wir Luft schöpfen unter diesen italienischen Pappeln; aus mitgebrachten Pflänzchen habe ich in der Nähe der Stadt Alleen anlegen lassen; man plaudert besser, wenn man unter freiem Himmel spazierengeht: die Gedanken schwingen sich höher empor. Etwas, was mich bei euren europäischen Regierungen am meisten empört hat«, fuhr der alte Mann fort, »ist die Härte der Strafen.*

Die Kelten rechtfertigten ihren abscheulichen Brauch, Menschen zu opfern, mit der Behauptung, die Götter könnten nur zufriedengestellt werden, wenn man ein Menschenleben durch ein anderes sühne. Folgt ihr nicht der gleichen Überlegung, wenn ihr täglich Opfer an den Altären der Themis schlachtet? Wenn ihr einen Mörder mit dem Tode bestraft, heißt das nicht eindeutig, daß ihr das Leben eines Menschen mit dem eines anderen sühnt? Wann werdet ihr begreifen, daß man ein Übel nicht heilt, indem man es verdoppelt, daß durch die Verdopplung des Mordes weder die Tugend gewinnt, die ihr erröten laßt, noch die Natur, die ihr beleidigt?«

»Aber soll man denn diese Verbrechen straflos ausgehen lassen?«, fragte ich Zamé, »und wie kann man sie ohne dieses Mittel ausrotten, wenn die Regierungsform nicht so beschaffen ist wie auf Ihrer Insel?«

»Ich behaupte nicht, daß man diese Verbrechen bestehen lassen sollte; ich behaupte nur, man muß besser prüfen als bisher, was die Gesellschaft wirklich in Unordnung bringt und was ihr keinen Schaden zufügt. Ist die böse Absicht klar, so muß man zweifellos daran arbeiten, sie zu heilen und aus der Nation auszutilgen, aber das glückt nicht durch bloße Bestrafung. Wenn das Gesetz weise ist, so darf es nur eine Strafe verhängen, die zur Besserung des Schuldigen führt, indem sie ihn dem Staat erhält. Sie ist falsch, wenn sie nur darauf abzielt,

* Man erhoffte sich etwas Menschenwürdiges von diesem Teil unserer ersten Gesetzgebung, aber sie hat uns nur Bluthunde gebracht, die einzig über die Art und Weise stritten, wie sie ihre Mitmenschen umbringen könnten. Wilder als Kannibalen, hat es einer von ihnen gewagt, eine höllische Maschine vorzuschlagen, um die Köpfe schneller und grausamer vom Rumpf zu trennen. Solche Menschen hat die Nation bezahlt und bewundert; solchen Menschen hat sie vertraut!

zu strafen, ein Greuel, wenn sie den Verbrecher nur zugrunde richtet, ohne ihn zu belehren, den Menschen schreckt, ohne ihn zu bessern, eine Schmach zufügt, die der des Gesetzesbrechers gleichkommt, ohne daß daraus irgend ein Nutzen erwächst. Die Freiheit und das Leben sind die beiden einzigen Geschenke, die der Mensch vom Himmel erhalten hat, die beiden einzigen Vergünstigungen, die alle seine Übel aufwiegen können. Da er sie Gott allein zu verdanken hat, hat Gott allein das Recht, sie ihm zu rauben.

Als die Kelten sich zivilisierten und im Umgang mit den Römern sanfter wurden und die rauhen Sitten verloren, die für ihre Grausamkeit verantwortlich waren, wählten sie die für die Götter bestimmten Opfer nicht mehr unter den Greisen und Kriegsgefangenen aus; sie opferten nur noch Verbrecher, weil sie immer noch der absurden Auffassung huldigten, an den Altären der Gottheit sei nichts wertvoller als Menschenblut. Mit Abschluß eurer Zivilisation veränderte sich die Begründung, doch den Brauch habt ihr beibehalten: nicht mehr den nach Menschenblut dürstenden Göttern, sondern den Gesetzen brachtet ihr die Opfer dar und hieltet sie für weise, weil sie euch ein scheinbares Recht gaben, euren alten Bräuchen zu frönen, den Schein einer Gerechtigkeit, hinter der sich der Wunsch verbarg, grauenhafte Bräuche beizubehalten, auf die ihr nicht verzichten mochtet.

Untersuchen wir kurz das Wesen eines Gesetzes und seine mögliche Nützlichkeit im Staat.

Im reinen Naturzustand betrachtet, sagt Montesquieu, erwecken die Menschen nur den Eindruck der Schwäche, die vor der Kraft der Unterdrücker flieht, ohne Kampf und ohne Widerstand von seiten der Unterdrückten. Um das auszugleichen, wurden die Gesetze geschaffen; sie sollten das Gleichgewicht wiederherstellen.

Haben sie das getan? Haben sie dieses so notwendige Gleichgewicht wiederhergestellt? Was hat der Schwache bei der Aufrichtung der Gesetze anderes gewonnen als daß die Rechte des Stärkeren, statt dem zuzufallen, dem sie die Natur zuschrieb, das Erbteil dessen wurden, den das Glück emportrug? Der Unglückliche hat also nur seinen Herrn gewechselt; bedrückt wie zuvor, wird er es nunmehr lediglich mit etwas mehr Förmlichkeiten.

Es sollte ganz anders werden als im Naturzustand: der Kräftigste, der zum Stärksten bestimmt war, wurde nunmehr derjenige, in dessen Hände Zufall, Geburt oder Gold die Waage gelegt hatten. Diese Waage zeigte sich stets bereit, den Klassenangehörigen des Waagehalters zuzuneigen; dem Unglücklichen bot sie nur die Seite der Verachtung, der Versklavung oder des Schwertes dar ...

Was hat der Mensch bei diesem Übereinkommen gewonnen? Ist der Zustand des Krieges aller gegen alle, in dem der Wilde lebte, dem der Schurkerei, der Beeinträchtigung, der Ungerechtigkeit, der Quälerei und der Versklavung, in dem der zivilisierte Mensch lebt, so weit unterlegen?

Die schönste Eigenschaft der Gesetze, sagt euer berühmter Montesquieu weiter, besteht darin, daß sie dem Bürger die politische Freiheit bewahren, durch die der Mensch, im Schutz der Gesetze, vor den Beleidigungen eines anderen sicher ist. Aber gewinnt der Mensch, wenn er vor den Beleidigungen seiner Mitmenschen nur sicher ist, indem er sich denen seiner Vorgesetzten aussetzt? Gewinnt er, wenn er einen Teil seiner Freiheit opfert, um den anderen zu behalten, und doch in Wirklichkeit alle beide verliert? Das oberste Gesetz ist das der Natur; es ist das einzige, das der Mensch wahrhaft nötig hat. Der Missetäter, in dessen Seele nicht der Satz: »Was du nicht willst, daß man dir tu, das füg auch keinem andern zu« eingeschrieben ist, wird durch den Schrecken der Gesetze kaum im Zaum gehalten werden. Um diesen ersten natürlichen Zaum in seinem Herzen zu zerbrechen, muß man weit größere Anstrengungen aufwenden als zur Übertretung von Gesetzen. Der Mensch, der durch das Gesetz der Natur in Schranken gehalten wird, braucht mithin keine weiteren Gesetze; wenn er nicht durch diesen ersten Damm zurückgehalten wird, wird es dem zweiten nicht besser glücken; also ist das Gesetz im ersten Fall kaum nötig, im zweiten völlig überflüssig. Betrachten Sie nun die zahlreichen Umstände, durch die das Gesetz, statt kaum nötig oder überflüssig, äußerst gefährlich werden kann: den Mißbrauch der Zeugenaussagen, die große Leichtigkeit der Zeugenbestechung, die Unsicherheit der Geständnisse des Schuldigen, die auch durch die Folter nicht gültiger werden*, die mehr oder weniger große Parteilichkeit des Richters, die Einflüsse des Goldes oder des Ansehens... Ich nenne Ihnen nur einen Teil aus der Vielfalt der Umstände, von denen Schicksal, Leben und Ehre eines Bürgers abhängen... Und macht nicht die unglückselige Leichtigkeit, mit der der Richter das Gesetz nach seinem Gutdünken auslegen darf, dieses Gesetz eher zum Werkzeug seiner Leidenschaften als zum Zügel für die Leidenschaften der anderen?

Wie rein ein Gesetz immer sein mag, wird es nicht mißbräuchlich, sobald es eine Auslegung durch den Richter zuläßt? Lag es wirklich in der Absicht des Gesetzgebers, daß man seinem Gesetz so viele Deutungen geben sollte, wie es Laune oder Willkür desjenigen, der es preßt, vermögen? Hätte er sie nicht festgelegt, wenn er sie für möglich oder notwendig gehalten hätte?

Daher ist das Gesetz für die einen unzureichend, für die an-

* Um solche Unsicherheiten zu vermeiden, kamen die zahlreichen absurden Frevler, die sich damit abgaben, das auszudeuten, was sie selber nicht verstanden, zu dem Beschluß, bei den unwahrscheinlichsten Vergehen sollten die geringsten Mutmaßungen genügen; in diesem Falle, meinen diese Juristenhenker, sei es den Richtern erlaubt, das Gesetz zu überschreiten, d. h. also, je weniger eine Sache wahrscheinlich ist, desto mehr muß man sie annehmen. Zeigen Entscheidungen von solcher Grausamkeit nicht deutlich, daß die erbärmlichen Spitzbuben, deren Albernheiten man verbrennen sollte, nur die Absicht verfolgten, den Richter auf Kosten von Menschenleben zu entlasten? So höllischen Maximen folgt man heute noch, in diesem Jahrhundert der Philosophie, und täglich fließt Blut infolge dieser gefährlichen Vorschrift!

deren überflüssig, in fast allen Fällen aber mißbräuchlich oder gefährlich; Sie müssen mir zugeben, was der Mensch gewinnen konnte, indem er sich unter den Schutz des Gesetzes stellte, hat er anderswo verloren, einmal durch alle Gefahren, die er eingeht, indem er unter seinem Schutz lebt, zum anderen durch alle Opfer, die er bringen mußte, um diesen Schutz zu erwerben. Denken wir einmal nach!

Es gibt sicherlich wenige Menschen auf Erden, die beim gegenwärtigen Stand der Dinge in einer unserer zivilisierten Städte mehr als zwei- oder dreimal in ihrer Lebenszeit einer Gesetzesübertretung ausgeliefert sind. Wenn der Mensch in einer nicht-zivilisierten Gesellschaft lebt, ist er ihr im Verlauf des gleichen Lebens höchstens zwanzig bis dreißig Male ausgesetzt; also wird er im schlimmsten Fall zwanzig oder dreißig Male bedauern, daß er nicht unter dem Schutz der Gesetze stand ...

Der gleiche Mensch befrage für einen Augenblick sein Innerstes, wie oft die gleichen Gesetze seine Leidenschaften in seinem Leben grausam behindert und ihn infolgedessen sehr elend gemacht haben. Wenn er das Glück, das er diesen Gesetzen verdankt, und das Unglück, das ihm unter ihrem Joch widerfahren ist, gegeneinander aufrechnet, mag er sich überlegen, ob es ihm nicht tausendmal lieber gewesen wäre, nicht mit ihrem Gewicht belastet zu werden als die Härte dieses Gewichts zu ertragen, um so viel zu verlieren und so wenig zu gewinnen.

Werfen Sie mir nicht vor, ich wählte nur Menschen mit bösen Anlagen aus, um meine Rechnung aufzustellen; ich lege sie auch dem Rechtschaffensten vor und verlange von ihm nur Freimut. Wenn das Gesetz den Bürger mithin mehr schikaniert als es ihm dient, wenn es ihn zehn-, zwölf-, fünfzehnfach unglücklicher macht als es ihn schützt oder verteidigt, so ist es nicht nur mißbräuchlich, unnütz und gefährlich, wie ich eben bewiesen habe, sondern sogar tyrannisch und hassenswert. Wenn das einmal feststeht, so wäre es – Sie werden es mir zugeben – besser, man würde ein wenig Böses zulassen, das sich aus dem Bruch eines Teils dieser Gesetze ergeben kann, als das bißchen Ruhe, das sie uns verschaffen, um den Preis des Lebensglücks zu erkaufen.*

Doch von allen diesen Gesetzen ist zweifellos dasjenige das abscheulichste, das einen Menschen zum Tode verurteilt, nur weil er Eingebungen folgte, die stärker waren als er. Ich will hier nicht untersuchen, ob der Mensch wirklich ein Recht hat, seine Mitmenschen umzubringen. Ich versuche nicht, Ihnen begreiflich zu machen, daß er dieses Recht niemals von Gott oder von der Natur oder von der ersten Versammlung, die diese Gesetze aufstellte und auf der man übereinkam, einen Teil seiner Freiheit zu opfern, um den anderen zu behalten, empfangen haben kann. Ich will hier nicht in all diese Einzelheiten eintreten, die schon von so vielen scharfsinnigen Köpfen dargelegt worden sind, daß sie von der Ungerechtigkeit und Abscheulichkeit dieses Gesetzes überzeugen. Prüfen wir hier lediglich, welche Wirkung es auf die Menschen ausübte, seit sie sich ihm unterworfen haben.

Berechnen wir einerseits alle unschuldigen Opfer, die durch dieses Gesetz hingemordet worden sind, zum anderen alle Opfer, die von der Hand des Verbrechens und des Frevels umgebracht wurden. Vergleichen wir sodann die Anzahl der wahrhaft schuldigen Unglücklichen, die auf dem Schafott endigten, mit der Zahl der Bürger, die durch das abschrekkende Beispiel der verurteilten Verbrecher dauerhaft gebessert worden sind. Wenn ich mehr Opfer des Missetäters als Unschuldige finde, die dem Schwert der Themis zum Opfer fielen, auf der anderen Seite jedoch für hundert- oder zweihunderttausend zu Recht geopferte Verbrecher Millionen von abgeschreckten Menschen, so ist das Gesetz sicherlich annehm-

* »Warum erträgt das Volk das Joch der Gesetze so häufig mit Ungeduld? Das rührt daher, daß nur die Gesetze streng sind, die es plagen, hingegen die Gesetze, die es begünstigen und beschützen sollen, weich und nachlässig.« *(Bélisaire)*

bar. Wenn ich aber im Gegenteil – und das ist mehr als bewiesen – weit mehr unschuldige Opfer bei Themis als Mordtaten bei den Frevlern finde, wenn Millionen vielleicht zu Recht hingerichteter Menschen nicht ein einziges Verbrechen verhindern konnten, so ist das Gesetz nicht nur nutzlos, falsch, gefährlich und hinderlich, wie eben festgestellt wurde, sondern von schreiender Sinnlosigkeit. Solange es so peinvoll straft, wird es als eine Niedertracht gelten müssen, die der anderen Niedertracht nur Brauch, Gewohnheit und Stärke voraushat, lauter Gründe, die weder natürlich noch berechtigt noch besser sind als diejenigen *Cartouches*.

Was hat also dem Menschen das freiwillige Opfer eines Teils seiner Freiheit eingebracht? Was hat es dem Schwächeren genutzt, daß er seine Rechte schmälerte in der Hoffnung, ein Gegengewicht gegen die des Stärkeren einzuhandeln? Er hat sich nur neue Fesseln und einen weiteren Gebieter erkauft. Wie zuvor hat er immer noch den Stärkeren gegen sich, und außerdem den Richter, der im allgemeinen die Partei des Stärkeren ergreift, sei es aus persönlichem Interesse, sei es, weil eine geheime, unbezwingliche Neigung uns unaufhörlich zu unseresgleichen zieht. Der Pakt, den der Schwächere im Urzustand der Gesellschaft abschloß, das Übereinkommen, mit dem er, von der Macht des Stärkeren erschreckt, einwilligte, auf einen Teil seiner Freiheit zu verzichten, um den anderen in Frieden genießen zu können, zog mithin die völlige Vernichtung der beiden Bestandteile seiner Freiheit nach sich; es war eine zusätzliche Falle, in die der Stärkere den Schwächeren, indem er ihm nachgab, hineinzog.

Durch völlige Gleichheit der Vermögens- und Lebensverhältnisse muß man die Macht des Stärkeren schwächen, nicht durch nichtige Gesetze; sie sind nur, wie Solon sagte, »Spinnennetze, in denen die kleinen Fliegen den Tod finden, während die Wespen immer Mittel und Wege finden, ihnen zu entschlüpfen.«

Wie viele Ungerechtigkeiten, wie viele Widersprüche stecken in euren europäischen Gesetzen! Sie bestrafen eine Unzahl von Verbrechen, die völlig belanglos sind und das Glück der Gesellschaft in keiner Weise beeinträchtigen; andererseits sind sie wirkungslos bei wirklichen Verfehlungen, deren Folgen weitaus gefährlicher sind, wie Geiz, Seelenhärte, Weigerung, Unglücklichen zu helfen, Verleumdung, Schlemmerei und Faulheit; gegen sie haben die Gesetze nichts einzuwenden, obwohl es unversiegliche Quellen von Verbrechen und Unglück sind.

Geben Sie zu, daß dieses Mißverhältnis, die grausame Nachsicht des Gesetzes in manchen Dingen und seine unbarmherzige Strenge in anderen, die Gerechtigkeit der Fälle, über die sie sich aussprechen, einigermaßen zweifelhaft und kaum zwangsläufig erscheinen lassen.

Hat der Mensch, der schon an und für sich zu beklagen ist, weil seine Schwäche und Empfindlichkeit ihn mit allen Übeln überladen, nicht etwas Nachsicht seitens seiner Mitmenschen verdient? Muß er unbedingt mit dem Joch vieler lächerlicher Bande belastet werden, die fast alle überflüssig und naturwidrig sind?

Bevor man dem Menschen das verbietet, was man unbilligerweise als Verbrechen abstempelt, müßte man, scheint mir, genau untersuchen, ob sich dieses Etwas, was es auch sei, nicht mit den Regeln vereinbaren ließe, die zur Erhaltung der Gesellschaft notwendig sind. Wenn sich herausstellen sollte, daß dieses Etwas ihr keinen Schaden zufügt oder dieser Schaden kaum ins Gewicht fällt, muß die Gesellschaft, weil sie zahlreicher ist, kräftiger als der Einzelne und den Übelstand besser vertragen kann als der Mensch die Entziehung eines kleinen Vergehens, das ihn bezaubert, das kleine Übel dulden, statt es zu bestrafen.

Von dieser weisen Maxime geleitet, möge ein philosophischer Gesetzgeber alle Verbrechen, gegen die eure Gesetze vorgehen, Revue passieren lassen. Er ergründe und messe sie, falls

der Ausdruck gestattet ist, am wahren Glück der Gesellschaft; wie viele Abstriche wird er vornehmen müssen!
Solon pflegte zu sagen, er mäßige seine Gesetze und passe sie den Interessen seiner Mitbürger so gut wie möglich an; auf diese Weise würden sie einsehen, daß es für sie vorteilhafter wäre, sie einzuhalten als zu übertreten. In der Tat verstoßen die Menschen gewöhnlich nur gegen das, was ihnen schadet; Gesetze, die so weise und milde wären, daß sie mit denen der Natur übereinstimmten, würden niemals gebrochen werden.
Warum soll man sie für unmöglich halten? – Betrachten Sie die meinigen, betrachten Sie das Volk, für die ich sie geschaffen habe, und Sie werden sehen, ob sie aus der Natur geschöpft sind oder nicht.
Dasjenige Gesetz wird das beste sein, das am wenigstens übertreten wird; es wird am besten zu unseren Leidenschaften und zu dem Klima passen, unter dem wir geboren sind. Ein Gesetz ist ein Zügel: es ist die beste Eigenschaft eines Zügels, daß man ihn nicht brechen kann. Die Stärke eines Zügels besteht nicht in seiner Vielfalt, sondern in seiner Qualität.
Ihr meintet, eure Völker glücklich zu machen, indem ihr die Summe der Gesetze vermehrtet, während es doch darum geht, die Summe der Verbrechen zu verringern. Wissen Sie, wer die Verbrechen vervielfacht?... Es ist die Mangelhaftigkeit Ihrer Regierungsform, aus der sie in Mengen hervorgehen, mit Notwendigkeit hervorwimmeln ... vor allem aber die lächerliche Wichtigkeit, die Dummköpfe Kleinigkeiten beigemessen haben.
In den Regierungsformen, die von der christlichen Sittenlehre bestimmt werden, habt ihr damit begonnen, alles, was diese Lehre verdammte, zu Kapitalverbrechen zu erklären. Unmerklich habt ihr aus euren Sünden Verbrechen gemacht. Ihr habt euch das Recht angemaßt, den Blitz nachzuahmen, den ihr der göttlichen Gerechtigkeit zuschriebt, und habt wirklich gehängt und gerädert, weil ihr in eurer falschen Vorstellung von Gott meintet, er verbrenne, ertränke und bestrafe die

gleichen im Grunde schimärischen Fehler, während er in der Unermeßlichkeit seiner Größe weit davon entfernt war, sich mit solchen Dingen abzugeben.

Fast alle Gesetze des hl. Ludwig sind auf Trugschlüsse gegründet.* Man weiß das und geht doch nicht von ihnen ab, weil es rascher getan ist, Menschen zu hängen oder zu rädern, als zu untersuchen, warum man sie verurteilt. Das eine erlaubt dem Handlanger der Themis, in Frieden bei seiner Phryne oder seinem Antinous zu tafeln, das andere würde ihn nötigen, die Stunden, die er dem Genuß widmet, mit Studien zuzubringen. Ist es da nicht besser, ein Dutzend Unglücklicher auf eigene Verantwortung hängen oder rädern zu lassen als drei Monate seinem Metier zu widmen?

So habt ihr die Fesseln eurer Mitbürger vervielfacht, ohne euch je damit zu befassen, wie man sie erleichtern könnte, ja ohne darüber nachzudenken, ob sie nicht ohne alle diese Ketten leben könnten und ob es nicht Barbarei war, sie damit zu beladen.

Die ganze Erde könnte von einem Gesetz regiert werden, wenn dieses Gesetz gut wäre. Je tiefer ihr die Zweige eines Baumes herunterdrückt, desto einfacher wird es, seine Früchte zu stehlen; haltet sie gerade und so hoch, daß es nur noch ein einziges Mittel gibt, sie zu erreichen, so wird sich die Zahl der Diebe verringern. Stellt die Gleichheit der Vermögens- und

* Äußerst merkwürdig ist die närrische Manie, daß dieser grausame, schwachsinnige König, dessen sämtliche Maßnahmen falsch, lächerlich und barbarisch waren, in jüngster Zeit von mehreren Autoren gelobt worden ist. Wenn man die Geschichte seiner Regierungszeit aufmerksam liest, wird man sehen, ob man nicht gerechterweise behaupten kann, Frankreich habe wenige Souveräne besessen, die mehr Verachtung und Empörung verdient hätten, auch wenn sich der Kirchenvorstand Darnaud noch so sehr bemüht, seine Landsleute zur Verehrung eines Narren und Fanatikers anzuhalten, der, nicht zufrieden damit, sinnlose, unduldsame Gesetze zu erlassen, die Sorge um seine Staaten hintansetzte, um bei den Türken mit dem Blut seiner Untertanen ein Grab zu erobern, das man eiligst niederreißen müßte, wenn es sich unglücklicherweise in unserem Lande befände.

Lebensbedingungen her, der Staat sei der einzige Besitzer; er gebe jedem Untertan auf Lebenszeit das, was er zu seinem Glück braucht, und alle gefährlichen Verbrechen werden verschwinden; die Verfassung von Tamoé beweist es Ihnen. Es gibt aber nichts Kleines, was nicht auch im Großen ausgeführt werden könnte. Mit einem Wort: schafft die Vielzahl eurer Gesetze aus der Welt, und ihr werdet mit Notwendigkeit die eurer Verbrechen verringern. Habt ein einziges Gesetz, so gibt es nur noch ein Verbrechen; dieses Gesetz sei naturgemäß, es sei das Gesetz der Natur, so werdet ihr wenig Kriminelle haben. Überlege nun mit mir, junger Mann, ob es besser ist, nach einem Mittel zu suchen, um viele Verbrechen bestrafen zu können, oder eines zu finden, das keine Verbrechen entstehen läßt.«

»Zamé«, sprach ich zum Monarchen, »das einzige, ehrfurchterweckende Gesetz, von dem Sie sprechen, wird alle Augenblicke beleidigt. Kein Tag vergeht auf dem Erdenrund, an dem nicht ein Ungerechter seinem Mitmenschen etwas zufügt, was er äußerst ungern von ihm erleiden würde.«

»Jawohl«, antwortete der Greis, »weil man das Interesse bestehen läßt, auf Grund dessen der Übeltäter gegen das Gesetz verstößt; vernichtet dieses Interesse, so nehmt ihr ihm den Anlaß zur Gesetzesübertretung. Darin besteht das große Verfahren des Gesetzgebers; das glaube ich mit Erfolg angewandt zu haben. Solange Paul ein Interesse daran haben kann, Peter zu bestehlen, weil er weniger reich ist als Peter, wird er es mit Sicherheit tun, obwohl er das Gesetz der Natur verletzt, weil er etwas tut, was er sehr ungern am eigenen Leibe erleben würde. Wenn ich aber durch mein System der Gleichheit Paul ebenso reich mache wie Peter, so wird Peter, weil niemand mehr ein Interesse daran haben kann, ihn zu bestehlen, nicht mehr oder doch wenigstens weitaus seltener in seinem Besitz gestört werden: und so auch in allem übrigen.«

»Es gibt aber doch«, hielt ich Zamé entgegen, »in manchen Herzen eine Art von Verderbtheit, die unverbesserlich ist.

Viele handeln interesselos böse: es gilt heute als ausgemacht, daß sich manche Menschen dem Bösen nur um des Reizes der Gesetzesübertretung willen hingeben. Tiberius, Heliogabal und Andronikus befleckten sich mit Greueln, die ihnen nur das barbarische Vergnügen einbrachten, sie begehen zu können.«

»Das steht auf einem anderen Blatt«, erwiderte Zamé; »die Leute, von denen Sie reden, wird kein Gesetz in Schranken halten; man muß sich sogar davor hüten, Gesetze gegen sie zu erlassen. Je mehr Dämme Sie vor ihnen aufbauen, desto mehr Vergnügen wird es ihnen bereiten, sie zu durchbrechen. Die Übertretung als solche ist es, wie Sie sagen, die ihnen Freude macht. Vielleicht würden sie in diese Art von Bosheit nicht verfallen, wenn es keine Verbote gäbe.«

»Welches Gesetz kann sie also zügeln?«

»Betrachten Sie diesen Baum«, fuhr Zamé fort, indem er mir einen zeigte, dessen Stamm voller Knoten war; »glauben Sie, irgendeine Anstrengung könnte dieser Pflanze ihren geraden Wuchs zurückgeben?«

»Nein.«

»Also muß man sie lassen, wie sie ist; sie vergrößert die Anzahl der Bäume und spendet Schatten; nutzen wir sie und betrachten wir sie nicht länger. Die Menschen, von denen Sie reden, sind selten. Sie beunruhigen mich nicht; bei ihnen würde ich Gefühl, Zartsinn und Ehrbegriff ansprechen; diese Zügel wären sicherer als die des Gesetzes. Ich würde darüber hinaus versuchen, die üblichen Beweggründe ihres Handelns zu verändern; das eine oder andere dieser Mittel würde zum Erfolg führen: glauben Sie mir, mein Freund, ich habe die Menschen gründlich genug studiert, um Ihnen antworten zu können: es gibt keine Art von Verirrungen, die ich nicht abbiege oder vernichte, ohne jemals körperliche Strafen anzuwenden. Physische Kränkungen oder Peinigungen dienen nur für Tiere; der Mensch hat ihnen die Vernunft voraus und darf nur mit ihrer Hilfe geleitet werden; diese mächtige

Triebfeder bringt alles zuwege, es kommt nur darauf an, daß man sie zu handhaben versteht.*

Noch einmal, Freund«, setzte Zamé hinzu, »der Gesetzgeber sollte sich nur mit dem Glück der Allgemeinheit befassen; das sollte sein einziges Thema sein. Wenn er seine Vorstellungen vereinfacht oder verniedlicht, indem er nur den Einzelfall im Auge behält, so geschieht das auf Kosten der Hauptsache, die er nie aus dem Blickfeld lassen darf, und er wird in den Fehler seiner Vorgänger verfallen.

Stellen wir uns einmal einen Staat vor, der aus ungefähr viertausend Untertanen bestände: es handelt sich hier nur um ein Beispiel. Nennen wir die eine Hälfte die Weißen, die andere die Schwarzen. Nehmen wir an, die Weißen fänden ungerechterweise ihr Glück darin, eine Art von Unterdrückungsherrschaft über die Schwarzen auszuüben. Was wird der gewöhnliche Gesetzgeber tun? Um die Schwarzen von der Unterdrückung zu befreien, die sie erdulden müssen, wird er die Weißen bestrafen und sich bei diesem Vorgehen für bedeutender als Lykurg halten. Dennoch hätte er nur eine Dummheit begangen: was kann es für das Gemeinwohl bedeuten, daß die Schwarzen glücklicher sein sollen als die Weißen? *Vor* der Strafe, die ihnen dieser Schwachkopf auferlegte, waren die Weißen glücklicher; *nach* seiner Strafe sind es die

* »Es wäre wünschenswert, hat ein genialer Kopf einmal gesagt, die Gesetze wären einfacher, sprächen zum Herzen und besäßen, stärker an die Moral gebunden, Milde und Erbaulichkeit; es wäre besser, sie versuchten, uns zu bessern, ohne uns zu drohen, einzig durch den Zauber, der der Liebe zu Ordnung und Gemeinwohl innewohnt. In diesem Geist müßte jedes Gesetz verfaßt sein, dann wäre es nicht mehr ein Despot, ein strenger Richter, der Befehle erteilte, es wäre ein zärtlicher Vater, der uns Vorhaltungen macht: wieviel weniger brauchten die Gesetze zu strafen, wenn sie unter diesem Gesichtspunkt betrachtet würden! Für die Vorschrift würde sich unser Gefühl erwärmen.«

Kann man es glauben, daß der Mann, der so spricht, der Lobredner des hl. Ludwig ist, des Drako Frankreichs, der das Gesetzbuch des Königreiches mit einem Wust von albernen Grausamkeiten erfüllt hat?

Schwarzen; sein Verfahren läuft also auf nichts heraus, da es die Dinge so läßt, wie sie vorher waren.
Was zu tun war und was er gewiß nicht getan hat, bestand darin, die einen wie die anderen in gleicher Weise glücklich zu machen, nicht die einen auf Kosten der anderen. Um das mit Erfolg zu erreichen, muß man zunächst der Art von Unterdrückung auf den Grund gehen, in der die Weißen ihre Seligkeit finden. Man muß feststellen, ob an dieser Unterdrückung, die auszuüben ihnen Vergnügen bereitet, vieles, wie es häufig geschieht, nicht nur der vorgefaßten Meinung nach böse ist, damit man, wenn dem so ist, den Weißen so viel wie möglich von ihrem Glück erhalten kann. Alsdann wird der Gesetzgeber den Schwarzen zu verstehen geben, einen Teil der Unterdrückung, über die sie klagen, beruhe seiner Beobachtung nach auf bloßer Einbildung. Er wird mit ihnen eine Entschädigung vereinbaren, die ihnen einen Teil des Glückes zurückgeben kann, das ihnen die Unterdrückung der Weißen raubt, um das Gleichgewicht wiederherzustellen, da von Einmütigkeit nicht die Rede sein kann. Dann wird er den Weißen die von den Schwarzen geforderte Entschädigung auferlegen und ihnen die Unterdrückung von nun an nur unter der Bedingung erlauben, daß sie sich durch die verlangte Entschädigung freikaufen. Von Stund an sind die viertausend Untertanen zufrieden, die Weißen, weil sie die Schwarzen unterdrücken dürfen, die Schwarzen, weil sie für diese Unterdrückung entschädigt werden. Alle sind glücklich und niemand wird bestraft. Zwar gibt es Übeltäter und Opfer dieser Übeltäter, aber dennoch sind alle zufriedengestellt.
Wenn nun jemand gegen das Gesetz verstößt, muß die Strafe die gleiche sein, d. h. der Schwarze wird bestraft, wenn er trotz der gewährten Entschädigung nicht die Bedrückung durch den Weißen erduldet, und der Weiße wird ebenfalls bestraft, wenn er die Entschädigung nicht gewährt, welche die ihm erfreuliche Unterdrückung aufwiegt. Doch wird diese Strafe, die höchstens zweimal im Verlauf eines Jahrhunderts

nötig wird, nicht mehr einem Privatmann auferlegt, weil er einen Privatmann belästigt hat, was hassenswert ist. Es ist ungerecht, darauf auszugehen, daß ein Individuum glücklicher sein sollte als das andere; die Strafe wird nunmehr gegen den Übertreter des Gesetzes verhängt, das für das Gleichgewicht sorgte, und von diesem Augenblick an ist sie gerecht.

Mit einem Wort, es ist völlig gleichgültig, ob ein Mitglied der Gesellschaft glücklicher ist als das andere; für das Allgemeinglück ist wesentlich, daß alle beide so glücklich sind wie sie sein können. Daher soll der Gesetzgeber nicht den einen bestrafen, weil er auf Kosten des anderen glücklich zu werden versuchte – denn der Mensch folgt darin nur den Absichten der Natur –, sondern er muß prüfen, ob der eine nicht genau so glücklich sein wird, wenn er einen unbeträchtlichen Teil seines Glücks an denjenigen abtritt, der sehr zu beklagen ist. Wenn dem so ist, muß der Gesetzgeber die Gleichheit so weit wie möglich herstellen und den Glücklicheren dazu verurteilen, die traurige Lage des anderen, die ihn zum Verbrechen gezwungen hat, etwas zu verbessern.

An unserem Gemälde von den Ungerechtigkeiten eurer Gesetze bleibt noch einiges zu ergänzen: nehmen wir an, ein Mensch mißhandelt einen anderen und einigt sich dann mit ihm über eine Entschädigung. Die Gleichheit ist wiederhergestellt: der eine hat die Schläge bezogen, der andere Geld hergeben müssen, weil er die Schläge ausgeteilt hat. Die Dinge sind ausgeglichen, jeder muß zufrieden sein. Dennoch ist damit nicht alles zu Ende. Man strengt gleichwohl einen Prozeß gegen den Angreifer an; obwohl gar kein Unrecht mehr vorliegt, obwohl er das einzige vorhandene Unrecht nach dem Ermessen des Beleidigten gesühnt hat, verfolgt man ihn unter dem skandalösen, nichtigen Vorwand, er schulde der Justiz Wiedergutmachung. Ist das nicht eine unerhörte Grausamkeit! Dieser Mensch hat nur einen Fehler begangen, also schuldet er nur eine Wiedergutmachung. Die Justiz sollte darauf achten, daß sie wirklich geleistet wird. Sobald das geschehen ist, haben die Richter nichts mehr damit zu schaffen. Was sie nun noch sagen und tun, ist nichts anderes als eine abscheuliche Drangsalierung des Bürgers, auf dessen Kosten sie sich ungestraft mästen; dagegen muß sich die ganze Nation auflehnen.*

Alle anderen Vergehen kann man nach denselben Prinzipien aufklären; sie können alle, welcher Art sie auch seien, der gleichen Prüfung unterzogen werden. Sogar der Mord, das abscheulichste von allen Verbrechen, das den Menschen wilder und gefährlicher als die Tiere macht, wurde bei allen Völkern der Erde und wird noch heute auf drei Vierteln des Planeten durch eine dem Rang des Toten angemessene Summe gesühnt.** Weise Nationen glaubten keine andere Strafe verhängen zu dürfen als eine nützliche. Sie lehnten alles ab, was das Übel verdoppelt, ohne es zu verhindern und – vor allem – wiedergutzumachen.

Da ich alles sorgfältig ausgeräumt habe, was zum Mord anstiften kann, fuhr Zamé fort, finden sich nur wenige Beispiele dieser entsetzlichen Untat auf meiner Insel. Meine Strafe für Mörder ist einfach. Sie erfüllt ihren Zweck, indem sie den Schuldigen von der Gesellschaft absondert, und verstößt nicht gegen die Natur. Der Steckbrief des Täters wird an alle Städte geschickt nebst dem ausdrücklichen Verbot, ihn auf-

* Von allen Ungerechtigkeiten der Themisbüttel ist dies zweifellos eine der schreiendsten. »Ein Tribunal, das Ungerechtigkeiten begeht«, sagte der verstorbene König von Preußen in seinem Urteilsspruch gegen die pflichtvergessenen Richter des Müllers Arnold, »ist gefährlicher als eine Räuberbande; gegen diese kann man sich zur Wehr setzen; aber niemand kann sich gegen Schurken schützen, die unter dem Deckmantel der Gerechtigkeit ihren bösen Leidenschaften die Zügel schießen lassen; sie sind bösartiger als die infamsten Räuber der Welt und verdienen eine doppelte Strafe.«

** Die Gesetze der Franken und der Germanen taxierten den Mord nach dem Rang des Opfers: einen Leibeigenen konnte man für 30 Pfund töten, einen Bischof für 400; am billigsten war ein öffentliches Mädchen, wegen der Verworfenheit und Nutzlosigkeit ihres Standes.

zunehmen. Ich gebe ihm ein Kanu mit Lebensmitteln für einen Monat. Er besteigt es allein und erhält den Befehl, zu verschwinden und sich bei Todesstrafe nie wieder auf der Insel blicken zu lassen. Er ist seinem Schicksal überlassen; ich habe mein Vaterland von ihm befreit und brauche mir seinen Tod nicht vorzuwerfen. Es ist das einzige Verbrechen, das auf diese Weise bestraft wird; alles, was darunterliegt, ist nicht das Blut eines Bürgers wert; ich hüte mich davor, es zur Wiedergutmachung zu vergießen. Ich will eher bessern als strafen: das eine bewahrt den Menschen und richtet ihn auf, das andere richtet ihn zugrunde, ohne ihm zu nützen. Damit habe ich Ihnen meine Maßnahmen mitgeteilt; sie haben fast immer Erfolg: das tätigste Gefühl im Menschen ist die Eigenliebe; wenn man auf sie einwirkt, gewinnt man alles.

Dieses Gefühl kann man ansprechen – ich schmeichle mir, es auf geschickte Weise getan zu haben –, wenn man das Herz des Menschen durch gerechte Belohnung der Laster und der Tugenden in Bewegung bringt. Ist es nicht ein Greuel, daß in eurem Europa ein Mensch, der zwölf oder fünfzehn edle Taten vollbracht hat, mit dem Leben büßen muß, wenn er das Unglück hat, eine schlechte zu begehen? Oft ist sie nicht einmal besonders gefährlich; die guten Taten hingegen rechnet ihr ihm nicht an. Hier belohnt man die edlen Taten des Bürgers: wenn er unglücklicherweise einmal im Leben schwach wird, so untersucht man unparteiisch das Gute und das Böse, wägt beides gerecht ab, und wenn das Gute überwiegt, wird er freigesprochen.

Glauben Sie mir, ein Lob klingt süß und eine Belohnung schmeichelt. Solange ihr nicht auf sie zurückgreift, um die ungeheuren Strafen zu mildern, die eure Gesetze verhängen, wird es euch nie gelingen, den Bürger nach Wunsch zu lenken, und ihr werdet nur Ungerechtigkeiten begehen.

Ein weiterer Übelstand in euren Bräuchen besteht darin, daß ihr einen zu früheren Zeiten verfolgten Verbrecher weiterverfolgt, auch wenn er sich gebessert und seit langem ein normales Leben geführt hat. Das ist um so schändlicher, als inzwischen das Gute über das Böse gesiegt hat, was sehr selten vorkommt, und ihr diesen Mann völlig entmutigt, indem ihr ihn spüren laßt, daß seine Reue nutzlos ist.

Auf meinen Reisen erzählte man mir von der Handlungsweise eines französischen Richters, die mich erschütterte. Er ließ, so berichtete man mir, den von ihm verurteilten Schuldigen fünfzehn Jahre nach dem Urteil verhaften. Der Unglückliche, den man an seinem Zufluchtsort aufstöberte, war ein Heiliger geworden; gleichwohl ließ ihn der barbarische Richter auf das Schafott schleppen ... Ich halte diesen Richter für einen Schurken, der einen dreimal schmerzhafteren Tod verdient hätte als sein unseliges Opfer. Wenn ihn der Zufall zu Wohlstand gelangen lassen sollte, sagte ich mir, würde ihn die Vorsehung bald genug verderben, und meine Gedanken erwiesen sich als prophetisch: dieser Mann war der Schrecken und Abscheu der Franzosen; er war glücklich genug, sein Leben zu behalten, obwohl er es hundertfach verwirkt hatte wegen zahllosen Amtsmißbräuchen und anderen Greueln. Die eindrucksvollste Untat des Scheusals, das die von mir erwähnte Handlung begehen konnte, bestand im Vaterlandsverrat.*

Lieber junger Mann«, setzte Zamé hinzu, »die Kunst des Gesetzgebers erweist sich nicht daran, daß er dem Laster einen Zaum anlegt. Damit verschärft er nur den Wunsch, diesen Zaum zu zerbrechen. Wenn der Gesetzgeber weise ist, muß er sich im Gegenteil damit beschäftigen, diesem Wunsch den Weg zu ebnen, die Hindernisse auszuräumen, weil es leider nur

* Zamé verstößt hier gegen die Chronologie; wir sind gezwungen, unsere Leser darauf hinzuweisen; er kann nur von Ereignissen aus dem Anfang des Jahrhunderts sprechen, und dieses (d. h. der Rücktritt des Mannes) fällt in die Jahre 1778 bis 1780. Vielleicht verlangt man von uns, wir sollten ihn bei Namen nennen, aber wer errät ihn nicht? Wer versteht nicht sogleich, wenn von einem Frevler die Rede ist, daß nur *Sartine* gemeint sein kann? Gewiß hat er die abscheuliche Geschichte auf dem Gewissen, die Zamé erzählt. (Später hinzugefügte Anmerkung)

allzu wahr ist, daß die Hindernisse den Weg des Verbrechers überhaupt erst reizvoll machen. Wenn dieser Anreiz entfällt, wird er seiner Laufbahn schneller überdrüssig. Deswegen soll man auch einige Dornen auf die Pfade der Tugend säen; so wird der Mensch ihr schließlich den Vorzug geben, ihr von selber nacheilen, nur weil man den Tugendweg kunstvoll mit Schwierigkeiten ausgestattet hat. Die geschickten Gesetzgeber Griechenlands waren sich dessen bewußt: sie verwandten die Laster, die sie bei ihren Mitbürgern eingewurzelt fanden, zu deren Glück; mit dem Verbot schwand der Anreiz, und die Griechen wurden tugendhaft, weil die Tugend Mühe kostete und das Laster allzu leicht zu erreichen war. Die ganze Kunst besteht darin, seine Mitbürger gut zu kennen und ihre Schwächen zu benutzen; dann führt man sie, wohin man will. Wenn die Religion sich dem widersetzt, muß der Gesetzgeber bedenkenlos ihren Zügel brechen: eine Religion ist nur dann gut, wenn sie sich mit den Gesetzen vereinbaren und mit ihnen vereinigen läßt, um das Glück des Menschen vollkommen zu machen. Wenn es, um dieses Ziel zu erreichen, nötig werden sollte, die Gesetze zu verändern, und die Religion sich mit den neuen nicht mehr verträgt, muß man sie ablehnen.*
In politischer Hinsicht ist die Religion nicht eine Verdopplung, sondern nur eine Stütze der Gesetze; sie muß ihnen in allen Fällen nachgeben. Lykurg und Solon ließen die Orakel nach ihrem Gutdünken und stets zur Unterstützung ihrer Gesetze sprechen; deshalb wurden sie lange geachtet ... Da ich es nicht wage, die Götter reden zu lassen, mein Freund, habe ich sie zum Schweigen gebracht. Ich gewährte ihnen nur eine Verehrung, die sich mit den für das Glück dieses Volkes

* Franzosen, laßt euch von dieser großen Wahrheit durchdringen! Seht ein, daß euer katholischer Kultus mit seinen Lächerlichkeiten und Absurditäten, dieser gräßliche Kult, aus dem eure Feinde so kunstvoll gegen euch Nutzen ziehen, nicht der eines freien Volkes sein kann; nein, die Anbeter eines gekreuzigten Sklaven werden niemals die Tugenden des Brutus erreichen. (Später hinzugefügte Anmerkung)

bestimmten Gesetzen vereinbaren ließ. Ich wagte es, den Kult für unnütz oder lästerlich zu halten, der sich mit dem Gesetzbuch, das sein Glück ausmachen sollte, nicht verbinden ließe. Weit davon entfernt, meine Gesetze nach den irrigen Maximen der meisten überlieferten Religionen zu entwerfen, weit davon entfernt, menschliche Schwächen zu Verbrechen aufzublähen, die von barbarischen Kulten lächerlich bedroht werden, habe ich gemeint, wenn es wirklich einen Gott geben sollte, würde er seine Geschöpfe unmöglich für Fehler bestrafen, die sie von seiner Hand erhalten haben. Um ein vernünftiges Gesetzbuch abzufassen, meinte ich, auf seine Gerechtigkeit und Duldsamkeit vertrauen zu müssen. Der entschiedenste Atheismus ist tausendmal besser als die Anerkennung eines Gottes, dessen Verehrung dem Glück der Menschen im Wege stehen würde. Es ist weniger gefährlich, nicht an die Existenz dieses Gottes zu glauben als einen Gott anzunehmen, der ein Feind des Menschen ist.

Eine für den Gesetzgeber noch wesentlichere Überlegung, eine Idee, die er beim Entwerfen seiner Gesetze nie aus den Augen verlieren darf, ist die unselige Gebundenheit, in der der Mensch auf die Welt kommt. Mit welcher Milde muß man jemanden bestrafen, der unfrei ist und das Böse nur getan hat, weil es ihm unmöglich war, es nicht zu tun! Wird nicht selbst das mildeste Gesetz tyrannisch, wenn alle unsere Handlungen nur eine notwendige Folge des ersten Antriebs sind, wenn sie alle vom Bau unserer Organe abhängen, vom Umlauf der Körpersäfte, von der größeren oder geringeren Energie der tierischen Kräfte, von der Luft, die wir atmen, von den Lebensmitteln, mit denen wir uns erhalten, wenn alle Taten so eng mit unserer Körperlichkeit verbunden sind, daß uns keine Möglichkeit zur Wahl verbleibt? Kann der Gesetzgeber, wenn er gerecht sein will, etwas anderes tun als den Gesetzesbrecher zurechtbiegen oder aus der Gesellschaft entfernen? Wie ungerecht wäre es, ihn zu bestrafen, da sich der Unglückliche gegen seinen Willen zu seinem Verbrechen hinreißen ließ!

Ist es nicht barbarisch und abscheulich, einen Menschen für etwas Böses zu strafen, das er durchaus nicht vermeiden konnte? Stellen wir uns ein Ei vor, das auf einem Billardtisch liegt, und zwei Billardkugeln, die von einem Blinden angestoßen werden: die eine rollt an dem Ei vorbei, die andere zerbricht es: ist es die Schuld des Blinden, der die Kugel anstieß, daß das Ei entzwei ging? Der Blinde ist die Natur, der Mensch die Kugel, das zerbrochene Ei das verübte Verbrechen. Sieh nun selbst, mein Freund, wie gerecht die Gesetze deines Europas sind und wie aufmerksam der Gesetzgeber vorgehen muß, der sie reformieren möchte.

Unzweifelhaft hängen unsere Leidenschaften, und mit ihnen die Ursache aller unserer Verfehlungen, einzig von unserer körperlichen Konstitution ab. Der Unterschied zwischen dem Ehrenmann und dem Schurken könnte von der Anatomie nachgewiesen werden, wenn diese Wissenschaft das wäre, was sie sein sollte; mehr oder weniger zarte Organe, mehr oder weniger empfindliche Fibern, mehr oder weniger Bitterkeit in der Nervenflüssigkeit, äußere Ursachen dieser oder jener Art und eine mehr oder minder aufregende Lebensweise: das läßt uns unaufhörlich zwischen Laster und Tugend schwanken, wie ein Schiff auf den Meereswellen einmal die Klippen umfährt, ein andermal an ihnen scheitert, weil ihm die Kraft fehlte, sich von ihnen zu entfernen. Wir sind wie Instrumente, die bei einer bestimmten Stimmung einen angenehmen Ton erzeugen, bei einer anderen einen dissonanten; nichts stammt von uns, nichts gehört uns, alles gehört der Natur, und wir sind in ihren Händen nie etwas anderes als das blinde Instrument ihrer Launen.

Da dieser Unterschied im Grunde so geringfügig ist, so wenig von uns abhängt und doch dem Menschen nach der überlieferten Meinung so viel Gutes oder so viel Böses einträgt, wäre es nicht weiser, auf die Meinung der Aristippos-Schüler zurückzukommen? Sie behaupteten, wer einen Fehler begangen habe, wie schwer er auch sei, verdiene Verzeihung, denn wer

Böses tue, tue es nicht freiwillig, sondern unter dem Zwang seiner Leidenschaften. In einem solchen Fall dürfe man weder hassen noch strafen, man müsse sich darauf beschränken, zu belehren und milde zu bessern.

Einer eurer Philosophen hat gesagt: »Das ist nicht genug; man braucht Gesetze; sie sind notwendig, auch wenn sie nicht gerecht sind«; damit hat er nur einen Trugschluß vorgebracht. Was nicht gerecht ist, ist keineswegs notwendig, wahrhaft notwendig ist nur, was gerecht ist. Außerdem liegt Gerechtigkeit im Wesen des Gesetzes; jedes Gesetz, das nur notwendig ist, ohne gerecht zu sein, ist nur eine Tyrannei.«

»Ehrwürdiger Greis«, nahm ich mir die Freiheit zu bemerken, »man muß doch aber die Kriminellen bekämpfen, sobald man sie als gefährlich erkannt hat.«

»Gewiß«, gab Zamé zur Antwort, »aber man darf sie nicht bestrafen, weil man nur in dem Maße bestraft werden sollte als man sich schuldig gemacht hat, d. h. als man sich selbst davon zurückhalten konnte, schuldig zu werden; die Kriminellen standen unter dem Zwang der höheren Gesetze der Natur und haben sich gegen ihren Willen schuldig gemacht. Bekämpft sie also, indem ihr sie verbannt, oder bessert sie, indem ihr sie zwingt, denen zu nützen, die sie beleidigt haben. Aber werft sie nicht unmenschlich in verpestete Kloaken, wo ihre ganze Umgebung so verderbt ist, daß nicht vorauszusehen ist, was sie rascher korrumpieren wird: das schreckliche Beispiel ihrer Wärter oder die Verhärtung und Unbußfertigkeit ihrer Gefährten. Noch weniger sollt ihr sie töten, denn durch Blut sühnt man nichts; statt eines begangenen Verbrechens werden es deren zwei, und unmöglich kann etwas, was die Natur beleidigt, ihr jemals als Sühne dienen.

Wenn ihr den Bürger mit einer Kette beladen wollt, um ihn innerhalb der Gesellschaft zu belassen, so vermeidet, daß ihn diese Kette entwürdigen könnte: weil sie den Menschen degradiert, verbittert ihr seine Gesinnung und erniedrigt seinen Charakter. Verachtung lastet so grausam auf dem Menschen,

daß sie ihm tausendfältig eingegeben hat, zum Gesetzesverletzer zu werden, um sich dafür zu rächen, daß er ihr Opfer gewesen ist. Manch einer wird nur zum Schafott geführt, weil ihn eine erste Ungerechtigkeit in Verzweiflung gestürzt hat.«*
Der große Mann drückte mir die Hände und fuhr fort: »Mein Freund, wieviel Vorurteile sind zu überwinden, bis man so weit gelangt! Wie viele närrische Meinungen muß man zerstören, wie viele absurde Gedankensysteme verwerfen! Wieviel Philosophie muß die Prinzipien der Regierung durchdringen! ... Wie mühevoll ist es, zahllose Dinge als einfach anzusehen, die ihr euch seit so langer Zeit angewöhnt habt, als Verbrechen zu betrachten!

Der du das Schicksal deiner Mitbürger in Händen hältst, Richter, Fürst, Gesetzgeber, wer immer du seist, verwende die Autorität, die dir das Gesetz verleiht, nur dazu, seine Härte zu mildern! Bedenke, daß es dem Landwirt nur mit großer Geduld gelingt, eine wildwuchernde Pflanze zu veredeln! Bedenke, daß die Natur nichts Überflüssiges geschaffen hat und es keinen Menschen auf Erden gibt, der nicht zu irgend etwas nütze wäre. Strenge ist nur ein Mißbrauch des Gesetzes; man verachtet das Menschengeschlecht, wenn man nicht die Ehre als den einzigen Zügel ansieht, der es leiten sollte, und die Schande als die einzige Züchtigung, die es fürchten müßte.

Eure unseligen, mangelhaften, barbarischen Gesetze bestrafen nur und bessern nicht; sie zerstören und schaffen nichts Neues; sie empören und führen nicht auf den rechten Weg zurück: meint also nicht, ihr könntet den geringsten Fortschritt in der Menschenkenntnis und -führung erzielen, bevor ihr nicht die Mittel entdeckt, die ihn bessern, ohne ihn zugrunde zu richten, ihn veredeln, ohne ihn zu entwürdigen.

* »Oh ihr, die ihr straft, sagt ein geistreicher Mann, hütet euch, daß ihr nicht die Eigenliebe zur Verzweiflung treibt, indem ihr sie demütigt, denn sonst zerbrecht ihr die große Triebfeder der Tugenden statt sie anzuspannen.«

Am sichersten ist es, so zu handeln, wie ich es tat; verhindert die Entstehung des Verbrechens, und die Gesetze entfallen ... Bestraft zahlreiche Verirrungen, die die Gesellschaft nicht beleidigen können, indem ihr sie lächerlich macht, und eure Gesetze werden überflüssig.

›Die Gesetze‹, so sagt euer Montesquieu an einer Stelle, ›sind ein schlechtes Mittel, um die Umgangsformen und Bräuche zu verändern und die Leidenschaften einzudämmen; man muß durch gute Beispiele und Belohnungen zu diesem Ziel gelangen.‹

Ergänzend zu den Gedanken dieses großen Mannes bemerke ich, daß die rechte Weise, zur Tugend zurückzuführen, darin besteht, daß man ihren Reiz und ihre Notwendigkeit fühlbar macht. Man darf sich nicht darauf beschränken, den Menschen zuzurufen, die Tugend sei schön, man muß es ihnen beweisen. Man muß vor ihren Augen Beispiele erstehen lassen, die sie überzeugen, daß sie etwas verlieren, wenn sie die Tugend nicht üben. Wenn ihr die gesellschaftlichen Bindungen geachtet sehen wollt, laßt ihren Wert und ihre Macht spüren; glaubt nicht, ihr könntet zum Erfolg gelangen, wenn ihr sie auflöst. Diese Überlegungen mahnen zur Vorsicht hinsichtlich der Strafen, die man demjenigen auferlegt, der sich an der Gesellschaft vergangen hat; eure Gesetze entfernen ihn von der Gesellschaft statt ihn zu ihr zurückzuführen, oder sie entreißen ihm das Leben, es gibt keinen Mittelweg ... Welch intolerante grobe Dummheit! Wäre es nicht an der Zeit, sie aus der Welt zu schaffen? Wäre es nicht an der Zeit, sie zu verabscheuen?

Elender, verächtlicher, von deinen Mitgeschöpfen verabscheuter Mensch, nur dazu geboren, um als Henker zu dienen, Entsetzlicher, der du glaubst, Ketten oder Galgen seien Argumente ohne Einwand! Du gleichst dem Unsinnigen, der sein verfallenes Haus verbrennt statt es auszubessern. Wann hörst du endlich auf zu glauben, es gäbe nichts Schöneres als deine Gesetze, nichts Erhabeneres als ihre Wirkungen? Verzichte

auf deine verdrießlichen Vorurteile, die nur dazu dienten, dich mit den Tränen und dem Blut deiner Mitbürger zu besudeln! Wage es, die Natur sich selber zu überlassen! Hast du es je bereut, ihr vertraut zu haben? Ist die majestätische Pappel, die ihr stolzes Haupt in die Wolken hebt, nicht schöner und stolzer als die kümmerlichen Büsche, die deine Hand den Regeln der Kunst unterwirft? Sind die Kinder der sogenannten Wilden, die, sich selbst überlassen wie die übrigen Lebewesen, den Mutterbusen suchen, wenn das Bedürfnis sie treibt, nicht frischer, kraftvoller, gesünder als die schwächlichen Ziehkinder deines Vaterlandes, denen du, sobald sie das Licht der Welt erblicken, fühlbar machen willst, daß sie nur zum Ertragen von Ketten geboren wurden?
Was gewinnst du damit, daß du die Natur unter Druck setzt? Sie ist nie größer, nie schöner als wenn sie deinen Dämmen entgeht. Selbst die Künste, die du liebst und pflegst und ehrst, sind um so erhabener, je besser sie die Ordnungslosigkeit der Natur nachahmen, die dein Widersinn gefangenhält. Überlaß sie darum ihren Launen und bilde dir nicht ein, du könntest sie durch deine nichtigen Gesetze eindämmen. Sie wird sie übertreten, sooft es die ihrigen fordern, und du wirst mit allem, was dich kettet, nur der elende Spielball ihrer Extravaganzen sein.«
»Großer Mann!«, rief ich begeistert aus. »Sie sollten das Weltall erleuchten. Glücklich, ja hundertfach glücklich sind die Bürger dieser Insel, und tausendfach glücklich alle Gesetzgeber, die sich an Ihnen ein Beispiel nehmen! Wie recht hatte doch Platon, als er sagte, »die Staaten könnten nur glücklich werden, wenn sie Philosophen zu Königen hätten oder wenn die Könige Philosophen wären.«
»Mein Freund«, erwidert Zamé, »du schmeichelst mir, und ich will keine Schmeicheleien: da du dich zu meinem Lob eines Philosophenwortes bedient hast, will ich dir, um dir dein Unrecht zu beweisen, mit dem Wort eines anderen antworten...«

Solon hatte im Gespräch mit Krösus, dem König von Lydien, Festigkeit gezeigt; der König hatte seine Pracht vor den Augen des Gesetzgebers erstrahlen lassen und von ihm nur harte Ermahnungen zu hören bekommen. Der Fabeldichter Äsop tadelte ihn dieserhalb: ›Freund‹, sagte der Dichter zu Solon, ›entweder darf man sich mit den Königen nicht einlassen oder man muß ihnen Schmeicheleien sagen.‹ – ›Sag lieber‹, antwortete Solon, ›man darf sich nicht mit ihnen einlassen oder man muß ihnen nützliche Dinge sagen.«

Wir kehrten heim. Zamé hatte ein neues Schauspiel für mich vorbereitet.

»Kommen Sie«, sagte er, »Sie haben zunächst unsere Frauen und unsere jungen Männer getrennt gesehen, betrachten Sie nun beide zusammen!«

Ein weiter Empfangssaal wurde aufgetan, und ich erblickte die fünfzig schönsten Frauen der Hauptstadt in Gesellschaft der gleichen Anzahl junger Männer, die ebenfalls nach überlegenem Wuchs und Gestalt ausgewählt worden waren.

»Hier sind nur Ehegatten versammelt«, sagte Zamé zu mir, »verheiratet tritt man ins Leben ein, wie ich Ihnen schon sagte. Aber obwohl alle hier Anwesenden verheiratet sind, sitzt doch kein Ehepaar beisammen, kein Gatte hat seine Frau bei sich, keine Frau findet hier ihren Gatten. Ich glaubte, auf diese Weise würden Sie sich ein besseres Bild von ihren Sitten machen können.«

Man setzte dieser liebenswürdigen Runde einige einfache Erfrischungen vor; dann entfaltete jeder seine Gaben; man spielte auf Instrumenten, die bei uns zu Lande unbekannt sind; dieses Volk besaß sie schon, bevor es zivilisiert wurde. Einige ähnelten der Gitarre, andere der Flöte; ihre Musik war recht eintönig und gefiel mir nicht sonderlich. Zamé hatte die Einwohner von Tamoé nicht mit der europäischen Musik bekannt gemacht.

»Ich fürchte«, bemerkte er zu mir, »die Musik ist eher geeignet, die Seelen zu verweichlichen und zu verderben als sie zu erheben, und wir vermeiden hier sorgfältig alles, was die Sitten gefährden kann. Ich habe diese Instrumente vorgefunden, und ich lasse sie ihnen; in diesem Punkte werde ich nichts erneuern.«

Nach dem Konzert gesellten sich die beiden Geschlechter zueinander und führten gemeinsam mehrere Tänze und Spiele vor, bei denen Anstand und Zurückhaltung herrschten. Nicht eine Gebärde, nicht ein Blick, nicht eine Bewegung hätten den strengsten Beobachter schockieren können. Ich zweifle, ob sich eine ähnliche Versammlung in Europa in so engen Grenzen gehalten hätte: da gab es kein unsittliches Händedrücken, kein obszönes Augenblinzeln, kein Anstoßen mit den Knien, keine zweideutigen Worte, kein jähes Gelächter, lauter Dinge, die auf unseren verdorbenen Gesellschaften an der Tagesordnung sind und ihren schlechten Geschmack, ihre Schamlosigkeit, Wirrnis und Verderbnis beweisen.

»Wie kommt es«, fragte ich Zamé, »daß trotz so wenigen Bindungen, so milden Gesetzen und so wenigen religiösen Zügeln in diesem Kreis nicht mehr Ausgelassenheit herrscht?«

Zamé erwiderte: »Weil die Gesetze und Religionen die Sitten hemmen, aber nicht läutern. Ein anständiger Mensch braucht weder Fesseln noch Henker noch Dogmen oder Tempel. Diese Mittel bringen Heuchler und Schurken hervor. Nie haben sie eine Tugend entstehen lassen. Zwar sind die Gatten dieser Frauen abwesend, aber sie sind mit diesen jungen Leuten befreundet. Sie sind mit ihren Frauen glücklich und verehren sie; sie selbst sind von ihnen gewählt worden: warum sollten diese jungen Männer, die ebenfalls Frauen haben, die sie lieben, das Glück ihrer Brüder stören wollen? Dadurch würden sie sich drei Feinde zugleich zuziehen: die Frau, der sie zu nahe treten, ihre eigene, die sie in Verzweiflung stürzen, und ihre Freunde, die sie kränken würden.

Diese Grundgedanken bilden einen Bestandteil der Erziehung; sie saugen sie mit der Muttermilch ein. Mit Hilfe von Gefühl und Zartsinn bewege ich sie in ihren Herzen. Können

Religion und Gesetze mehr ausrichten? Es ist eine eurer europäischen Wahnideen, zu meinen, der Mensch könne wie das wilde Tier nur durch Ketten gegängelt werden. Durch solche erschreckenden Vorstellungen seid ihr dazu gelangt, ihn so bösartig zu machen wie er nur sein kann; zu dem natürlichen Drang nach dem Laster habt ihr den noch heftigeren gesellt, einen Zügel zerbrechen zu können.

Nichts schmeichelt diesen jungen Leuten mehr als die Ehre, in meinem Hause verkehren zu können. Diese Schwäche habe ich mir nutzbar gemacht: wenn man sich damit beschäftigt, den Menschen zu lenken, muß man sein Herz beeinflussen. Wenn so wenige dabei Erfolg haben, so liegt das daran, daß die Hälfte von denen, die das unternehmen, Dummköpfe sind; die übrigen erreichen trotz etwas mehr gesundem Menschenverstand nicht die tiefe Kenntnis des Menschenherzens, ohne die nur Absurditäten oder Regeln zustande kommen. Die Regel ist das Streitroß der Schwachköpfe; sie bilden sich törichterweise ein, ein und dieselbe Sache passe für alle, obwohl es nicht zwei ähnliche Charaktere gibt, und machen sich nicht die Mühe, nachzuforschen und jedem nur vorzuschreiben, was zu ihm paßt. Ob ein Mittel förderlich ist oder nicht, ob es Erfolg verspricht oder nicht, ihr dickgepolstertes Gewissen ist beruhigt, wenn nur der *Regel* Genüge geschieht und sie selbst sich der *Regel* entsprechend verhalten haben.

Wenn einer dieser jungen Männer, fuhr Zamé fort, gegen den Anstand verstoßen würde, würde ich ihm mein Haus verschließen; diese Furcht hält sie um so mehr zurück als ich es verstanden habe, mich bei ihnen beliebt zu machen. Sie zittern davor, mein Mißfallen zu erregen.«

»Aber wenn sie unbeobachtet sind?«

»Dann sind sie bei sich zu Hause, die Gatten sind vereint, die Sorge um den Hausstand beschäftigt sie, und sie denken nicht daran, einander zu betrügen.

Das soll nicht heißen«, fügte der Fürst hinzu, »daß es nicht einige Fälle von Ehebruch gäbe. Doch sie sind selten, sie spie-

len sich im Verborgenen ab und ziehen weder Wirrungen noch Skandale nach sich. Wenn die Dinge weitergehen und ich meine, es könnten sich ärgerliche Folgen einstellen, so trenne ich die Schuldigen, lasse sie in verschiedenen Städten wohnen, und in den schwersten Fällen verbanne ich sie für einige Zeit aus Tamoé. Die Strafe der Verbannung, die bei Kapitalverbrechen droht, erschreckt sie derartig, daß sie mit größter Sorgfalt alles vermeiden, was sie in ein solches Verbrechen verwickeln könnte. Wenn Sie eine Nation regieren wollen, so beginnen Sie damit, milde Strafen zu verhängen; dann werden Sie bald keine blutrünstigen Strafen mehr nötig haben.«
Nach einigen Stunden anständigen, sittsamen Vergnügens sagte Zamé: »Es ist nun genug, ich werde die Gatten ihren Heimen zurückgeben, wo sie schon erwartet werden ... ohne Eifersucht, dessen bin ich gewiß, vielleicht aber mit einiger Ungeduld.«
Er gab lächelnd ein Zeichen, die Unterhaltung wurde eingestellt, man ging auseinander ... doch man begleitete sich nicht, bot sich nicht den Arm und suchte nichts, das dem Anstand abträglich sein konnte. Zuerst zogen sich die jungen Frauen zurück, eine Stunde später nahmen die jungen Männer Abschied, und alle überhäuften ihren guten Vater mit Danksagungen und Segenswünschen, einen Vater, der sie so liebte, daß er sich um die Einzelheiten ihrer kleinen Vergnügungen kümmerte.
»Stehen Sie morgen recht früh auf«, ermahnte mich Zamé, »ich will Sie zu meinem Tempel führen; Sie sollen die Pracht, den Pomp und den Luxus meiner religiösen Zeremonien zu Gesichte bekommen. Sie sollen meine Priester amtieren sehen.«
»Das habe ich mir am meisten gewünscht«, gab ich zur Antwort; »die Religion dieses Volkes muß ebenso rein sein wie seine Sitten; ich brenne schon darauf, Gott in seiner Mitte anzubeten. Aber Sie verheißen mir Prunkentfaltung ... Großer Mann! Ich dachte, ich kennte Sie genugsam, um sicher zu

sein, daß der Prunk bei Ihren Zeremonien keine Rolle spielen wird.«

»Urteilen Sie selbst!«, versetzte Zamé, »ich erwarte Sie eine Stunde vor Sonnenaufgang.«

Am nächsten Tag begab ich mich zur angegebenen Stunde an die Schlafzimmertür des Philosophen; er wartete bereits auf mich; seine Frau, seine Kinder und Zilia, seine Schwiegertochter, alle waren um seine verehrte Person versammelt.

»Gehen wir«, sagte Zamé, »das Gestirn erscheint bald; man wird schon auf uns warten.«

Wir durchquerten die Stadt. Alle Einwohner standen vor ihren Türen; als wir vorbeikamen, schlossen sie sich uns an. So zogen wir weiter bis zu den Heimen, in denen die Jugend erzogen wird und von denen ich gleich noch berichten werde. Die Mädchen und Jungen kamen in großer Anzahl heraus; von Greisen angeführt, folgten sie uns ebenfalls. In dieser Ordnung zogen wir bis zum Fuß eines Berges, der sich im Osten hinter der Stadt erhob; Zamé erstieg seinen Gipfel, ich folgte ihm mit seiner Familie, das Volk umstand uns ... tiefstes Schweigen herrschte ... endlich ging das Gestirn auf ... Im gleichen Augenblick beugten sich alle Häupter, alle erhoben ihre Hände zum Himmel, als flögen ihre Seelen ebenfalls dorthin.

»Ewiger Herrscher«, betete Zamé, »nimm gnädig die tiefe Huldigung eines Volkes an, das dich verehrt ... Glanzvolles Gestirn, nicht dir gelten unsere Gelübde, sondern deinem Schöpfer und Beweger; deine Schönheit erinnert uns an sein Bild ... dein erhabener Gang an seine Macht ... Überbringe ihm unsere Verehrung und unsere Gelübde: er schütze uns, solange uns seine Güte hier auf Erden beläßt; er nehme uns zu sich, wenn es ihm gefallen wird, uns aufzulösen ... er lenke unsere Gedanken, regle unsere Handlungen, läutere unsere Herzen. Möge seine Erhabenheit die Gefühle der Achtung und Liebe, die er uns eingibt, annehmen und zu Füßen seines Ruhmes versammeln.«

Zamé hatte bis dahin aufrecht gestanden, während alle knieten; nun berührte er mit aufgehobenen Händen mit dem Antlitz den Erdboden, betete einen Augenblick schweigend, stand dann tränenfeuchten Auges auf und führte das Volk in seine Stadt zurück.
»Das ist alles«, sagte er zu mir nach der Rückkehr; »glauben Sie, daß der Gott des Weltalls mehr von uns verlangen kann? Muß man ihn in Tempel einschließen, um ihm Verehrung zu erweisen und ihm zu dienen? Man braucht nur eine seiner schönsten Wirkungsweisen zu beobachten, damit dieser Anblick seiner erhabenen Größe Gefühle der Liebe und Dankbarkeit in uns auslöst. Deshalb habe ich den Augenblick und den Schauplatz gewählt, den Sie eben gesehen haben ...
Der einzige Prunk, den ich mir gestattet habe, ist derjenige der Natur; diese Huldigung ist die einzige, die dem Ewigen gefällt. Die Zeremonien der Religion sind nur erfunden worden, um die Augen zu fesseln, da das Herz nicht beteiligt ist; die Zeremonien, die ich an ihre Stelle gesetzt habe, fesseln das Herz und bezaubern das Auge: ist das nicht vorzuziehen? Außerdem habe ich einiges von dem früheren Kult bewahren wollen, diese Politik war nötig: die Einwohner von Tamoé verehrten einst die Sonne; ich habe ihre Anschauungen nur berichtigt, indem ich ihnen klarmachte, sie verwechselten das Werk mit dem Werkmeister, die Sonne sei nur das bewegte Ding und man müsse dem Beweger die Verehrung erweisen. Sie verstanden mich, sie fanden Geschmack daran, und so habe ich, fast ohne etwas an ihrem Brauchtum zu verändern, aus Heiden ein frommes Volk und Anbeter des höchsten Wesens gemacht.
Glaubst du, deine absurden Dogmen, unverständlichen Mysterien und götzendienerischen Zeremonien könnten sie glücklicher oder zu besseren Bürgern machen? Meinst du, der Weihrauch, der auf Marmoraltären verbrannt wird, wiege die Opfergabe eines aufrechten Herzens auf? Weil eure europäischen Religionen den Kult des Ewigen entstellten, haben

sie ihn vernichtet. Wenn ich eine eurer Kirchen betrete, finde ich sie so überladen mit Heiligen, Reliquien und falschem Getue jeder Art, daß ich den Gott kaum wiedererkennen kann, den ich suche; um ihn zu finden, bin ich gezwungen, in mein Herz hinabzusteigen. Ach ja, sage ich mir dann, das ist der Ort, der mich an ihn erinnert, also muß ich ihn nur dort suchen; das ist die einzige Hostie, die ich zu seinen Füßen niederlegen darf: in diesem Heiligtum beleben die Naturschönheiten sein Bild, ich betrachte sie, um mich zu erbauen, beobachte sie, um in Rührung zu versinken, und darauf beschränke ich mich. Falls ich nicht genug getan haben sollte, so läßt mich die Güte Gottes glauben, daß er mir verzeihen wird; um ihm besser dienen zu können, befreie ich seinen Kult und sein Bildnis von all dem absurden Plunder, den die Menschen hinzugefügt haben. Ich entferne alles, was mich hindern könnte, sein erhabenes Wesen in mich aufzunehmen. Ich trete alles mit Füßen, was seine Unermeßlichkeit aufzuteilen beabsichtigt. Ich würde Gott weniger lieben, wenn er weniger einzig und weniger groß wäre. Wenn seine Macht aufgeteilt sein würde, wenn sie sich vervielfältigte, kurzum, wenn dieses einfache Wesen unter mehreren Gestalten verehrt werden müßte, würde mir dieses erschreckende, barbarische System nur als formlose Anhäufung von Irrtümern und Ruchlosigkeiten erscheinen; ein so schrecklicher Gedanke würde mir das reine Wesen entstellen, an das sich meine Seele wendet, und es in meinen Augen hassenswert statt anbetungswürdig erscheinen lassen.

Welche innigere Kenntnis von diesem schönen Wesen können die Menschen besitzen, die auf mich einreden und sich mir alle als Erleuchtete ausgeben? ... Oh Schmach! Sie ließen sich nur vom Verlangen leiten, ihre Mitmenschen zu mißbrauchen; ist das etwa ein Grund für mich, auf sie zu hören, für mich, der Verstellung und Irrtum verabscheut, der sein Leben hindurch nur daran gearbeitet hat, dieses gute Volk auf den Weg der Tugend und der Wahrheit zu leiten? ...

Herrscher des Himmels, wenn ich mich täuschen sollte, wirst du mein Herz, nicht meinen Geist richten. Du weißt, daß ich schwach und deshalb dem Irrtum unterworfen bin, aber du wirst diesen Irrtum nicht bestrafen, da seine Quelle in der Reinheit und Empfindlichkeit meiner Seele liegt: nein, du wirst nicht zulassen, daß jemand, der versucht hat, dich besser anzubeten, bestraft wird, weil er dich nicht so angebetet hat, wie man es tun muß.«

»Komm«, sagte Zamé zu mir, »es ist noch früh am Tag, diese wackeren Kinder wollen vielleicht noch etwas beisammen bleiben und sich sammeln. An Feiertagen ist das ihr Brauch, sie wünschen diese Tage mit Eifer herbei, und ich gewähre sie ihnen aus diesem Grunde nur zwei- oder dreimal im Jahr. Sie sollen diese Tage als besondere Vergünstigung betrachten: je rarer ich ihnen diese Augenblicke mache, desto höher halten sie sie in Ehren; was man täglich tut, verachtet man bald.

Folge mir! Bis zur Stunde der Mahlzeit haben wir Zeit, die Ländereien in der Umgebung der Stadt zu besichtigen.«

Zamé zeigte mir Grundstücke, die durch immergrüne, blumenumrankte Hecken voneinander getrennt waren, und erklärte: »Das sind ihre Besitzungen; jeder hat sein kleines Stück Land für sich. Es ist nur mäßig groß, aber eben diese mittlere Größe hält ihren Fleiß in Gang; je weniger man besitzt, desto mehr ist man daran interessiert, es mit Sorgfalt zu bestellen. Jeder findet dort, was er braucht, um seine Frau und sich zu ernähren. Wenn er ein guter Arbeiter ist, lebt er im Überfluß, und die weniger Arbeitsamen finden immer ihr Auskommen. Die Grundstücke der Unverheirateten, der Witwer und der Verstoßenen sind weniger ansehnlich und liegen in einem anderen Bezirk neben dem Stadtteil, in dem sie wohnen.

Ich habe auch nur ein Grundstück wie sie«, fügte Zamé hinzu, »ich bin auch nur Nutznießer wie sie; mein Landstück gehört wie ihres dem Staat. Ich wähle unter den Alleinstehenden die Leute aus, die es bestellen müssen; es sind die gleichen, die mich pflegen und bedienen; da sie keinen eigenen Haushalt haben, widmen sie sich mit Vergnügen meinem Haus: sie wissen, daß sie darin bis ans Lebensende Nahrung und Unterkunft finden.«

Hübsche, säuberlich eingefriedigte Wege verbanden diese Besitztümer miteinander. Alle waren reichlich mit den süßesten Gaben der Natur versehen. Ich sah dort unzählige Brotfruchtbäume, die ihnen eine ähnliche Nahrung geben, wie wir sie mit unserem Mehl formen, nur zarter und schmackhafter. Auch gewahrte ich dort alle anderen Erzeugnisse der entzükkenden Inseln des Südens: Kokospalmen, Palmen usw. Die Jamswurzel, eine Art von wildem Kohl, ist eine Besonderheit dieser Insel, die sie auf sehr angenehme Weise zubereiten, indem sie sie mit Kokosnüssen vermischen. Mehrere aus Europa eingeführte Gemüse gedeihen bei ihnen sehr gut und werden sehr geschätzt. Auch wächst Zuckerrohr und die der Brügnole ähnliche Frucht, die Kapitän Cook auf den Amsterdam-Inseln fand und die die Bewohner dieser englischen Inseln »figheda« nannten.

Das sind fast alle Nahrungsmittel dieser weisen, nüchternen und mäßigen Völkerschaften. Früher gab es einige Vierfüßler auf der Insel, doch Zamés Vater überredete das Volk, ihre Rasse auszurotten; Vögel rühren sie niemals an.

Mit diesen Lebensmitteln und vorzüglichem Wasser lebt dieses Volk gesund; seine Gesundheit ist kräftig, seine jungen Leute sind stark und fruchtbar, seine Greise frisch und rüstig; ihr Leben dehnt sich weit über die übliche Frist hinaus aus, und sie sind glücklich.

»Betrachte unser Klima«, sagte Zamé, »es ist gesundheitsförderlich mit seinen milden, gleichmäßigen Temperaturen; die Vegetation ist kräftig und überreich und die Luft fast immer rein: unser sogenannter Winter besteht aus einigen Regenfällen, die in den Monaten Juli und August niedergehen, die Luft aber nie so sehr abkühlen, daß wir uns wärmer anziehen müßten. Erkältungskrankheiten sind bei uns völlig unbe-

kannt. Die Natur bedrängt unsere Einwohner nur mit sehr wenigen Krankheiten; das größte Übel, mit dem sie sie plagt, ist hohes Alter, und das ist fast ihre einzige Todesart.
Du kennst unsere Künste, ich will darüber nicht weiter reden. Unsere Wissenschaften beschränken sich ebenfalls auf ganz wenige Dinge; dennoch können alle lesen und schreiben; das war eine der Hauptsorgen meines Vaters, und da viele von ihnen das Französische verstehen und sprechen, habe ich mehr zu ihrem Vergnügen als zu ihrer Belehrung fünfzigtausend Bände von meiner Reise mitgebracht. Ich habe sie unter die einzelnen Städte aufgeteilt und kleine öffentliche Büchereien gegründet, die sie mit Genuß besuchen, sofern ihnen die Landarbeit dazu Muße läßt. Sie besitzen einige Kenntnisse in der Astronomie, die ich korrigiert habe; sie haben Grundbegriffe von der praktischen Medizin, die sie im praktischen Leben erfolgreich anzuwenden verstehen. Sie verstehen etwas von der Baukunst; sie kennen sich im Hausbau aus, wissen etwas von der Taktik und noch mehr über die Kunst des Schiffbaus. Einige von ihnen vergnügen sich damit, Gedichte in der Landessprache zu schreiben; wenn du sie verstehen könntest, würdest du ihnen Sanftheit, Annehmlichkeit und Ausdrucksfähigkeit zubilligen. Von Theologie und Jurisprudenz haben sie gottlob keine Ahnung. Nur wenn ich sie vernichten wollte, würde ich ihnen dieses Labyrinth von Irrtümern, Plattheit und Nutzlosigkeit aufschließen. Wenn ich ihren Untergang betreiben wollte, würde ich Priester und Juristen bei ihnen einführen; den einen würde ich erlauben, sie mit Gott zu unterhalten, den anderen gestatten, über Farinacius zu sprechen, Schafotte aufzurichten und damit sogar die Plätze unserer Städte auszuschmücken, wie ich es in einigen eurer Provinzen beobachtet habe, ewige Monumente der Schande, die zugleich die Grausamkeit der Herrscher beweisen, die sie zulassen, die brutale Unfähigkeit der Richter, die sie aufführen, und die Dummheit des Volkes, das sie hinnimmt.
Gehen wir essen«, fügte Zamé hinzu, »heute Abend sollen Sie

eines von ihren Talenten kennenlernen, von dem Sie bislang noch keine Vorstellung haben.«

Als der Augenblick herangekommen war, führte mich Zamé auf den Hauptplatz; ich bewunderte seine Anlage.

»Seinen größten Vorzug lobst du nicht«, sprach er zu mir; »er hat noch nie Blut fließen sehen, und nie wird er damit besudelt werden.«

Wir gingen weiter; ich hatte noch nicht das regelmäßige Gebäude kennengelernt, das parallel zu Zamés Haus verlief und mit ihm zusammen den Platz schmückte.

»Die beiden oberen Etagen«, erläuterte der Philosoph, »sind öffentliche Speicher. Das ist die einzige Steuer, die ich ihnen abverlange, und ich entrichte sie wie sie. Jeder ist verpflichtet, in dieses Vorratshaus jährlich einen kleinen Teil von der Produktion seiner Ländereien abzuliefern, den Teil, der sich aufbewahren läßt; in Notzeiten finden sie ihn wieder. Ich habe dort immer Lebensmittel, mit denen ich die Hauptstadt für zwei Jahre ernähren kann; die übrigen Städte verfahren ebenso. Deshalb fürchten wir schlechte Jahre nicht, und da wir keine Monopolhändler kennen, ist es unwahrscheinlich, daß wir je Hungers sterben werden.

Im Untergeschoß des Gebäudes befindet sich ein Schauspielsaal. Ich halte diese Unterhaltung, recht verstanden, für eine nationale Notwendigkeit. Die weisen Chinesen dachten genauso; sie pflegen seit mehr als 3000 Jahren das Theaterspiel: die Griechen haben es erst nach ihnen kennengelernt. Es überrascht mich, daß Rom es erst nach vier Jahrhunderten zuließ und Perser und Inder es nie gekannt haben.

Das Stück des heutigen Abends wird zu Ihren Ehren aufgeführt. Treten wir ein, Sie werden sehen, welchen Nutzen ich aus dieser anständigen, belehrenden Erholung ziehe.«

Der Saal war weitläufig und künstlerisch angelegt; man bemerkte, daß Zamés Vater, der ihn errichtet hatte, die Bräuche dieser Völker und der europäischen miteinander vereinigt hatte. Den Geschmack am Theaterspielen hatte er bei dieser

Nation vorgefunden, obwohl sie noch im unzivilisierten Zustand lebte; er beschränkte sich darauf, ihn zu veredeln und ihm, so weit wie möglich, eine nützliche Anwendung zu geben. Das ganze Gebäude war schlicht; man bemerkte Eleganz ohne Luxus, Reinlichkeit ohne großen Aufwand. Der Saal faßte annähernd zweitausend Personen; er war voll besetzt; auf der wenig erhöhten Bühne befanden sich nur die Schauspieler. Die schöne Zilia, ihr Mann, Zamés Töchter und ein paar junge Leute aus der Stadt verkörperten die verschiedenen Persönlichkeiten, die wir in Aktion sehen sollten.
Das Drama war in der Landessprache abgefaßt, und seine Komposition stammte von Zamé selbst, der so freundlich war, mir den Verlauf der Handlung während der Aufführung zu erläutern. Es ging um eine junge Ehefrau, die sich eine Untreue gegen ihren Mann zuschulden kommen ließ und für diesen Verstoß mit all dem Unglück bestraft worden war, das eine Ehebrecherin treffen kann.
In unserer Nähe saß eine hübsche junge Frau. Ich bemerkte, daß ihre Züge sich veränderten, je weiter die Handlung vorschritt; sie errötete und erbleichte abwechselnd, ihr Busen wogte ... ihr Atem stockte. Endlich flossen ihre Tränen, ihr Schmerz wuchs an, die Anstrengungen, die sie unternahm, um sich zu beherrschen, griffen sie so sehr an, daß sie nicht länger an sich halten konnte ... sie erhob sich, mit deutlichen Zeichen der Verzweiflung, raufte sich die Haare und verließ den Saal.
Zamé, dem nichts von dieser Szene entgangen war, sagte zu mir: »Nun, glauben Sie jetzt, daß die Lektion ihre Wirkung tut? Das sind die einzigen Strafen, die bei einem empfindlichen Volke notwendig sind. In Frankreich hätte eine ebenso schuldige Frau dem Publikum die Stirne geboten, wenn sie bemerkt hätte, was man ihr zu verstehen geben wollte. In Siam hätte man sie einem Elefanten ausgeliefert. Ist die Toleranz der einen Nation gegenüber einem solchen Verbrechen nicht ebenso gefährlich wie die barbarische Strenge der anderen? Finden sie meine Lektion nicht besser?«

»Edler Mann!«, rief ich aus, »welch erhabenen Gebrauch machen Sie von Ihrer Macht und Ihrem Geist!«
Später erfuhren wir, daß dieses rührende Abenteuer die aufrichtige Versöhnung dieser Frau mit ihrem Gatten zur Folge gehabt hatte; sie hatte sich entschuldigt, ihr übles Verhalten zugegeben, und ihr Liebhaber war freiwillig in die Verbannung gegangen.
»Und da versuchen die Moralisten, gegen das Theater aufzutreten, obwohl es solche Früchte zeitigt! Das moralische Ziel ist bei euch das gleiche«, sagte Zamé, »aber eure Seelen sind abgestumpft durch die ständige Wiederholung derselben Lektionen und können nicht mehr erschüttert werden. Ihr lacht über sie, als ob sie euch nichts angingen: eure Schamlosigkeit löst sie auf, eure Eitelkeit widersetzt sich der Vorstellung, sie könnten euch etwas angehen, und so stoßt ihr in eurem Dünkel die guten Gedanken zurück, mit denen ein erfinderischer Sittenrichter eure Bräuche verbessern wollte.«
Am nächsten Tag führte mich Zamé zu den Erziehungsheimen; die beiden Gebäude waren äußerst weitläufig, höher als die übrigen Häuser und in eine große Anzahl von Zimmern unterteilt. Wir besichtigten zuerst das Jungenheim; in ihm lebten mehr als 2000 Schüler; sie treten im Alter von zwei Jahren ein und verlassen es als Fünfzehnjährige, um zu heiraten.
Diese strahlende Jugend war in drei Klassen eingeteilt. Bis zum 6. Lebensjahr setzt man die Pflege fort, die das erste gebrechliche Alter des Menschen erforderlich macht; vom 6. bis 10. Jahr beginnt man, ihre Anlagen zu erforschen; man regelt ihre Beschäftigungen je nach den Neigungen und gibt dabei stets der Unterweisung in landwirtschaftlichen Arbeiten den Vorzug, weil sie für ihre künftige Lebensweise am wesentlichsten sind.
Die dritte Klasse bilden Kinder im Alter von 12 bis 15 Jahren: nun erst lehrt man sie die Pflichten des Menschen in der Gesellschaft und seine Schuldigkeit gegenüber den Eltern.

Man erzählt ihnen von Gott und flößt ihnen Liebe und Dankbarkeit gegen das Wesen ein, das sie erschuf. Man klärt sie auf, daß sie sich dem Alter nähern, in dem man ihnen das Schicksal einer Frau anvertrauen wird und läßt sie wissen, was sie dieser teuren Hälfte ihrer Existenz schuldig sind. Man macht ihnen klar, daß sie in ihrer sanften, bezaubernden Gesellschaft nur so viel Glück erhoffen können als sie selber zurückzugeben bereit sind und auf der Welt keine aufrichtigere Freundin, keine zärtlichere Gefährtin finden werden, kurzum, kein Wesen, das mehr an uns gebunden wäre als eine Gattin. Darum, so sagt man ihnen, verdiene niemand, mit mehr Gefälligkeit und Milde behandelt zu werden als sie. Dieses von Natur aus schüchterne, furchtsame Geschlecht schmiegt sich an den Gatten, der es liebt und beschützt, aber es haßt ebenso unwiderstehlich denjenigen, der seine Autorität dazu mißbraucht, um es unglücklich zu machen, nur weil er der Stärkere ist; während wir die gewinnende Autorität in der Hand haben, besitzt es, besser bedacht als wir, Anmut und verführerische Anziehungskraft. Was könnt ihr, sagt man den Schülern, von einem Herzen erhoffen, das durch Verdruß verbittert wird? Wessen Hand wischt eure Tränen ab, wenn euch Kummer drückt? Wer würde euch helfen, wenn die Natur euch alle ihre Übel zu kosten gibt? Der süßesten Tröstung beraubt, die der Mensch auf Erden finden kann, hättet ihr nur noch eine von eurem Wort erschreckte, von euren Begierden eingeschüchterte Sklavin zu Hause, die sich vielleicht für einen Augenblick unter das Joch schmiegt, aber, da ihr sie nur gezwungenermaßen in euren Armen haltet, rasch aus ihnen entweichen würde, weil sie euch verabscheut.

Dann läßt man sie auf dem Grundstück ihre Kenntnisse in der Landwirtschaft üben. Das ist im übrigen unentbehrlich, weil die Ländereien dieses großen Heimes unbestellt sind und nur von ihren jungen Händen unterhalten werden.

Sodann beschäftigt man sie mit militärischen Übungen und erlaubt ihnen zur Erholung Tänze, Ringkämpfe und alle anderen kräftigenden Spiele, die die Jugend gelenkig machen und Wachstum und Gesundheit fördern.

Wenn sie das Alter erreichen, in dem sie Gatten werden, so ist die Zeremonie ebenso einfach wie natürlich: Vater und Mutter des jungen Mannes führen ihn zum Erziehungsheim der Mädchen und lassen ihn vor aller Welt die Wahl treffen, die ihm beliebt. Sobald diese Wahl getroffen ist und dem jungen Mädchen zusagt, bekommt er die Erlaubnis, acht Tage lang einige Stunden mit seiner Zukünftigen zu plaudern; dabei sind die Lehrerinnen des Mädchenheims zugegen; bei dieser Gelegenheit lernen sich beide vollends kennen und sehen, ob sie zueinander passen.

Wenn es vorkommt, daß einer von beiden die Beziehungen abbrechen will, so muß der andere dem zustimmen, weil es in diesem Bereich kein vollkommenes Glück gibt, wenn es nicht naturgemäß ist. Dann beginnt die Wahl von neuem. Ist das Einverständnis gegenseitig, so bitten sie die Richter ihrer Nation darum, sie zusammenzugeben. Wenn die Bewilligung erteilt ist, heben sie die Hände zum Himmel empor und schwören bei Gott, sich treu zu sein, einander zu helfen und in allen Bedürfnissen, Arbeiten und Krankheiten zu unterstützen und nie von der Scheidung Gebrauch zu machen, falls sie nicht durch unausweichliche Gründe dazu genötigt werden.

Sind diese Formalitäten erfüllt, so übergibt man den jungen Leuten ein Haus, wie ich es schon beschrieben habe, stellt sie unter die zweijährige Aufsicht ihrer Eltern oder Nachbarn, und sie sind glücklich.

Die Direktoren der Jungenschule werden unter den Junggesellen ausgesucht; sie widmen sich dem Heim, verwachsen mit ihm, wie andere mit dem Haus des Gesetzgebers verbunden sind, und finden in ihm ihre Ernährung und Unterkunft. Man wählt aus dieser Klasse diejenigen aus, die zu diesem erhabenen Amt am fähigsten sind, und achtet darauf, daß die erste ihrer Eigenschaften äußerste Sittenstrenge sei.

Die Frauen, die das Heim der jungen Mädchen leiten, zu dem wir kurz darauf hinübergingen, werden unter den Gattinnen ausgesucht, die nur auf Grund von Alter oder Gesundheitsschwäche verstoßen worden sind; diese beiden Gründe können nicht den Tugenden schaden, die sie für ihr Amt brauchen.
Nahezu 3000 Mädchen lebten in dem Heim, das wir besuchten; sie waren, wie die Jungen, in drei Altersklassen eingeteilt. Die moralische Erziehung ist die gleiche; nur verzichtet man auf den Teil der körperlichen Erziehung der Männer, der für Mädchen unpassend wäre; man ersetzt ihn durch Nadelarbeit, Kochkunst und Weberei. In Tamoé gehen nur die Frauen dieser Tätigkeit nach; sie verfertigen die Kleidung für sich und ihre Gatten; die Kleidungsstücke für das Erziehungsheim der Jungen werden in den Mädchenheimen hergestellt; die Witwen oder Verstoßenen verfertigen die Kleidung der Junggesellen.
»Es ist eine närrische Einbildung, zur Kindererziehung gehöre noch mehr als das, was Sie hier sehen«, erklärte Zamé. »Bildet Geschmack und Neigung der Kinder aus, bringt ihnen nur das Notwendige bei, gebt ihnen als Zügel nur die Ehrliebe, als Ansporn nur die Ruhmbegier und keine anderen Strafen als ein paar Entziehungen. Durch dieses weise Verfahren«, fuhr er fort, »schont man die zarten und kostbaren Pflanzen und bildet sie zugleich; man entkräftet sie nicht, stumpft sie nicht gegen Strafen ab und vernichtet nicht ihre Empfindlichkeit. ›Die aufsässigsten, feurigsten Fohlen‹, sagte Themistokles, ›werden die besten Pferde, wenn ein guter Stallmeister sie zureitet.‹ Diese junge Saat ist Hoffnung und Stütze des Staates; urteilen Sie selbst, ob wir ihr unsere Sorge zuwenden müssen.
In jedem Heim«, fügte Zamé hinzu, »gibt es 50 Zimmer, die für Greise, Witwer, Körperbehinderte oder Junggesellen bestimmt sind. Die alten Leute, die das Besitztum nicht mehr pflegen können, das ihnen der Staat anvertraut, sich nicht wiederverheiratet oder die zweite Frau durch den Tod ver-

loren haben, sowie alle, die alt und unverheiratet sind, finden im Erziehungsheim der Jungen für den Rest ihrer Tage eine gesicherte Bleibe. Sie leben vom Fundus dieses Hauses und werden von den jungen Schülern bedient, damit diese sich an den Respekt und die Pflege gewöhnen, die sie dem Alter schuldig sind. Die gleiche Einrichtung ist auch für die alten Frauen vorhanden. Der Überschuß an beiden Geschlechtern, wenn es ihn gibt, findet in meinem eigenen Hause eine Zufluchtsstätte. Ich habe das lieber als Ball- oder Konzertsäle, mein Freund; ich betrachte diese würdigen Altersheime mit größerer Genugtuung als luxuriöse, prunkvolle Gebäude, die nur für Jagdgesellschaften, Gemäldegalerien oder Museen erbaut worden wären.«

Ich sagte zu Zamé: »Erlauben Sie mir eine Frage: ich verstehe noch nicht recht, wie Ihre Handwerker und Manufakturarbeiter leben. Wie spielt sich innerhalb der Nation der notwendige Handel ab?«

»Nichts ist einfacher«, antwortete mir das Oberhaupt dieses glücklichen Volkes, »wir haben Arbeiter von zweierlei Art: einige sind nur zeitweilig beschäftigt, wie Architekten, Maurer, Tischler usw., die anderen sind immer in Tätigkeit, wie die Handwerker der Manufakturen usw. Die ersteren haben Ländereien wie die übrigen Bürger, und solange der Staat sie beschäftigt, ist er gehalten, ihre Güter bestellen und die Früchte in ihre Scheunen bringen zu lassen, damit sie bei ihrer Arbeit von allen weiteren Sorgen entlastet sind. Mit dieser Aufgabe befassen sich die Junggesellen. Das verlangt eine Erläuterung.

Zu allen Jahrhunderten und in allen Ländern hat es eine Menschenart gegeben, die für die Reize der Ehe wenig geeignet ist, ihre Bande aus moralischen oder physischen Gründen fürchtet und das Alleinleben der Wonne vorzieht, eine Gefährtin zu haben. Diese Menschenklasse war im alten Rom so zahlreich, daß Augustus genötigt war, das poppäische Gesetz zu erlassen, um sie zu vermindern. Tamoé ist weniger berühmt als die Republik, die den Erdball unterwarf, hat jedoch ebenfalls Junggesellen wie sie; nur haben wir keine Gesetze gegen sie erlassen.

Die Genehmigung, sich nicht zu verheiraten, erlangt man hier leicht, wenn man sich verpflichtet, dem Vaterland bei allen öffentlichen Arbeiten zu dienen.

Der Aristoteles-Schüler Klearch unterrichtet uns, daß man die für die Ehe ungeeigneten Männer in Lakonien bestrafte, indem sie nackt von Frauen ausgepeitscht wurden, während sie einen Altar umschritten; wozu könnte das wohl nütze sein?*

Da ich alles, was mir nutzlos erscheint, zu beschneiden und durch Dinge, aus denen etwas Gutes hervorgehen kann, zu ersetzen pflege, erlege ich den Unverheirateten nur die Strafe auf, dem Staat mit ihren Armen zu dienen, da sie ihm schon

* Die Ursache dieses merkwürdigen Gesetzes war ohne Zweifel physischer Art. Man hielt die Junggesellen für impotent und versuchte, ihnen durch diese Zeremonie die Kräfte zurückzugeben, die ihnen zu fehlen schienen; doch die Sache war schlecht überlegt: die Impotenz, die oftmals durch dieses gewaltsame Mittel gar nicht beseitigt wird, ist nicht immer der Hauptgrund für das Zölibat. Wenn Neigung oder andere Gewohnheiten ein Individuum unweigerlich von den Ketten der Ehe zurückhalten, so verstärken solche Mittel nur die unregelmäßigen Launen dieses Individuums, ohne es dem, was ihm widersteht, näherzubringen; also war das Heilmittel schlecht gewählt. Doch dieses Zitat aus der Sittengeschichte des Altertums, das man um viele andere ergänzen könnte, wenn es sich um eine Abhandlung handelte, beweist uns, daß der Mensch zu allen Zeiten auf diese mächtigen Mittel zurückgriff, um seine eingeschlummerte Kraft wiederherzustellen. Was viele Dummköpfe tadeln oder verspotten, war bei Völkern, die mindestens ebensoviel wert waren wie diese Dummköpfe, ein Glaubensartikel. Heute weiß man, daß die aus der Schlaffheit gerissene, wie *Saint-Lambert* sagt, aufgeregte Seele, die durch künstliche oder wirkliche Schmerzen in Bewegung gebracht wird, am empfindlichsten ist und den Genuß der angenehmen Empfindungen besser auskosten kann. – Der berühmte *Cardan* sagt uns in der »Geschichte seines Lebens«, wenn ihm die Natur keine Schmerzen zu spüren gäbe, würde er sie sich selbst verschaffen, indem er sich in die Lippen beißen oder solange an seinen Fingern zerren würde, bis er weinen müßte.

keine Untertanen schenken wollen. Man stellt ihnen ein Haus und ein kleines Grundstück in einem für sie bestimmten Wohnviertel; dort leben sie nach ihrem Belieben und sind nur verpflichtet, die Ländereien der vom Staat Beschäftigten zu bestellen. Sie wissen das, unterziehen sich dieser Mühe und glauben die begehrte Freiheit damit nicht teuer erkauft zu haben. Sie wissen, daß sie auch meine Ländereien instand halten, den Greisen und Körperbehinderten beistehen, die Schulen leiten und außerdem mit Unterhalt und Pflege von Wegen, öffentlichen Anlagen und ganz allgemein mit allen mühevollen Arbeiten beauftragt sind, die in einer Nation unentbehrlich sind. Auf diese Weise benutze ich Fehler oder Laster dazu, sie für den Rest der Bürger so nützlich wie möglich zu machen. Ich habe gemeint, dies solle das Ziel jedes Gesetzgebers sein, und so richte ich mich danach.

Was die Arbeiter betrifft, die in den Manufakturen beschäftigt sind und keine Zeit zur Bestellung ihrer Ländereien haben, so ernähren sie sich vom Ertrag ihrer Produkte. Wer Stoff für ein Kleidungsstück braucht, bringt das auf seinem Grundstück geerntete Rohprodukt dem Manufakturarbeiter, der es verarbeitet, dem Besitzer zurückgibt und zum Ausgleich eine bestimmte Quantität an Früchten oder Gemüsen erhält, die vorgeschrieben und für seine Ernährung mehr als ausreichend ist.«

Nun mußte ich mir noch einige Kenntnisse über die Art verschaffen, in der Streitfälle zwischen den Bürgern ausgetragen wurden. Welche Vorkehrungsmaßnahmen man auch getroffen hatte, um ihre Entstehung zu verhindern, so war es doch unvermeidlich, daß immer einige im Gange waren.

»Alle Vergehen«, erklärte mir Zamé, »beschränken sich bei uns auf drei oder vier; darunter ist das Hauptvergehen ein Mangel an Sorgfalt in der Verwaltung der anvertrauten Güter. Die Strafe besteht, wie ich schon sagte, darin, daß man auf ein weniger großes und schwerer zu bestellendes Grundstück versetzt wird. Ich habe Ihnen klar gemacht, daß

die Staatsverfassung Diebstahl, Vergewaltigung und Inzest völlig ausgerottet hat; sie sind bei uns unbekannt. Der Ehebruch ist in unserem Lande sehr selten: ich habe Ihnen geschildert, mit welchen Mitteln ich ihn eindämme; sie haben die Wirkung eines dieser Mittel kennengelernt. Die Päderastie haben wir beseitigt, indem wir sie lächerlich machten; wenn die Schande, mit der man diejenigen bedeckt, die ihr frönen, nicht ausreicht, um sie auf den rechten Weg zu bringen, so verwendet man sie auf nützliche Weise; die Bürde der härtesten Arbeit der Junggesellen fällt auf sie; so werden sie demaskiert und gebessert, ohne daß man sie einzusperren oder zu braten brauchte, was sinnlos und barbarisch ist und noch nie einen einzigen von ihnen gebessert hat.
Die übrigen Streitfälle, die unter den Bürgern aufkommen können, haben mithin als einzige Ursache Mißstimmung, die in den Hausständen aufkommen kann, und die Möglichkeit der Scheidung schränkt sie stark ein: sobald bewiesen ist, daß man nicht mehr zusammenleben kann, trennt man sich. Jeder ist sicher, außerhalb seines Hauses ein gesichertes Auskommen und eine neue Ehe zu finden, wenn er sie wünscht, und deshalb spielt sich alles auf gütliche Weise ab. Dies alles verhindert freilich nicht kleinere Streitigkeiten; sie kommen vor. Acht Greise helfen mir regelmäßig bei der Aufgabe, sie zu untersuchen; sie versammeln sich dreimal wöchentlich bei mir: wir besprechen die laufenden Fälle, entscheiden sie unter uns, und der Beschluß wird im Namen des Staates ausgesprochen. Wird Berufung eingelegt, so überprüfen wir sie zweimal; beim dritten Mal ist keine weitere Berufung möglich, und der Staat verpflichtet sie, das Urteil anzunehmen. Denn der Staat ist hier alles; er ernährt den Bürger, erzieht seine Kinder, pflegt ihn, sitzt über ihn zu Gericht, verurteilt ihn, und ich bin in diesem Staat nichts anderes als sein erster Bürger.
In keinem Fall sprechen wir die Todesstrafe aus. Ich habe Ihnen dargelegt, wie der Mord behandelt wird, das einzige Verbrechen, das der Todesstrafe würdig erscheinen könnte.

Wir überantworten den Schuldigen der Gerechtigkeit des Himmels; er allein verfügt über ihn nach Belieben. Unter der Regierung meines Vaters und meiner eigenen sind nur zwei solcher Fälle vorgefallen. Diese von Natur aus sanfte Nation liebt kein Blutvergießen.«

Über unserer Unterhaltung war die Stunde des Mittagessens herangerückt, und so kehrten wir heim.

»Ihr Schiff ist bereit«, sagte Zamé zu mir, als er von der Tafel aufstand, »die Reparaturen sind abgeschlossen, und ich habe es mit allen Erfrischungen versorgen lassen, die unsere Insel bieten kann. Ich habe Sie um 14 Tage gebeten, mein Freund«, setzte der Philosoph hinzu, »erst fünf davon sind abgelaufen. Ich möchte, daß Sie sich während der verbleibenden zehn Tage genauer auf der Insel umsehen; leider gestatten mir mein Alter und meine Geschäfte nicht, Sie zu begleiten ... Mein Sohn wird mich vertreten; er wird Ihnen meine Maßnahmen erläutern und Ihnen von allen Rechenschaft geben wie ich selber.«

»Großzügiger Mann«, gab ich zur Antwort, »die größte Verbindlichkeit, für die ich Ihnen zu danken habe, ist gewiß die Erlaubnis, die Sie mir gewähren wollen; jede Gelegenheit, Sie bewundern zu können, ist mir so willkommen, daß ich Ihr Angebot als besonderen Genuß betrachte.«

Zamé schloß mich gerührt in die Arme.

Durch die glänzendsten Tugenden hindurch bricht sich das Menschliche Bahn; ein Mann, der Gutes getan hat, möchte gelobt werden; vielleicht würde er weniger Gutes vollbringen, wenn er dieses Lobes nicht sicher wäre.

Am folgenden Tage brachen wir in der Frühe auf: Oraï, sein Bruder, einer meiner Offiziere und ich. Diese entzückende Insel wird von angenehmen Kanälen durchzogen, deren Ufer Palmen und Kokosbäume beschatten; wie in Holland reist man von einer Stadt zur anderen in reizenden Pirogen, die etwa zwei Meilen in der Stunde zurücklegen. Einige Pirogen gehören dem Staat; sie werden von Junggesellen gerudert;

andere gehören den Familien; sie lenken sie selbst; zu ihrer Steuerung ist nur ein Mann nötig. Auf diese Weise durchfuhren wir die übrigen Städte Tamoés; sie sind alle annähernd so groß und volkreich wie die Hauptstadt und alle im gleichen Geschmack erbaut; in ihrem Mittelpunkt liegt ein öffentlicher Platz, der, anders als in der Hauptstadt, mit zwei Erziehungsheimen geschmückt ist.
Die Vorratshäuser liegen am äußersten Ende der Städte, symmetrisch zu einem anderen großen Gebäude, das dem Überschuß an Greisen als Zufluchtsstätte dient, den Zamé in seiner Stadt neben seinem Palast unterbringt. Die übrigen Alten sind wie in der Hauptstadt in den hoch gelegenen Zimmern der Kinderheime untergebracht, in deren jedem sich dreißig oder vierzig Wohnungen befinden. Die Unverheirateten und die Verstoßenen beider Geschlechter bewohnen überall, wie in der Hauptstadt, ein eigenes Viertel, in dessen Umgebung die kleinen Besitzungen liegen, die zu ihrem Unterhalt ausreichen; auch sie werden in die Altersheime aufgenommen, sobald sie nicht mehr imstande sind, ihre Ländereien selbst zu bestellen.
Überall gewahrte ich ein arbeitsames, sanftes, nüchternes, gesundes, gastfreies, Ackerbau treibendes Volk; überall gewahrte ich reiche und fruchtbare Besitzungen, nirgends das Bild der Faulheit oder des Elends, überall den mildesten Einfluß einer weisen, gemäßigten Regierung.
Auf der ganzen Insel gibt es keinen Marktflecken, kein Dörfchen und kein einzelnstehendes Haus. Zamé wollte alle Besitzungen einer Provinz im gleichen Stadtumkreis versammelt sehen, damit das wachsame Auge des Stadtkommandanten ohne Mühe alle Untertanen der Gegend überblicken könnte.
Der Kommandant ist ein Greis, der für seine Stadt verantwortlich ist. In allen Städten vertritt ein solcher Offizier das Staatsoberhaupt, und zu seinem Beistand hat er zwei andere Greise, darunter stets einen, der aus dem Kreis der Unverheirateten gewählt wird; es liegt in der Absicht der Regierung,

daß man diese Menschenklasse nicht als minderwertig ansieht, sondern als Leute, die der Gesellschaft zwar nicht auf die eine, wohl aber auf die andere Weise nützlich sind.
»Sie sind ein fester Bestandteil des Staates«, erklärte mir Oraï, »sie sind seine Mitglieder wie alle übrigen, und mein Vater wünscht, daß sie an der Verwaltung teilhaben.«
»Wie aber«, fragte ich den jungen Mann, »wenn der Unverheiratete wegen eines Lasters unvermählt geblieben ist?«
»Wenn diese Laster allgemein bekannt sind«, erwiderte mir Oraï, »denn nur dann schreiten wir gegen sie ein, so wird der Schuldige gewiß nicht zur Leitung einer Stadt ausgewählt. Ist er aber aus legitimen Gründen Junggeselle, so wird er weder von der Verwaltung noch von der Leitung der Schulen ausgeschlossen. Die Stadtkommandanten wechseln alljährlich, sie entscheiden die leichten Angelegenheiten und verweisen die übrigen an das Staatsoberhaupt, dem sie täglich schreiben.«
Wie in der Hauptstadt, herrscht in all diesen Städten die genaueste Ordnung, ohne daß zu ihrer Aufrechterhaltung eine Menge von Schurken nötig wäre, die hundertfach verdorbener sind als diejenigen, die sie in Schranken halten und, statt die Wirkung des Lasters zu hemmen, seine Ansteckungskraft vervielfachen.*

* Man fragte Monsieur *Bertin*, warum er so viele üble Subjekte bei der Pariser Polizei benötige. – »Zeigen Sie mir«, erwiderte er, »einen anständigen Menschen, der dieses Metier ausüben möchte.« – Schön und gut, aber ein Ehrenmann nimmt sich die Freiheit, darauf zu antworten:
1. ob es wirklich notwendig ist, die eine Hälfte der Bürger zu verderben, um die andere in Ordnung zu halten;
2. ob wirklich feststeht, daß man nur zum Guten gelangen kann, indem man das Böse tut;
3. was Staat und Tugend dabei gewinnen, wenn man die Zahl der Schurken vervielfacht, obwohl die Anzahl der Bekehrungen gering bleibt;
4. ob nicht zu fürchten steht, daß der vergiftete Volksteil den anderen ebenfalls verdirbt, statt ihn auf den rechten Weg zu bringen;
5. ob die Mittel, die diese Schändlichen ergreifen, um der Unschuld Fallstricke zu legen, indem sie sie mit dem Verbrechen verwirren, um sie besser durchschauen zu können, ob diese Mittel, sage ich, nicht gefährlich sind,

Die Einwohner sind immerfort zur Arbeit gezwungen, um leben zu können, und überlassen sich daher nicht den Ausschweifungen, zu denen Luxus und Müßiggang in euren europäischen Städten führen. Sie gehen früh zu Bett, um bei Anbruch des nächsten Tages mit der Bestellung ihrer Grundstücke beginnen zu können.

Wenn die Jahreszeit keine landwirtschaftlichen Arbeiten von ihnen verlangt, halten unschuldige Vergnügungen sie in ihren Heimstätten zurück. Die Ehepaare kommen zusammen; sie tanzen, musizieren ein wenig, unterhalten sich über ihre Angelegenheiten, verehren die Tugend, spornen einander an zu dem Kult, den sie ihr schuldig sind, verherrlichen den Ewigen, segnen ihre Regierung und sind glücklich.

Während der Zeit der Regenfälle vergnügt sie ihr Theater; überall gibt es, wie in der Hauptstadt, unter den Vorratsräumen einen Saal, in dem sie sich diesem Genuß hingeben. Greise verfassen die Dramen und sorgen dafür, daß sie stets eine für das Volk nützliche Lektion enthalten; selten verlassen die Besucher den Theatersaal, ohne sich als anständigere Menschen zu fühlen.

Nichts erinnerte mich mehr an das goldene Zeitalter als die sanften, reinen Sitten dieses guten Volkes.

Jedes dieser bezaubernden Häuser erschien mir wie der Tempel der Asträa. Meine Lobsprüche nach meiner Rückkehr waren die Frucht der Begeisterung, in die mich diese köstliche Reise versetzt hatte. Ich versicherte Zamé, daß ich ihn, wenn

weil die Unschuld erst durch diese Leute verdorben wird; alle Verbrechen, in die sie später verstrickt werden, haben sich in dieser Schule gebildet und sind nur das Werk dieser Verführer. Ist es statthaft, zu verderben und zu verführen, um zu bessern oder zu strafen?

6. schließlich, ob nicht vonseiten derjenigen, die darüber befinden, ein machtvolles Interesse daran besteht, den König und die Nation von der Notwendigkeit zu überzeugen, daß eine Million verausgabt wird, um hunderttausend Schufte zu dingen, die nur Strick und Galeere verdienen.

Bis diese Fragen gelöst sind, wird es erlaubt bleiben, an der Vorzüglichkeit der französischen Polizei des alten Regimes Zweifel zu hegen.

mich nicht die glühende Leidenschaft zu Leonore verzehrte, nur um die Gnade ersucht haben würde, meine Tage bei ihm beschließen zu können.
Nun erkundigte er sich nach der Ursache meiner Verwirrung und meiner Reisen. Ich erzählte ihm meine Geschichte, beschwor ihn, mir seinen Rat zu leihen, und versicherte ihm, ich würde mein ferneres Lebensschicksal nur nach seinen Vorschlägen regeln wollen. Der wackere Mann beklagte mein Mißgeschick; er nahm das Interesse eines Vaters an ihm, erteilte mir vorzügliche Lektionen betreffs der Verirrungen, in die mich eine Leidenschaft zog, die ich nicht mehr beherrschen konnte, und verlangte schließlich meine Rückkehr nach Frankreich.
»Ihre Nachforschungen sind mühsam und unfruchtbar«, sagte er zu mir, »bei den Auskünften, die man Ihnen gab, hat man Sie täuschen können. Aber selbst wenn diese Informationen wahr wären, welche Aussicht haben Sie, einen einzigen Menschen unter hundert Millionen wiederzufinden, wie Sie es vorhaben? ... Sie büßen dabei Vermögen und Gesundheit ein und werden doch nicht zum Erfolg gelangen. Leonore wird, weniger leichtsinnig als Sie, eine weit einfachere Überlegung als Sie angestellt haben. Sie wird Ihr Vaterland als den natürlichsten Treffpunkt angesehen haben. Seien Sie gewiß, sie ist dorthin zurückgekehrt und Sie können nur in Frankreich darauf hoffen, sie eines Tages wiederzufinden.«
Ich fügte mich seinem Rat ... Ich warf mich zu den Füßen des göttlichen Mannes nieder und schwor ihm, seinen Rat zu befolgen.
»Komm, mein Sohn«, sagte er und schloß mich gerührt in seine Arme, »bevor du uns verläßt, will ich dir einen letzten Genuß verschaffen. Folge mir!«
Zamé wollte mir das Schauspiel einer Seeschlacht bieten. Auf einem Thron auf einer Felsenspitze mitten im Meer saß die schöne Zelia in prächtiger Kleidung; ein Gefolge von mehreren Frauen umgab sie; hundert Pirogen, jede mit vier Rude-

rern bemannt, verteidigten sie; hundert andere mit der gleichen Bemannung waren zu ihrer Entführung aufgestellt. Oraï befehligte den Angriff, sein Bruder die Verteidigung. Auf ein gegebenes Zeichen zerschneiden alle Barken die Wellen, teilen sich, greifen an und stoßen einander mit ebensoviel Mut wie Leichtigkeit zurück. Mehrere Ruderer werden aus dem Boot geschleudert, einige Pirogen kentern; schließlich weichen die Verteidiger, Oraï triumphiert, mit Blitzesgeschwindigkeit schwingt er sich auf den Felsen, ergreift seine bezaubernde Gattin, entführt sie, stürzt mit ihr in ein Kanu und kehrt unter dem Geleit der Kämpfer, beim Getöse ihres Beifalls und ihrer Freudenschreie, zum Hafen zurück.

»Er hat seine Frau seit zehn Tagen nicht mehr gesehen«, erläuterte mir der gute Zamé; »durch dieses kleine Fest sporne ich das Vergnügen des Wiedersehens an ... Vielleicht werde ich bald Großvater.«

»Was wollen Sie damit sagen?«, fragte ich ihn.

»Ach«, erwiderte der Greis mit Tränen in den Augen, »Sie sehen selbst, wie hübsch sie ist, und doch verhält er sich gänzlich gleichgültig gegen sie ... Er wollte nicht heiraten.«

»Und Sie hoffen? ...«

»Jawohl«, versetzte Zamé lebhaft, »ich wende das Verfahren Lykurgs an; durch Schwierigkeiten reizt man, man hilft der Natur und zwingt sie, Begierden einzuflößen, die ohne dieses Mittel nie entstanden wären. Dieses Verfahren ist sicher: Sie haben gesehen, wie er voller Glut zu ihr fuhr. Wenn er es nicht geschafft haben würde, hätte er sie zwei Monate lang nicht zu Gesichte bekommen, und wenn dieser erste Sieg nicht den zweiten herbeiführt, werde ich ihm die Möglichkeit, sie zu sehen, so erschweren, seine Begierden durch Kämpfe und anhaltende Widerstände so sehr entflammen, daß er sich gegen seinen Willen in sie verliebt ...«

»Aber, Zamé, vielleicht hat ein anderer ...«

»O nein; glaubst du, ich hätte sie ihm gegeben, wenn dem wirklich so wäre? Unwiderstehliche Abneigung gegen die Ehe ...

vielleicht andere Neigungen ... Kennst du die Natur nicht? Kennst du nicht ihre Launen und Sprunghaftigkeiten? Doch er wird sich davon erholen: der erste Widerstand ist schon gebrochen; es geht nur noch darum, die Richtung seiner Neigungen zu verbessern, und meine Mittel bürgen mir für den Erfolg.«

So wirkte dieser Philosoph in seiner Nation wie in seiner Familie nur auf die Seele ein, so gelang es ihm, seine Mitbürger zu läutern, selbst ihre Fehler zum Nutzen der Gesellschaft zu verwenden und ihnen gegen ihren Willen Geschmack an der Schicklichkeit beizubringen, welche Anlagen sie auch haben mochten. Besser gesagt, so ließ er aus dem Schoß des Bösen das Gute hervorwachsen und allmählich und ohne Strafen die Tugend triumphieren, indem er nur die Triebkräfte des Ruhmes und der Empfindlichkeit in Anspruch nahm.

»Wir müssen uns trennen, mein Freund«, sagte Zamé am nächsten Tag, als er mich zu meinem Schiff begleitete. »Ich sage es dir, damit du es mir nicht zu sagen brauchst.«

»Ehrwürdiger Greis, welch ein schrecklicher Augenblick! ... Sie haben Gefühle geweckt, die diesen Gedanken schwer erträglich machen.«

»Du wirst dich an mich erinnern«, sagte der wackere Mann und zog mich an seine Brust. »Du wirst noch manches Mal daran denken, daß du am anderen Ende der Erde einen Freund besitzt ... Dann wirst du dir sagen: Ich habe ein sanftes, empfindsames Volk gesehen, *tugendhaft ohne Gesetze, fromm ohne Religion:* es wird von einem Manne geleitet, der mich liebt, und ich kann dort zu allen Zeiten meines Lebens eine Zuflucht finden.«

Ich umarmte den ehrwürdigen Freund; es war mir unmöglich, mich aus seinen Armen zu reißen.

»Höre!«, sprach Zamé zu mir in gerührter Begeisterung, »du bist gewiß der letzte Franzose, den ich in meinem Leben zu Gesichte bekomme ... Sainville! Ich hänge noch immer an der Nation, die mir das Leben geschenkt hat ... Mein Freund, so

vernimm ein Geheimnis, das ich dir erst im Augenblick unserer Trennung enthüllen wollte: mein tiefes Studium aller Regierungsformen der Erde und besonders der eurigen hat mir fast die Gabe der Prophezeiung vermittelt. Wenn man ein Volk untersucht und mit Sorgfalt seine Geschichte verfolgt, seit es auf dem Erdball eine Rolle spielt, kann man leicht voraussehen, was ihm bevorsteht.
Sainville! In deinem Vaterland steht eine große Revolution vor der Tür. Die Verbrechen eurer Herrscher, ihre grausamen Übergriffe, ihre Ausschweifungen und ihre Unfähigkeit haben das Land erschöpft; Frankreich ist des Despotismus müde, bald wird es seine Fesseln zerbrechen. Wieder frei geworden, wird dieser stolze Teil Europas alle Völker mit seinem Bündnis ehren, die die gleiche Regierungsform haben.
Mein Freund, die Geschichte der Könige von Tamoé wird kurz sein ... Mein Sohn wird mir nie nachfolgen; diese Nation bedarf keiner Könige mehr; ihr Könige zumuten, hieße sie in Ketten legen. Sie brauchte einen Gesetzgeber, meine Pflichten sind erfüllt. Bei meinem Tode werden die Bewohner dieser glücklichen Insel die Annehmlichkeiten einer republikanischen Regierung genießen. Darauf bereite ich sie vor. Was ihnen die Tugenden meines Vaters bestimmten, denen ich nachzueifern versuchte, bestimmen die Verbrechen und Greuel eurer Herrscher Frankreich. Wenn beide gleich und, wiewohl durch verschiedene Mittel, frei geworden sind, werden sich die Völker deines Vaterlandes und das meinige ähneln. Dann erbitte ich, Freund, deine Vermittlung bei den Franzosen für ein Bündnis, das ich herbeisehne ... Versprichst du mir, meinen Wunsch zu erfüllen?«
»Ehrwürdiger Freund, ich schwöre es Ihnen«, antwortete ich unter Tränen; »diese beiden Nationen sind einander würdig, ewige Bande müssen sie vereinen.«
»Ich sterbe zufrieden«, rief Zamé aus, »diese glückliche Hoffnung läßt mich in Frieden in die Grube fahren. Komm, mein Sohn, komm«, fuhr er fort, und zog mich zur Kapitäns-

kajüte; »komm, hier werden wir letzten Abschied voneinander nehmen.«

»O Himmel! Was muß ich sehen?«, rief ich, als ich den Tisch mit Goldbarren bedeckt fand. »Zamé, was tun Sie? ... Ihr Freund braucht nur Ihre Liebe; ihm liegt nur daran, ihrer wert zu werden.«

»Kannst du mich hindern, dir Erde von Tamoé zu schenken?«, antwortete mir dieser so liebenswerte Sterbliche. »Es geschieht, damit du dich an ihre Erzeugnisse erinnerst.«

»Großer Mann!«, rief ich und benetzte seine Knie mit meinen Tränen. Ich stürzte zu seinen Füßen nieder und beschwor ihn, sein Gold zurückzunehmen und mir nur sein Herz zu lassen.

»Du behältst das eine wie das andere«, fuhr Zamé fort und schlang seine Arme um meinen Hals. »An meiner Stelle hättest du genauso gehandelt ... Ich muß dich verlassen ... Meine Seele bricht, wie die deinige. Es ist ungewiß, mein Freund, ob wir uns je wiedersehen, aber es ist sicher, daß wir uns immer lieben werden. Lebe wohl!«

Bei diesen letzten Worten geht Zamé von dannen, verschwindet, gibt selbst das Signal zur Abfahrt und läßt mich tränenüberströmt zurück, überwältigt von allen Gefühlen einer Seele, die Schmerz und tiefste Bewunderung zugleich erfüllen.*

* Der ruhige Augenblick, in dem sich der Leser jetzt befindet, erlaubt uns, ihm Gedanken nahezubringen, mit denen wir ihn nicht unterbrechen wollten.

Man hat uns vorgeworfen, das eben beschriebene Volk besitze ein nur eingebildetes Glück; im Grunde sei es versklavt, denn es habe kein Eigentum. Dieser Einwand erscheint uns falsch: ebensogut könnte man sagen, der Familienvater, Eigentümer eines austauschbaren Vermögens, sei ein Sklave, weil er nur der Nutznießer seines Besitzes ist und die Kapitalien seinen Kindern gehören. Man nennt denjenigen einen Sklaven, der von einem Gebieter abhängt, der alles besitzt und dem Dienstmann nur das zur Verfügung stellt, was knapp für seinen Unterhalt ausreicht. Aber auf Tamoé gibt es keinen anderen Gebieter als den Staat, das Oberhaupt hängt

Ich hatte die Absicht, Zamés Rat zu befolgen; wir schlugen unseren früheren Kurs ein; der Wind war meinen Absichten günstig, und so verloren wir Tamoé bald außer Sicht.

von ihm ebenso ab wie alle übrigen; dem Staat, nicht dem Oberhaupt gehören alle Güter.

»Aber der Bürger«, fährt man fort, »kann weder verkaufen noch hinzuerwerben.«

»Nun denn, hat er eines von beiden nötig? Man kauft oder erwirbt, um leben zu können oder sich Abwechslung zu verschaffen; wenn aber hier beides als nutzlos gilt, wie sollte der Bedauern empfinden, der es nicht tun kann? Sklave ist man nicht, wenn man etwas Nutzloses nicht tun kann; Sklave ist man nur, wenn man etwas Nützliches oder Angenehmes nicht unternehmen kann. Wozu sollte man auf Tamoé verkaufen oder kaufen, da jeder das Lebensnotwendige besitzt und das alles ist, was man zu seinem Glücke braucht?«

»Aber man kann seinen Kindern nichts hinterlassen.«

»Was braucht ihr ihnen zu hinterlassen, wenn der Staat für ihr Auskommen sorgt und ihnen ein Glück verschafft, das dem eurigen gleich ist? Gewiß beglückt es die Gatten, daß sie genau wissen, ihre Nachkommenschaft wird ebenso glücklich sein wie sie, ihnen nie zur Last fallen und nie ihren Tod herbeiwünschen, um ebenso reich zu werden wie sie. Nein, dieses Volk ist gewiß nicht versklavt; es ist das glücklichste, reichste und freieste Volk der Erde, da es immer seines Auskommens sicher ist, was bei keiner anderen Nation der Fall ist. Mithin ist es glücklicher als irgendeine andere Nation, die man mit ihm vergleichen könnte. Eher könnte man sagen, der Staat mache sich freiwillig zum Sklaven, um seinen Gliedern die größte Freiheit zu gewährleisten; in diesem Fall ist er das schönste denkbare Modell einer Regierungsform.«

Rede zu Ehren von Marat und Le Pelletier, gehalten auf dem von der »Section des Piques« angeordneten Fest von Sade, Bürger der Section und Mitglied der »Société populaire«

1792

Mitbürger,
die teuerste Pflicht wahrhaft republikanischer Herzen ist die Dankbarkeit gegen die großen Männer; aus diesem geheiligten Akt erwachsen alle für die Fortdauer und den Ruhm eines Staates notwendigen Tugenden. Die Menschen lieben das Lob, und eine Nation, die es dem Verdienst nicht verweigert, wird in ihrem Schoß immer Menschen finden, die darauf brennen, sich seiner würdig zu erweisen. Die Römer geizten zu sehr mit diesem edlen Tribut und forderten durch ein strenges Gesetz einen langen Zwischenraum zwischen dem Tod eines berühmten Mannes und der Lobrede auf ihn. Ahmen wir diese Strenge nicht nach, sie würde unsere Tugenden erkalten lassen; ersticken wir nicht eine Begeisterung, deren Nachteile mäßig, deren Früchte unentbehrlich sind. Franzosen, ehrt und bewundert immerdar eure großen Männer: wenn euch die Nachwelt je eines Irrtums bezichtigen sollte, würde euch nicht eure Sensibilität zur Entschuldigung gereichen?

Marat! Le Pelletier! Die euch in diesem Augenblick feiern, sind gegen diese Furcht gefeit; die Stimme kommender Jahrhunderte wird die Huldigungen nur verstärken, die euch die junge Generation heute darbringt.

Erhabene Märtyrer der Freiheit, ihr steht schon im Tempel der Erinnerung; allzeit von den Menschen verehrt, werdet ihr über ihnen schweben, wie wohltätige Gestirne, die sie erleuchten und ihnen in gleicher Weise nützlich sind: bei den einen finden sie die Quelle aller Lebensschätze, bei den anderen das glückliche Vorbild aller Tugenden.

Befremdliche Laune des Schicksals! Als du, Marat, aus der Tiefe deiner dunklen Höhle mit glühender Vaterlandsliebe die Tyrannen bekämpftest, wies dir der Geist Frankreichs den Platz in diesem Tempel an, wo wir dich heute verehren.
Eigennutz ist, sagt man, die erste Grundlage aller menschlichen Handlungen; keine einzige, versichert man, die nicht das persönliche Interesse zum ersten Beweggrund hätte, und gestützt auf diese grausame Meinung, lösen die schlimmen Verleumder aller edlen Dinge das Verdienst in nichts auf. Marat! wie sehr entfernen dich deine edlen Taten von diesem allgemeinen Gesetz! War es Eigennutz, der dich vom menschlichen Umgang absonderte, aller Annehmlichkeiten des Lebens beraubte und schon bei Lebzeiten in eine Art von Grab verbannte? War es nicht vielmehr der Wunsch, deine Mitmenschen aufzuklären und das Glück deiner Brüder zu sichern? Wer gab dir den Mut, allem, selbst gegen dich aufgebotenen Armeen standzuhalten? Die vollkommenste Uneigennützigkeit, die reinste Liebe zum Volk, der glühendste Bürgersinn, dessen Beispiel je sichtbar geworden ist!
Scävola, Brutus, euer einziges Verdienst bestand darin, daß ihr für einen Augenblick zur Waffe griffet, um den Lebensfaden zweier Despoten abzuschneiden; euer Patriotismus hat höchstens für eine Stunde geglänzt. Du aber, Marat, durchliefst die Laufbahn des freien Mannes auf einem schwierigeren Wege! Wie viele Dornen hinderten deinen Weg, bevor du zum Ziel gelangtest! Mitten unter Tyrannen sprachst du uns von Freiheit; als wir für den geheiligten Namen dieser Göttin noch nicht recht geschaffen waren, verehrtest du sie, bevor wir sie kennenlernten; die Dolche Macchiavells schwebten von allen Seiten über deinem Haupt, doch deine erhabene Stirn blieb ungerührt. Scävola und Brutus bedrohten ihre Tyrannen: deine weit größere Seele wollte alle Tyrannen, die der Erde zur Last fallen, auf einmal opfern, und Sklaven klagten dich an, du liebtest das Blutvergießen! Großer Mann, du wolltest nur Sklavenblut vergießen, mit ihm gingst du ver-

schwenderisch um, weil du das Blut des Volkes schonen wolltest. Bei so vielen Feinden, mußtest du nicht unterliegen? Du bezeichnetest die Verräter, darum erschlug dich der Verrat. Schüchternes, sanftes Geschlecht, wie konnten deine zarten Hände den Dolch ergreifen, den die Verführung zuschliff? ... Ach, dein Eifer, Blumen auf das Grab dieses wahren Volksfreundes zu streuen, läßt uns vergessen, daß die Untat bei dir einen Arm finden konnte. Die barbarische Mörderin Marats ähnelt den Mischwesen, denen man kein Geschlecht zuschreiben kann, wurde zur Verzweiflung beider Geschlechter aus der Hölle ausgespien und gehört keinem an. Für immer verhülle ein Leichenschleier ihr Andenken; vor allem wage man fortan nicht mehr, uns, wie es bisher geschah, ihr Bildnis im Zauberschmuck der Schönheit vorzuführen! Leichtgläubige Künstler, zerbrecht, verheert, entstellt die Züge dieses Scheusals oder zeigt es unseren empörten Augen nur unter den Furien des Tartarus!

Sanfte, empfindsame Seelen! Le Pelletier, deine Tugenden mögen auf Augenblicke unsere Gedanken aufhellen, die der Anblick dieses Schreckensbildes verdunkelt hat. Wenn man deine glücklichen Leitgedanken zur Nationalerziehung befolgt, so werden eines Tages die Verbrechen, die wir beklagen, nicht mehr unsere Geschichte beflecken. Freund der Kinder und der Menschen, wie gern verfolge ich die Zeiten, wo du dein politisches Leben gänzlich der erhabenen Tätigkeit eines Volksvertreters weihtest! Deine ersten Ansichten zielten darauf ab, uns die kostbare Pressefreiheit zu sichern, ohne die es künftig keine Freiheit auf Erden gibt; du verachtetest den falschen Glanz des Ranges, auf den dich sinnlose, wahnhafte Vorurteile damals erhoben, und glaubtest und schriebst: wenn es Unterschiede zwischen den Menschen geben sollte, stehe es nur den Tugenden und Talenten zu, sie aufzurichten.

Als strenger Feind der Tyrannen stimmtest du mutig für den Tod des Mannes, der den Tod eines ganzen Volkes geplant hatte: ein Fanatiker durchbohrte dich, sein Mörderschwert zerriß unsere Herzen. Wir wurden durch seine Gewissensbisse gerächt: er wurde zu seinem eigenen Henker; aber das war nicht genug. Frevler! Warum können wir nicht dein Andenken auslöschen? Dein Urteil steht im Herzen aller Franzosen geschrieben. Mitbürger, wenn es Menschen unter euch geben sollte, die noch nicht stark genug von den Gefühlen durchdrungen sind, die die Vaterlandsliebe solchen Freiheitsfreunden schuldet, so mögen sie einen Augenblick Le Pelletiers letzte Worte betrachten; von Liebe und Verehrung erfüllt, werden sie dann stärker denn je Haß gegen das Andenken des Vatermörders empfinden, der ein so edles Leben vernichten konnte.

Einzige Göttin der Franzosen, heilige, göttliche Freiheit, erlaube uns, zu Füßen deiner Altäre Tränen zu vergießen über den Verlust deiner beiden treuesten Freunde, laß uns Zypressenzweige in die Girlanden aus Eichenlaub flechten, mit denen wir dich umkränzen. Diese bitteren Tränen reinigen deinen Weihrauch, sie löschen ihn nicht aus; sie sind eine Huldigung mehr, die unsere Herzen dir darbringen ... Ach, keine weiteren Tränen mehr, Mitbürger! Sie atmen noch, die berühmten Männer, die wir beweinen, unsere Vaterlandsliebe ruft sie ins Leben zurück; ich sehe sie in unserer Mitte ... ich sehe sie lächeln bei der Verehrung, die unser Bürgersinn ihnen erweist. Ich höre, wie sie uns das Morgenrot der heiteren, ruhigen Tage verkünden, in denen Paris, prächtiger als das alte Rom, die Zufluchtsstätte der Talente, der Schrecken der Despoten, der Tempel der Künste, das Vaterland aller freien Menschen sein wird. Von einem Ende der Welt zum anderen werden sich alle Nationen um die Ehre streiten, mit dem französischen Volk verbündet zu sein; statt dem Ausländer frivolerweise unsere Kleidung und unsere Moden anzubieten, werden wir der erstaunten Welt Gesetze, Tugenden und Männer schenken; und wenn die erschütterten Welten je den gebieterischen Gesetzen, die sie bewegen, nachgeben und zusammenstürzen sollten, so wird die unsterbliche Göttin, der wir Weihrauch streuen, eifersüchtig darauf bedacht, den künftigen Rassen das Volk des Erdballs zu zeigen, das ihr am besten gedient hätte, die neugeschaffenen Menschen auf Frankreich verweisen.

Franzosen, noch eine Anstrengung, wenn ihr Republikaner bleiben wollt
1795

Die Religion

Ich habe große Gedanken anzubieten: sie werden Gehör finden, es wird über sie nachgedacht werden; auch wenn nicht alle Zustimmung finden sollten, werden doch mindestens einige davon bestehenbleiben; ich werde etwas zum Fortschritt der Aufklärung beigesteuert haben, und das stimmt mich zufrieden. Ich will nicht verhehlen, daß ich mit Bekümmerung die Langsamkeit gewahre, mit der wir ans Ziel zu gelangen suchen; es beunruhigt mich zu bemerken, daß wir drauf und dran sind, es noch einmal zu verfehlen. Glaubt man ernstlich, dieses Ziel werde erreicht sein, wenn man uns Gesetze gegeben hat? Das soll niemand sich einbilden. Was sollten wir mit Gesetzen – ohne Religion – anfangen? Wir brauchen einen Kultus, einen Kultus für echte Republikaner, die weit davon entfernt sind, den römisch-katholischen je wiederaufnehmen zu können. In einem Jahrhundert, in dem wir überzeugter denn je sind, daß sich die Religion auf die Sittenlehre stützen muß, nicht die Sittenlehre auf die Religion, bedarf es einer Religion, die auf die Sitten einwirkt, gleichsam deren Weiterführung und notwendige Folge darstellt, die Seele erhebt und sie dabei stets auf der Höhe der köstlichen Freiheit hält, die sie sich jetzt zu ihrem einzigen Idol erkoren hat. Ich frage nun, ob man ernstlich meinen kann, die Religion eines Sklaven von Titus, eines elenden Marktschreiers aus Judäa könne einer freien, kriegerischen Nation zu Gesichte stehen, die sich soeben erneuert hat? Nein, meine Landsleute, nein, das könnt ihr nicht meinen. Wenn sich der Franzose zu seinem Unglück in die Finsternisse des Christentums eingraben sollte, würden zum einen Stolz,

Tyrannei, Despotismus der Priester, ständig wiederkehrende Laster dieser unsauberen Horde, zum anderen Plattheit, Engstirnigkeit, Banalität der Dogmen und Mysterien dieser unwürdigen, märchenhaften Religion den Stolz der Republikanerseele bald abstumpfen und sie unter das Joch zurückführen, das ihre Energie eben erst zerbrochen hat.
Vergessen wir nicht, daß diese puerile Religion eine der besten Waffen in den Händen unserer Tyrannen war: einer ihrer ersten Leitsätze lautete, *dem Cäsar zu geben, was dem Cäsar gebührt;* wir aber haben Cäsar entthront und wollen ihm nichts mehr geben. Franzosen, vergeblich wiegt ihr euch in der Hoffnung, die Gesinnung des unter Schwur genommenen Klerus würde von der des widerspenstigen Klerus abweichen; es gibt standesgebundene Laster, die unverbesserlich sind. Vor Ablauf der nächsten zehn Jahre würden eure Priester mit Hilfe der christlichen Religion, ihres Aberglaubens und ihrer Vorurteile, trotz ihrem Schwur und trotz ihrer Armut, ihre alte Herrschaft über die Seelen zurückgewinnen; sie würden euch an die Kette von Königen legen, weil deren Macht stets die ihrige stützte, und euer republikanisches Gebäude würde in Ermangelung eines festen Fundamentes zusammenstürzen.
Die ihr die Sichel in euren Händen haltet, versetzt dem Stamm des Aberglaubens den letzten Streich; beschränkt euch nicht darauf, das Astwerk zu lichten: entwurzelt die Pflanze, von der so ansteckende Wirkungen ausgehen; seid überzeugt davon, daß euer System von Freiheit und Gleichheit den Dienern der Altäre Christi zu offenkundig zuwider ist als daß es je einen einzigen geben könnte, der es gutwillig annehmen oder nicht zu erschüttern versuchen würde, wenn es ihm gelänge, einen Teil seiner Herrschaft über die Gewissen zurückzugewinnen. Welcher Priester würde nicht, wenn er seinen jetzigen eingeschränkten Zustand mit dem früheren vergleicht, alles daransetzen, um das Vertrauen und die Autorität wiederzuerlangen, die ihm entrissen worden sind? Wie viele schwache, kleinmütige Geschöpfe werden nicht alsbald zu

Sklaven des ehrgeizigen Tonsurträgers werden! Warum will man nicht einsehen, daß die Mißstände der Vergangenheit noch einmal wiederkehren können? Waren die Priester nicht in der Frühzeit der christlichen Kirche eben dasselbe wie heute? Ihr seht, wozu sie gediehen sind: wer aber hat sie so weit gebracht? Waren es nicht die Mittel, die ihnen die Religion zur Verfügung stellte? Wohlan denn, wenn ihr diese Religion nicht gänzlich verbietet, werden ihre Verkünder, da ihnen noch immer die gleichen Mittel zu Gebote stehen, bald zum gleichen Ziel gelangt sein.

Vernichtet daher all das für immer, was eines Tages euer Werk zerstören könnte. Bedenkt, da die Frucht eurer Mühsal ohnehin erst euren Enkeln winkt, daß es eure Pflicht, eure Rechtschaffenheit erfordert, ihnen keinen der gefährlichen Keime zu hinterlassen, die sie in das Chaos zurückstoßen könnten, dem wir uns so mühevoll entwinden. Schon lichten sich unsere Vorurteile, schon schwört das Volk den katholischen Ungereimtheiten ab; schon hat es die Tempel abgeschafft, die Götzenbilder mit Füßen getreten und ist übereingekommen, daß die Heirat nichts anderes als ein bürgerlicher Akt sei; die zerbrochenen Beichtstühle werden verfeuert; die angeblichen Gläubigen desertieren vom apostolischen Gastmahl und überlassen die Götter aus Mehl den Mäusen. Franzosen, bleibt dabei nicht stehen: ganz Europa hat schon die eine Hand an der Binde, die seine Augen fesselt, und erwartet von euch die Anstrengung, die sie von seiner Stirn reißen soll. Eile tut not: laßt dem *heiligen Rom,* das sich allerseits rührt, eure Kräfte zu unterdrücken, nicht die Zeit, sich doch noch einige Proselyten zu bewahren. Schlagt ihm schonungslos auf das hochfahrende, zitternde Haupt; möge, ehe zwei Monate vergangen sind, der Freiheitsbaum die Trümmer der Kanzel des Petersdoms überschatten und mit dem Gewicht seiner siegreichen Zweige alle verächtlichen Idole des Christentums bedecken, die sich dreist über die Asche Catos und Brutus' erhoben haben.

Franzosen, ich wiederhole, Europa will von euch gleichzeitig vom *Szepter* und vom *Weihrauchfaß* befreit werden. Bedenkt, daß ihr es unmöglich von der Tyrannei der Könige befreien könnt, wenn ihr es nicht zur gleichen Zeit die Zügel des religiösen Aberglaubens zerbrechen laßt: beide sind zu eng miteinander verkettet, als daß ihr nicht, wenn ihr eines von beiden bestehen ließet, bald wieder unter die Herrschaft dessen zurückfallen müßtet, dessen Auslöschung ihr vernachlässigt habt. Ein Republikaner darf sich weder vor den Knien eines imaginären Wesens noch vor denen eines gemeinen Betrügers beugen; seine einzigen Götter sollen *Mut* und *Freiheit* sein. Rom ging unter, sobald das Christentum in ihm gepredigt wurde; Frankreich ist verloren, wenn es ihm seine Verehrung widmet.
Man überprüfe mit Aufmerksamkeit die ungereimten Dogmen, die erschreckenden Mysterien, die ungeheuerlichen Zeremonien, die unmögliche Sittenlehre dieser abgeschmackten Religion; dann wird man sehen, ob sie zu einer Republik passen kann. Glaubt ihr im Ernst, ich würde mich von der Meinung eines Mannes beherrschen lassen, den ich zu den Füßen eines schwachsinnigen Jesus-Priesters gesehen hätte? Nein und abermals nein! Dieser von Grund auf niederträchtige Mensch wird durch die Engstirnigkeit seiner Ansichten stets an die Greuel des Ancien Régime gebunden sein; um der bloßen Tatsache willen, daß er sich den Torheiten einer Religion unterwerfen konnte, die so platt ist wie diejenige, die wir närrisch genug waren anzuerkennen, kann er mir weder Gesetze vorschreiben noch Aufklärung vermitteln; ich sehe in ihm nur den Sklaven der Vorurteile und des Aberglaubens.
Betrachten wir, um uns von dieser Wahrheit zu überzeugen, die wenigen Individuen, die dem unsinnigen Kult unserer Väter treu geblieben sind; wir werden feststellen, daß sie alle unversöhnliche Feinde der gegenwärtigen Regierungsform sind, wir werden feststellen, daß in ihrer Zahl die zu Recht verachtete Kaste der *Royalisten* und *Aristokraten* samt und

sonders enthalten ist. Mag der Sklave eines gekrönten Räubers, wenn er Lust dazu hat, zu Füßen eines Idols aus Mehl niederknien, ein solcher Gegenstand paßt zu seiner schmutzigen Seele; wer Königen dienen kann, muß auch Götter anbeten! Wir hingegen, Franzosen, wir, meine Landsleute, wir sollten noch unter derart verächtlichen Zügeln demütig kriechen? Eher tausendfach sterben als uns von neuem diesem Joch bequemen! Da wir einen Kultus für notwendig halten, laßt uns dem der Römer nacheifern: Taten, Leidenschaften und Helden, das waren seine verehrungswürdigen Gegenstände. Solche Idole erbauten die Seele und elektrisierten sie; sie leisteten noch mehr: sie übertrugen die Tugenden des verehrten Wesens auf sie. Den Anbeter Minervas verlangte es nach Klugheit. Mut lebte im Herzen dessen, den man zu Füßen des Mars erblickte. Nicht ein einziger Gott dieser großen Männer ermangelte der Energie; sie alle übertrugen das Feuer, von dem sie selber glühten, auf die Seele ihres Verehrers. Da man hoffen konnte, eines Tages selbst angebetet zu werden, strebte man danach, zu der Größe dessen zu gelangen, den man sich zum Vorbild nahm. Was aber finden wir im Gegensatz dazu bei den nichtigen Göttern des Christentums? Was bietet euch, frage ich, diese schwachsinnige Religion?* Gibt euch der seichte Betrüger von Nazareth große Gedanken ein? Kann euch seine schmutzige, abstoßende Mutter, die schamvergessene Maria, Tugenden einflößen? Findet ihr bei den Heiligen, mit denen ihr Elysium geschmückt ist, große Vorbilder für Heldentum oder Tugendhaftigkeit? So wahr ist es, daß diese törichte Religion nichts zu den großen Ideen beisteuert, daß kein Künstler ihre Attribute bei seinen

* Wenn jemand diese Religion aufmerksam untersucht, wird er finden, daß die Ruchlosigkeit, von der sie erfüllt ist, teils von der Wildheit und Unschuld der Juden, teils von der Gleichgültigkeit und Verworrenheit der Heiden herrührt. Statt sich anzueignen, was die Völker des Altertums an Gutem aufweisen mochten, scheinen die Christen ihre Religion nur aus der Vermischung der Laster gebildet zu haben, die sie überall antrafen.

Denkmälern verwenden kann; in Rom selber haben die meisten Verschönerungen oder Zierate an dem Palast der Päpste ihr Vorbild im Heidentum, und solange die Welt bestehen wird, wird sich die Begeisterung der großen Männer allein am Heidentum entzünden.

Können wir im reinen Deismus mehr Anlaß zu Größe und Erbauung finden? Kann die Übernahme eines Wahnbildes unserer Seele den Grad an Energie vermitteln, der für die republikanischen Tugenden wesentlich ist und den Menschen dazu antreibt, sie zu lieben oder in die Tat umzusetzen? Hüten wir uns vor dieser Einbildung; man ist von diesem Wahnbild abgekommen; gegenwärtig ist der Atheismus das einzige System aller denkenden Menschen. Mit fortschreitender Aufklärung hat man erkannt, daß die Bewegung der Materie innewohnt, der notwendige Auslöser dieser Bewegung ein illusionäres Wesen ist und, da alles Seiende seinem Wesen nach in Bewegung sein muß, der Motor nutzlos wurde; man hat erkannt, daß der wahnhafte Gott, von den ersten Gesetzgebern klüglich ersonnen, in ihren Händen nur ein Zusatzmittel darstellte, um uns an die Kette zu legen; sie behielten sich das ausschließliche Recht vor, dieses Phantom sprechen zu lassen, und ließen es nur sprechen, was die lächerlichen Gesetze unterstützen konnte, mit denen sie uns unter das Joch zwingen wollten. Lykurg, Numa, Moses, Jesus Christus, Mohammed, all diese großen Betrüger, all diese großen Zwingherren unserer Ideen, wußten die Gottheiten, die sie herstellten, in den Dienst ihres maßlosen Ehrgeizes zu stellen; in ihrer Gewißheit, die Völker mit Billigung dieser Götter zu unterjochen, waren sie bekanntlich stets darauf bedacht, sie entweder nur zur passenden Gelegenheit zu befragen oder nur das antworten zu lassen, wovon sie glaubten, es könne ihnen dienlich sein.

Bedenken wir daher heute den nichtigen Gott, den Betrüger gepredigt haben, und alle religiösen Spitzfindigkeiten, die sich aus seiner Annahme ergeben, mit gleicher Verachtung;

mit diesem Kinderspielzeug kann man freie Menschen nicht länger unterhalten. Die völlige Auslöschung der Kulte gehöre darum zu den Prinzipien, die wir in Europa verbreiten. Beschränken wir uns nicht darauf, die Szepter zu zerbrechen; stoßen wir für immer die Götzenbilder in den Staub: vom Aberglauben zum Royalismus war es stets nur ein Schritt.* So muß es notwendig sein, da einer der ersten Artikel des Königsschwurs immer die Erhaltung der herrschenden Religion zum Inhalt hatte, weil sie eine der politischen Grundlagen darstellte, die den Thron am besten stützen konnte. Seit er jedoch gestürzt ist, dieser Thron, seit er glücklicherweise für immer gestürzt ist, wollen wir uns nicht fürchten, seinen Rückhalt ebenso auszurotten.

Jawohl, Bürger, die Religion paßt nicht zum System der Freiheit; ihr habt es eingesehen. Nie wird sich der freie Mensch vor den Göttern des Christentums beugen; nie werden sich dessen Dogmen, Riten, Mysterien oder Sittenlehre für einen Republikaner schicken. Noch eine Anstrengung! Da ihr euch darum müht, alle Vorurteile zu zerstören, laßt keines von ihnen bestehen, da es nur eines einzigen bedarf, um sie alle zurückkehren zu lassen. Diese Rückkehr ist um so gewisser als das, was ihr verschont, gerade die Wiege aller übrigen ist! Entsagen wir dem Glauben, die Religion könnte dem Menschen nützlich sein. Wenn wir gute Gesetze besitzen, werden wir ohne die Religion auskommen können. Man versichert uns aber, das Volk bedürfe ihrer, sie vergnüge es und halte es in Schranken. Wohlan, so gebt uns in diesem Falle die Religion, die freien Menschen zukommt. Gebt uns die Götter des Heidentums wieder! Wir werden gern Jupiter, Herkules oder

* Verfolgt die Geschichte aller Völker: ihr werdet bemerken, daß sie nie ihre Regierung gegen eine monarchische eintauschten, sofern sie nicht Aberglaube vertiert hatte; immer werdet ihr sehen, daß die Könige die Religion stützen, und die Religion die Könige weiht. Wir kennen die Geschichte vom Verwalter und vom Koch: *Reichen Sie mir den Pfeffer, dann reiche ich Ihnen die Butter.* Unglückliche Menschenwesen, seid ihr denn für immer dazu bestimmt, dem Herren dieser beiden Schurken zu ähneln?

Pallas anbeten; aber wir wollen nichts mehr wissen von dem märchenhaften Urheber eines Universums, das sich selbst bewegt; wir wollen nichts mehr wissen von einem Gott ohne räumliche Ausdehnung, der dennoch alles mit seiner Unermeßlichkeit erfüllt, von einem allmächtigen Gott, der nie das ausführt, was er selber wünscht, von einem überaus guten Wesen, das nur Unzufriedene schafft, von einem Wesen, das die Ordnung liebt und in dessen Regierung alles in Unordnung ist. Nein, wir wollen nichts mehr wissen von einem Gott, der die Natur stört, Vater aller Verwirrung ist, den Menschen in dem Augenblick antreibt, wo dieser sich zu Greueltaten hinreißen läßt; ein solcher Gott läßt uns vor Empörung erbeben, und wir verbannen ihn für alle Zeiten in die Vergessenheit, aus der ihn der schurkische Robespierre hervorziehen wollte.*

Franzosen, ersetzen wir dieses unwürdige Wahnbild durch die eindrucksvollen Götterbilder, die Rom zur Herrin des Universums machten; behandeln wir alle christlichen Idole so, wie wir die unserer Könige behandelt haben. Wir haben die Embleme der Freiheit wieder auf die Fundamente gestellt, die einstmals Tyrannen stützten; richten wir ebenso die Bilder der großen Männer auf den Sockeln der Schelme auf, die das Christentum angebetet hat.** Hören wir auf, Auswirkungen des Atheismus auf unsere Feldzüge zu fürchten; haben nicht sogar die Bauern die Notwendigkeit erkannt, den katholischen Kultus zu vernichten, der den wahren Prinzipien der Freiheit so sehr entgegensteht? Haben sie nicht ohne Furcht und Schmerz zugesehen, wie ihre Altäre und Pfarrhäuser

* Alle Religionen sind sich darin einig, uns die Weisheit und Macht der Gottheit anzupreisen; sobald sie uns aber ihr Verhalten erläutern, finden wir darin nur Unklugheit, Schwäche und Torheit. Gott, sagt man, hat die Welt für sich selber geschaffen, und bisher ist es ihm nicht gelungen, darin in rechter Weise geehrt zu werden; Gott hat uns zu seiner Anbetung geschaffen, und wir verbringen unsere Tage damit, seiner zu spotten! Was ist das für ein armseliger Gott!

** Es handelt sich hier nur um diejenigen, deren Ruhm seit langem feststeht.

umgestürzt wurden? Glaubt mir nur, ebenso werden sie auf ihren lächerlichen Gott verzichten. An den bevorzugtesten Plätzen ihrer Ortschaften werden die Standbilder des Mars, der Minerva und der Freiheit Platz finden; alljährlich wird dort ein Fest gefeiert; dabei wird dem Bürger die Bürgerkrone zuerkannt werden, der sich am meisten um das Vaterland verdient gemacht hat. Am Eingang eines einsamen Wäldchens werden Venus, der Ehegott und Amor die Huldigung der Liebenden entgegennehmen; dort setzt die Schönheit, durch die Hand der Grazien, der Beständigkeit die Krone auf. Um dieser Krone würdig zu sein, wird man nicht allein lieben, man wird sie verdient haben müssen: Heldenhaftigkeit, hohe Gaben, Menschlichkeit, Seelengröße, ein jeder Probe gewachsener Bürgersinn, das sind die Ehrentitel, die der Liebende zu den Füßen seiner Herrin anerkennen muß; sie werden Reichtum und Herkommen aufwiegen, die törichter Stolz einstmals forderte. Aus diesem Kult werden zumindest einige Tugenden aufsprießen, während aus dem, den wir schwach genug waren, zu bekennen, nur Verbrechen hervorgehen. Dieser Kultus wird sich mit der Freiheit verbünden, der wir dienen; er wird sie beleben, schüren, entfachen, während der Deismus seinem Wesen und seiner Natur nach der tödlichste Feind der Freiheit ist, der wir dienen. Hat es einen Tropfen Blut gekostet, als die heidnischen Idole in Byzanz zerstört wurden? Von der Dummheit eines erneut versklavten Volkes vorbereitet, vollzog sich die Revolution ohne das geringste Hindernis. Wie können wir fürchten, das Werk der Philosophie könnte mühevoller sein als das des Despotismus? Die Priester allein sind es, die dieses Volk, das aufzuklären ihr euch so sehr fürchtet, zu Füßen ihres wahnhaften Gottes gefangenhalten; entfernt sie von ihm, und der Schleier wird ganz von selber fallen. Seid überzeugt, daß dieses Volk viel klüger ist als ihr meint, und, frei von den Ketten der Tyrannei, bald auch derer des Aberglaubens ledig sein wird. Ihr habt Angst vor ihm, wenn es diesen Zügel nicht trägt: welch eine Narrheit! Glaubt nur,

Bürger, wer durch das materielle Schwert der Gesetze nicht im Zaum gehalten wird, wird es ebensowenig durch die moralische Furcht vor den Höllenstrafen, über die er sich seit seiner Kindheit lustig macht. Kurz gesagt, euer Deismus hat viele Untaten möglich gemacht, aber er hat nie eine einzige verhindert. Wenn es stimmt, daß Leidenschaften verblenden, daß sie eine Wolke vor unsere Augen heben, die uns die Gefahren verschleiert, von denen sie umgeben sind, wie können wir dann annehmen, daß Gefahren, die in weiter Ferne liegen wie die von eurem Gott verheißenen Strafen, diese Wolke zerstreuen sollten, die nicht einmal das Schwert des Gesetzes auflösen kann, das ständig über den Leidenschaften erhoben ist? Wenn es mithin bewiesen ist, daß der zusätzliche Zügel, den die Idee eines Gottes auferlegt, nutzlos ist, wenn feststeht, daß sie wegen ihrer übrigen Wirkungen gefährlich ist, so frage ich: zu welchem Gebrauch soll Gott eigentlich dienen, und auf welche Beweggründe könnten wir uns stützen, um seine Existenz zu verlängern? Will man mir etwa weismachen, wir seien immer noch nicht reif genug, um unsere Revolution auf eine so aufsehenerregende Weise zu festigen? Der Weg, den wir seit 89 durchlaufen haben, meine Mitbürger, war weitaus langwieriger als derjenige, der noch vor uns liegt; mit dem, was ich euch vorschlage, brauchen wir die öffentliche Meinung weit weniger zu kneten als es in jedem Betracht seit der Erstürmung der Bastille geschehen ist. Seien wir überzeugt: ein Volk, das weise und mutig genug war, um einen schamlosen Monarchen vom Gipfel seiner Herrlichkeit zu den Füßen des Schafotts zu führen, das in diesen wenigen Jahren ebenso viele Vorurteile zu überwinden wußte, wird auch hinlänglich weise und mutig sein, um dem Allgemeinwohl, dem Wohlstand der Republik ein bei weitem lächerlicheres Phantom als das eines Königs aufzuopfern.

Führt die ersten Schläge, Franzosen: eure nationale Erziehung wird den Rest besorgen; aber geht unverzüglich an dieses Geschäft; es sollte zu einem eurer wichtigsten Anliegen werden; die Sittenlehre, die in der religiösen Erziehung so vernachlässigt wurde, bilde die Grundlage. Ersetzt die götter-erschaffenden Torheiten, mit denen ihr die jungen Organe eurer Kinder strapaziert habt, durch vorzügliche gesellschaftliche Prinzipien. Statt nichtige Gebete aufsagen zu lernen, die zu vergessen sie sich rühmen werden, sobald sie 16 Jahre alt geworden sind, sollen sie in ihren Pflichten gegenüber der Gesellschaft unterwiesen werden; lehrt sie Tugenden lieben, von denen ihr ihnen früher kaum gesprochen habt, die – ohne eure religiösen Märchen – zu ihrem individuellen Glück genügen. Laßt sie spüren, daß dieses Glück darin besteht, die Mitmenschen ebenso glücklich zu machen wie wir selbst es zu sein wünschen. Wenn ihr diese Wahrheiten auf christliche Wahnideen gründet, wie ihr es ehedem töricht genug tatet, werden eure Schüler das Gebäude zum Einsturz bringen, sobald sie die Hinfälligkeit seiner Fundamente erkannt haben; nur deshalb werden sie zu Verbrechern werden, weil sie meinen, die Religion, die sie ausschalteten, habe es ihnen verboten. Wenn ihr ihnen hingegen die Notwendigkeit der Tugend mit dem Argument vor Augen führt, daß ihr eigenes Glück davon abhänge, macht sie der Egoismus zu rechtschaffenen Menschen, und dieses Gesetz, das alle Menschen regiert, ist stets das sicherste von allen. Mit größter Sorgfalt sollte man es vermeiden, irgendeine religiöse Fabel in die nationale Erziehung hineinzumengen. Verlieren wir niemals aus den Augen, daß wir freie Menschen, nicht elende Anbeter eines Gottes ausbilden wollen. Ein einfacher Philosoph soll die neuen Zöglinge in der unbegreiflichen Erhabenheit der Natur unterweisen; er führe ihnen den Beweis, daß die Kenntnis eines Gottes für die Menschen oft sehr gefährlich ist und niemals zu ihrem Glücke beiträgt, daß sie nicht glücklicher werden, wenn sie als Ursache für das, was sie nicht begreifen, etwas annehmen, was sie noch weniger verstehen; daß es minder wichtig ist, die Natur zu begreifen als sie zu genießen und ihre Gesetze zu achten; daß diese Gesetze ebenso weise wie einfach sind; daß sie allen Menschen ins Herz geschrieben wurden und man nur dieses Herz befragen muß, um ihre Absicht zu erkennen. Wenn sie unbedingt wollen, daß ihr ihnen von einem Schöpfer sprecht, so gebt zur Antwort: da die Dinge immer gewesen sind, was sie sind, nie einen Anfang gehabt haben und nie ein Ende haben werden, sei es für den Menschen ebenso nutzlos wie unmöglich, auf einen imaginären Ursprung zurückzugreifen, der nichts erklären und zu nichts dienen würde. Sagt ihnen, es sei für den Menschen unmöglich, wahre Ideen über ein Wesen zu besitzen, das auf keinen unserer Sinne einwirkt.

Alle unsere Ideen beruhen auf Vorstellungen von Gegenständen, die auf uns einwirken; was aber kann die Gottesidee vorstellen, die offenbar eine Idee ohne Gegenstand ist? Ist eine solche Idee, so sollt ihr ihnen erläutern, nicht ebenso unmöglich wie Wirkungen ohne Ursache? Ist eine Idee ohne Urbild etwas anderes als eine Schimäre? Einige Gelehrte versichern, so fahrt ihr fort, die Gottesidee sei eingeboren und die Menschen hätten sie seit dem Mutterleibe. Doch das ist falsch, fügt ihr hinzu; jedes Prinzip ist ein Urteil, jedes Urteil die Auswirkung der Erfahrung, und Erfahrung erwirbt man nur durch den Gebrauch der Sinne; daraus folgt, daß die religiösen Prinzipien offensichtlich auf nichts beruhen und nicht eingeboren sind. Wie konnte man, fahrt ihr fort, vernünftige Wesen davon überzeugen, daß das am schwierigsten zu Begreifende das für sie Wesentlichste sein sollte? Es kommt daher, daß man ihnen einen furchtbaren Schrecken eingejagt hat; es kommt daher, daß man aufhört nachzudenken, wenn man Angst hat; es kommt daher, daß man ihnen geraten hat, ihrer Vernunft zu mißtrauen und, wenn das Gehirn verwirrt ist, glaubt man alles und prüft nichts mehr. Unwissenheit und Angst, sollt ihr ihnen sagen, sind die beiden Grundlagen aller Religionen. Die Ungewißheit, in der sich der Mensch im Hinblick auf Gott befindet, ist der Grund, der ihn an seine Religion bindet. Der Mensch fürchtet sich in den Finsternissen, ebenso im Physischen wie im Moralischen; die Furcht wird ihm zur Gewohnheit und verwandelt sich in ein Bedürfnis: er glaubt, es fehlte ihm etwas, wenn er nichts mehr zu hoffen oder zu fürchten hätte. Dann kommt auf die Nützlichkeit der Sittenlehre zurück: gebt euren Schülern zu diesem großen Gegenstand mehr Beispiele als Lektionen, mehr Beweise als Bücher, und ihr werdet sie zu guten Bürgern erziehen; ihr werdet gute Krieger, gute Väter, gute Gatten aus ihnen machen; ihr werdet sie zu Menschen bilden, die der Freiheit ihres Landes desto stärker verbunden sind, weil sich keine Idee der Knechtschaft ihrem Geiste mehr darbietet, kein religiöser Schrecken ihre Geisteskraft verwirren kann. Dann wird in allen Seelen der wahre Patriotismus aufbrechen; er wird darin herrschen mit aller Kraft und aller Reinheit, weil er ihr einziges beherrschendes Gefühl darstellen und keine andere Idee seine Energie verkümmern lassen wird. Dann ist eure zweite Generation gesichert, und euer Werk wird, von ihr gefestigt, das Gesetz des Universums werden. Wenn ihr diese Ratschläge jedoch aus Furcht oder Kleinmut nicht befolgt, wenn ihr die Grundlagen des Gebäudes bestehen laßt, das ihr zerstört zu haben glaubtet, was wird dann geschehen? Man wird auf diesen Grundlagen weiterbauen und auf ihnen die gleichen Kolosse errichten, mit dem grausamen Unterschied, daß sie diesmal mit solcher Kraft eingemauert sein werden, daß weder eure Generation noch die folgenden sie umzustürzen vermögen.

Unzweifelhaft sind die Religionen die Wiege des Despotismus; der erste aller Despoten war ein Priester; der erste König und der erste Kaiser von Rom, Numa und Augustus, zogen beide das Priesteramt an sich; Konstantin und Chlodwig waren eher Abbés als Fürsten; Heliogabal war Sonnenpriester. Zu allen Epochen, zu allen Jahrhunderten waren Despotismus und Religion so eng verbunden, daß es als mehr als ausgemacht gelten kann, daß man, zerstört man den einen, die andere unterminieren muß, aus dem einfachen Grunde, weil eines dem anderen stets als Gesetz dienen wird. Ich rate jedoch weder zu Blutbädern noch zu Verbannungen; diese Greuel sind zu weit von meiner Seele entfernt als daß ich sie auch nur eine Minute lang in Betracht ziehen könnte. Nein, weder Mord noch Landesverweisung: diese Schrecknisse stehen den Königen zu Gesicht oder den Verbrechern, die ihnen nacheiferten; wenn ihr handelt wie sie, werdet ihr keinen Abscheu erwecken gegen diejenigen, die sie verübten. Beschränken wir die Gewaltanwendung auf die Götzenbilder; ihre Diener braucht man nur der Lächerlichkeit auszuliefern: die beißenden Spottworte Julians haben der christlichen Religion mehr geschadet als alle Hinrichtungen Neros. Ja, laßt uns jeden Gedanken an Gott auf immer zerstören und aus seinen Priestern Soldaten machen; einige sind es schon; an diesen für einen Republikaner so edlen Beruf sollen sie sich halten, hingegen sollen sie uns nicht mehr von ihrem schimärischen Wesen oder ihrer märchenhaften Religion reden, dem einzigen Gegenstand unserer Verachtung. Der erste dieser gebenedeiten Scharlatane, der uns noch von Gott oder Religion reden will, sei dazu verurteilt, an allen Ecken der größten Städte Frankreichs verhöhnt, lächerlich gemacht und mit Schmutz beworfen zu werden; ewige Haftstrafe demjenigen, der ein zweites Mal in die gleichen Fehler verfällt. Die beleidigendsten Gotteslästerungen, die atheistischsten Taten sollen gestattet sein, um die erschreckenden Spielzeuge unserer Kindheit vollends in Herz und Erinnerung der Menschen auszulöschen. Schreibt einen Wettbewerb aus für das Werk, das die Europäer am besten über einen so wichtigen Gegenstand aufzuklären vermag, und ein ansehnlicher, von der Nation verliehener Preis möge denjenigen belohnen, der hierzu alles sagt und alles beweist und seinen Landsleuten nur eine Sichel übrigläßt, um alle diese Phantome niederzumähen, und ein aufrechtes Herz, um sie zu hassen. Binnen sechs Monaten wird alles vollbracht sein: euer schändlicher Gott wird sich im Nichts befinden; trotzdem wird man gerecht sein und eifersüchtig auf die gute Meinung der Mitmenschen bedacht, wird trotzdem das Schwert des Gesetzes fürchten und ein rechtschaffener Mensch sein, weil man erkannt hat, daß der wahre Vaterlandsfreund nicht, wie der Sklave der Könige, von Wahngebilden geleitet werden darf. Kurzum, weder die leichtfertige Hoffnung auf eine bessere Welt noch die Angst vor größeren Übeln als denjenigen, die uns die Natur mitgab, dürfen einen Republikaner bestimmen; seine einzige Führerin ist die Tugend, sein einziger Zügel die Stimme des Gewissens.

Die Sitten

Nachdem ich bewiesen habe, daß der Deismus keineswegs zur republikanischen Regierungsform paßt, scheint es mir notwendig, zu beweisen, daß die französischen Sitten ebensowenig zu ihr stimmen. Dieser Abschnitt ist um so wesentlicher als es die Sitten sind, die den zu erlassenden Gesetzen als Rechtfertigung dienen.

Franzosen, ihr seid zu aufgeklärt, um nicht einzusehen, daß eine neue Regierungsform neue Sitten erforderlich macht; unmöglich kann sich der Bürger eines freien Staates ebenso verhalten wie der Sklave eines despotischen Königs. Die Unterschiede in ihren Interessen, ihren Pflichten und ihren Beziehungen untereinander verlangen ihrem Wesen nach eine ganz unterschiedliche Verhaltensweise; eine Menge kleiner Verfehlungen, kleiner gesellschaftlicher Vergehen, die unter der Regierung der Könige als sehr wesentlich angesehen wurden, werden hier nichtig; denn die Könige mußten um so mehr fordern als sie mehr Zügel brauchten, um sich ihren Untertanen verehrungswürdig zu machen oder zu entziehen. Andere Verfehlungen, unter den Namen Königsmord oder Sakrileg bekannt, müssen in einem republikanischen Staat von selbst verschwinden. Wenn man Gewissens- und Pressefreiheit gewährt, so bedenkt, Bürger, daß man auch eine annähernde Handlungsfreiheit gewähren muß und daß, unmittelbare Angriffe auf die Grundlagen der Regierungsform ausgenommen, eine kaum noch ins Gewicht fallende Zahl strafwürdiger Verbrechen übrigbleibt. Tatsächlich gibt es nur wenige verbrecherische Handlungen in einer Gesellschaft, deren Grundlagen Freiheit und Gleichheit bilden, und wenn man die Dinge recht erwägt und prüft, so kann als wahrhaft kriminell nur gelten, was vom Gesetz verurteilt wird; denn da die Natur uns Laster und Tugenden gleichermaßen diktiert, auf Grund unserer Konstitution oder, philosophischer ausgedrückt, weil sie beider in gleicher Weise bedarf, so würden ihre Eingebungen nur einen sehr unsicheren Maßstab liefern, um mit Genauigkeit zu regeln, was gut und was böse ist. Damit ich jedoch meine Gedanken zu einem so wichtigen Gegenstand besser entwickeln kann, werden wir die verschiedenen Handlungen des Menschenlebens, die man nach bisherigem Übereinkommen als verbrecherisch bezeichnete, unterteilen und sie alsdann an den wahren Pflichten eines Republikaners *messen.*

Seit altersher hat man die Pflichten des Menschen unter den folgenden drei Aspekten betrachtet:

1. Pflichten, die sein Gewissen und seine Gläubigkeit ihm gegenüber dem höchsten Wesen auferlegen;
2. Pflichten, die er gegenüber seinen Brüdern erfüllen muß;
3. schließlich diejenigen Pflichten, die sich nur auf ihn selber beziehen.

Die Gewißheit, daß kein Gott sich um uns gekümmert hat und wir, notgeforderte Geschöpfe der Natur, wie Pflanzen und Tiere, hier sind, weil es unmöglich war, daß wir nicht hier wären, diese Gewißheit vernichtet zweifellos mit einem Schlage den ersten Teil dieser Pflichten, d. h. diejenigen, für die wir uns gegenüber der Gottheit verantwortlich fühlten. Mit ihnen verschwinden alle religiösen Vergehen, die unter den verschwommenen, undefinierten Namen, *Gottlosigkeit, Sakrileg, Blasphemie, Atheismus* usw. bekannt sind, mit einem

Wort, alle diejenigen, die Athen so ungerecht an Alkibiades bestrafte und Frankreich an dem unglücklichen La Barre. Wenn etwas in der Welt absonderlich ist, so ist es dies, daß Menschen, die ihren Gott und das, was dieser Gott fordern kann, nur nach ihren beschränkten Vorstellungen kennen, gleichwohl darüber befinden wollen, was dieses lächerliche Phantom ihrer Einbildungskraft zufriedenstellt oder erzürnt. Meines Erachtens genügt es nicht, daß man alle Kulte unterschiedslos erlaubt; ich wünsche mir die Freiheit, über alle zu lachen oder zu spotten; Menschen, die in einem Tempel zusammenkommen, um den Ewigen auf ihre Weise anzurufen, sollten wie Schauspieler auf dem Theater betrachtet werden, bei deren Spiel es jedermann erlaubt ist zu lachen. Wenn ihr die Religionen nicht unter diesem Gesichtspunkt betrachtet, werden sie bald den Ernst zurückgewinnen, der ihnen Wichtigkeit gibt; bald werden sie die Meinungen beschützen und, sobald man über die Religionen streitet, wird man sich von neuem für sie schlagen*; indem man einer von ihnen den Vorzug gibt, wird die Gleichheit zerstört und bald aus der Regierungsform verschwinden; aus der neu erbauten *Theokratie* wird bald die *Aristokratie* erwachsen. Daher kann ich es gar nicht oft genug wiederholen: keine Götter mehr, Franzosen, keine Götter, wenn ihr nicht wollt, daß ihre verhängnisvolle Herrschaft euch bald in alle Schrecknisse des Despotismus zurückstößt; doch nur indem ihr über sie spottet, könnt ihr sie zerstören; alle Gefahren, die sie in ihrem Gefolge nach sich ziehen, werden alsbald in Haufen wiederkehren, wenn

* Jedes Volk behauptet, seine Religion sei die beste und pocht, um das überzeugend darzustellen, auf eine Unzahl von Beweisen, die nicht nur untereinander unstimmig, sondern auch fast alle widersprüchlich sind. Welche von ihnen kann Gott gefallen, vorausgesetzt, daß es ihn gibt, da wir uns in tiefer Unwissenheit befinden? Wenn wir vernünftig sind, müssen wir sie entweder alle in gleicher Weise schützen oder gleichermaßen ächten; sie zu ächten ist gewiß das Sicherste, da wir die moralische Gewißheit besitzen, daß sie alle Mummenschanz sind und keine von ihnen einem Gott, der nicht existiert, mehr gefallen kann als die andere.

ihr sie wichtig nehmt oder mit übler Laune behandelt. Stürzt ihre Idole nicht im Zorn um; zerstäubt sie spielerisch, und sie werden von selbst zusammenfallen.
Das genügt, wie ich hoffe, um zu beweisen, daß kein Gesetz gegen Religionsvergehen erlassen werden darf; denn wer ein Wahnbild beleidigt, beleidigt gar nichts, und es würde äußerst inkonsequent sein, die zu bestrafen, die einen Kultus verhöhnen oder verachten, dessen Überlegenheit über die anderen sich durch nichts eindeutig beweisen läßt; das hieße notwendigerweise, Partei zu ergreifen und damit die Waage der Gleichheit zu beeinflussen, das erste Gesetz eurer neuen Regierung.
Gehen wir nunmehr zu den zweiten Pflichten des Menschen über, zu denjenigen, die ihn mit seinen Mitmenschen verbinden; diese Klasse ist zweifellos die ausgedehnteste.
Die christliche Sittenlehre ist zu unklar hinsichtlich der Beziehungen des Menschen zu seinen Mitmenschen, und ihre Grundlagen sind so voller Trugschlüsse, daß wir sie unmöglich anerkennen können, weil man sich, wenn man zu festen Prinzipien gelangen will, hüten muß, ihnen Trugschlüsse zur Grundlage zu geben. Diese absurde Sittenlehre lehrt uns, unseren Nächsten wie uns selbst zu lieben. Nichts wäre gewiß erhabener, wenn etwas, was falsch ist, jemals die Züge der Schönheit tragen könnte. Es geht gar nicht darum, seine Mitmenschen wie sich selbst zu lieben, weil dies gegen alle Gesetze der Natur verstößt und ihre Stimme allein alle Handlungen unseres Lebens lenken darf; es kommt nur darauf an, unsere Mitmenschen wie Brüder zu lieben, wie Freunde, die uns die Natur schenkt, mit denen wir in einem republikanischen Staat um so besser zusammenleben müssen als der Wegfall der Standesunterschiede diese Bande notwendigerweise stärkt.
Dementsprechend sollen uns Menschlichkeit, Brüderlichkeit und Wohltätigkeit unsere gegenseitigen Pflichten vorschreiben; erfüllen wir sie individuell mit dem einfachen Grad an Kraft, den uns die Natur in dieser Hinsicht verliehen hat,

ohne diejenigen zu tadeln oder gar zu strafen, die, kälter oder griesgrämiger, in diesen so rührenden Banden nicht die Lieblichkeit finden, die andere darin entdecken. Es wäre, das wird man zugeben, eine mit Händen zu greifende Absurdität, wenn man darin universelle Gesetze vorschreiben wollte; dies Verfahren wäre ebenso lächerlich wie das eines Armeegenerals, der verlangen würde, daß alle seine Soldaten eine Uniform nach dem gleichen Maß trügen. Es liegt eine erschreckende Ungerechtigkeit in dem Verlangen, daß Menschen mit ungleichen Charakteren sich gleichen Gesetzen bequemen sollen: was für den einen paßt, paßt nicht für den anderen. Ich räume ein, daß man nicht ebenso viele Gesetze erlassen kann als es Menschen gibt; doch die Gesetze können so sanft und so gering an Zahl sein, daß sich alle Menschen, welchen Charakters sie seien, ihnen fügen können. Außerdem würde ich fordern, diese kleine Anzahl von Gesetzen sollte so beschaffen sein, daß sie sich allen verschiedenen Charakteren leicht anpassen könnte; wer sie anwendet, sollte darauf bedacht sein, mehr oder weniger zu strafen, je nach dem Individuum, das man züchtigen müßte. Bewiesenermaßen gibt es Tugenden, deren Ausübung gewissen Menschen unmöglich ist, so wie es manches Heilmittel gibt, das bestimmten Temperamenten nicht bekömmlich sein würde. Welch ein Gipfel der Ungerechtigkeit, wenn ihr denjenigen gesetzlich straft, dem es unmöglich ist, sich an das Gesetz zu halten! Wäre das nicht ebenso unbillig wie wenn ihr einen Blinden zwingen wolltet, die Farben zu unterscheiden? Aus diesen ersten Prinzipien ergibt sich, wie man sieht, die Notwendigkeit, sanfte Gesetze zu erlassen und vor allem den Greuel der Todesstrafe für immer aus der Welt zu schaffen, weil ein Gesetz, das einen Anschlag auf das Leben eines Menschen darstellt, undurchführbar, ungerecht und unzulässig ist. Zwar gibt es, wie ich gleich noch erklären werde, eine Unzahl von Fällen, in denen die Menschen, ohne die Natur zu kränken (und das ist es, was ich beweisen werde) von ihrer gemeinsamen Mutter die völlige Freiheit empfangen haben, einander nach dem Leben zu trachten; doch kann das Gesetz unmöglich das gleiche Vorrecht genießen, weil es in seiner Kälte für die Leidenschaften unzugänglich wäre, die die grausame Handlung des Mordes beim Menschen rechtfertigen können. Der Mensch erhält von der Natur die Eindrücke, die ihm diese Tat als verzeihlich erscheinen lassen können; im Gegensatz dazu kann es dem Gesetz, weil es stets in Opposition zur Natur steht und nichts von ihr empfängt, nicht gestattet sein, sich die gleichen Abweichungen zu erlauben: da es nicht die gleichen Beweggründe hat, ist es undenkbar, daß es die gleichen Rechte besitzen sollte. Das sind feine, gelehrte Unterschiede, die vielen Leuten entgehen, weil nur sehr wenige nachdenken; sie werden jedoch von den gebildeten Leuten, denen ich sie vortrage, berücksichtigt werden, und sie werden, so hoffe ich, auf das neue Gesetzbuch Einfluß nehmen, das man für uns ausarbeitet.

Der zweite Grund, weshalb man die Todesstrafe abschaffen muß, liegt darin, daß sie niemals das Verbrechen unterbunden hat, da man es Tag für Tag im Angesicht des Schafotts begeht. Kurzum, man muß diese Strafe abschaffen, weil es keine schlechtere Kalkulation geben kann als diejenige, einen Menschen sterben zu lassen, weil er einen anderen getötet hat; denn aus diesem Verfahren ergibt sich, daß es statt eines Menschen weniger deren zwei sind, und nur Henkern oder Schwachköpfen kann eine solche Arithmetik geläufig sein.

Wie es auch damit bestellt sei, die Verfehlungen, die wir gegenüber unseren Brüdern begehen können, lassen sich auf vier Hauptsachen zurückführen: *Verleumdung*, *Diebstahl*, Verbrechen, die, von der *Unsittlichkeit* verursacht, andere unangenehm verletzen können, und *Mord*. Sind alle diese Taten, die unter einer monarchischen Regierung als todeswürdig betrachtet wurden, in einem republikanischen Staat ebenso schwerwiegend? Genau das werden wir mit der Fackel der Philosophie untersuchen, denn in ihrem Licht allein kann eine solche Prüfung unternommen werden. Man halte mich nicht für einen gefährlichen Neuerer; man behaupte nicht, es sei gewagt, den Gewissensbiß in der Seele der Übeltäter abzustumpfen, wie es diese Schriften vielleicht tun werden; es sei äußerst übel, durch die Milde meiner Sittenlehre die Neigung der Übeltäter zu den Verbrechen zu fördern: ich versichere ausdrücklich, daß ich keine dieser abwegigen Ansichten vertrete; ich trage Gedankengänge vor, die sich seit meinem Eintritt ins vernünftige Lebensalter bei mir ausgebildet haben und deren Lichtschein sich der schändliche Despotismus der Tyrannen viele Jahrhunderte hindurch widersetzt hat. Wenn diese großen Ideen jemanden korrumpieren sollten, desto schlimmer für ihn; desto schlimmer für alle diejenigen, die in philosophischen Meinungen nur das Böse erfassen können und fähig sind, von allem verdorben zu werden! Wer weiß, ob sie nicht auch von der Lektüre Senecas oder Scarrons vergiftet würden? Nicht zu ihnen spreche ich hier: ich wende mich nur an Leute, die imstande sind, mich zu verstehen; sie werden mich ohne Gefährdung lesen.

Ich gestehe mit äußerstem Freimut, daß ich niemals geglaubt habe, die Verleumdung könnte ein Übel sein, vor allem in einer Regierungsform wie der unsrigen, in der alle Menschen enger aneinander gebunden sind und offenkundig ein größeres Interesse daran haben, sich besser kennenzulernen. Eines von beidem: die Verleumdung trifft entweder einen wahrhaft verworfenen oder einen tugendhaften Menschen. Man wird zugeben, daß es im ersten Falle nahezu gleichgültig ist, ob man mehr Böses von einem Menschen sagt, der dafür bekannt ist, daß er viel Böses tut; vielleicht wird sogar das Böse, das nicht vorhanden ist, das vorhandene deutlicher erkennen lassen und der Übeltäter derart genauer bekannt werden.

Angenommen, es herrschten gesundheitsschädliche Verhältnisse in Hannover, ich würde jedoch, wenn ich mich dieser Witterungsunbill aussetzte, kein größeres Risiko eingehen als einen Fieberanfall zu bekommen, könnte ich einem Manne gram sein, der mir, um mich an einer Reise dorthin zu verhindern, sagen würde, dort müßte man bei der Ankunft sterben? Unzweifelhaft nein; denn indem er mich mit einem großen Übel erschreckte, bewahrte er mich davor, mich einem kleinen auszusetzen. Fällt die Verleumdung hingegen auf einen tugendhaften Menschen, so braucht er sich deshalb nicht zu beunruhigen: er zeige sich, und alles Gift des Verleumders wird bald genug auf ihn selber zurückfallen. Für solche Menschen ist die Verleumdung nur eine reinigende Prüfung, aus der ihre Tugend desto strahlender hervorgeht. Für die Menge der republikanischen Tugenden liegt darin sogar ein Vorteil; denn der tugendhafte, empfindliche Mensch, betroffen über die Ungerechtigkeit, die ihm widerfahren ist, wird sich bestreben, noch besser zu handeln; er wird die Verleumdung, vor der er sich geschützt glaubte, überwinden wollen, und seine schönen Taten werden einen noch höheren Grad an Energie erreichen. So wird der Verleumder im ersten Fall recht positive Wirkungen auslösen, indem er die Laster des gefährlichen Menschen übertrieb, im zweiten wird er vortreffliche hervorbringen, indem er die Tugend zwingt, sich uns in voller Reinheit darzubieten. Nun frage ich, in welcher Hinsicht euch der Verleumder als fürchtenswert erscheinen könnte, vor allem in einer Regierungsform, in der es wesentlich ist, die Bösen zu kennen und die Energie der Guten zu steigern? Man hüte sich also, irgendeine Strafe für die Verleumdung zu verhängen; betrachten wir sie unter dem doppelten Zeichen eines Leuchtfeuers und eines Stimulans und in allen Fällen als etwas sehr Nützliches. Der Gesetzgeber, dessen Gedanken allesamt groß sein müssen wie das Werk, um das er sich müht, darf nie auf die Wirkung des Verbrechens achten, das nur individuellen Schaden stiftet; er muß seine Gesamtwirkung ins Auge fassen; und wenn er auf diese Weise die Wirkungen beobachtet, die aus der Verleumdung entspringen, so wette ich, daß er darin nichts Strafbares findet; ich wette, daß er dem Gesetz, das sie bestrafen würde, nicht einen Funken von Gerechtigkeit mitteilen kann; im

Gegenteil, er wird zum gerechtesten und untadeligsten Menschen, wenn er sie begünstigt oder belohnt.

Das zweite sittliche Vergehen, dessen Überprüfung wir uns vorgenommen haben, ist der Diebstahl.

Wenn wir das Altertum überblicken, so finden wir den Diebstahl in allen Staatswesen Griechenlands erlaubt und belohnt; Sparta oder Lakedämonien begünstigte ihn offen; einige andere Völkerstämme haben ihn als kriegerische Tugend angesehen; sicherlich hält er Mut, Kraft und Geschicklichkeit in Übung, mit einem Wort, alle Tugenden, die für eine republikanische Regierung und folglich für die unsrige nützlich sind. Ich wage nun, völlig unparteiisch zu fragen, ob der Diebstahl, dessen Wirkung darin besteht, daß er die Reichtümer ausgleicht, in einer Regierungsform, deren Ziel die Gleichheit ist, ein so großes Übel darstellt. Unzweifelhaft nein; denn er begünstigt einerseits die Gleichheit und macht es auf der anderen Seite notwendig, besser auf sein Hab und Gut zu achten. Es gab sogar ein Volk, das nicht den Dieb, sondern den Bestohlenen bestrafte, um ihn zu lehren, besser über seine Besitztümer zu wachen. Dies führt uns zu weitreichenderen Überlegungen.

Ich will hier beileibe nicht den *Schwur*, das Eigentum zu respektieren, den die Nation eben abgelegt hat, angreifen oder aufheben; aber wird man mir ein paar Gedanken über die Ungerechtigkeit dieses Schwurs erlauben? Was bezweckt ein Schwur, der von allen Individuen einer Nation abgelegt wurde? Soll er nicht eine vollkommene Gleichheit unter den Bürgern erhalten und alle in gleicher Weise dem schützenden Recht des Eigentums aller unterwerfen? Ich frage euch jetzt, ob es gerecht sei, ein Gesetz, das dem Habenichts befiehlt, den zu achten, der alles hat. Welches sind die Grundlagen des Gesellschaftsvertrags? Besteht er nicht darin, daß man etwas von seiner Freiheit und seinen Besitztümern aufgibt, um das zu sichern und zu erhalten, was man von beiden behält?

Alle Gesetze beruhen auf diesen Fundamenten; aus ihnen

ergeben sich die Strafen, die demjenigen auferlegt werden, der seine Freiheit mißbraucht. Sie rechtfertigen auch die Steuern; der Bürger erhebt keinen Einspruch, wenn man sie von ihm fordert, weil er weiß, daß man ihm auf Grund dessen, was er gibt, das schützt, was ihm verbleibt; aber noch einmal: mit welchem Recht soll sich ein Habenichts zu einem Vertrag zwingen lassen, der nur den schützt, der alles hat? Es ist recht und billig, wenn ihr durch euren Schwur die Besitztümer des Reichen bewahrt; aber begeht ihr nicht eine Ungerechtigkeit, wenn ihr diesen Schwur von einem »Bewahrer« fordert, der nichts besitzt? Welches Interesse könnte er an eurem Schwur haben? Warum verlangt ihr, daß er etwas versprechen soll, was nur den begünstigt, der von ihm durch seine Reichtümer ebenso weit getrennt ist? Gewiß gibt es keine größere Ungerechtigkeit: ein Schwur muß für alle Individuen, die ihn ablegen, die gleiche Wirkung haben; unmöglich könnte er denjenigen binden, dem an seiner Einhaltung nichts gelegen sein kann, denn dann wäre es nicht mehr der Vertrag eines freien Volkes: es wäre die Waffe des Starken gegen den Schwachen, gegen den sich der letztere unaufhörlich auflehnen müßte. Genau das aber geschieht bei dem Schwur des Respekts vor dem Eigentum, den die Nation gerade verlangt hat; der Reiche allein bindet mit ihm den Armen, dem Reichen allein ist an dem Schwur gelegen, den der Arme mit so großer Unbedachtheit leistet, daß ihm nicht klar wird, daß er sich durch diesen seiner Gutgläubigkeit abgepreßten Schwur dazu verpflichtet hat, etwas zu tun, was man ihm gegenüber nicht tun kann.

Da ihr diese barbarische Ungleichheit einsehen müßt, vergrößert nicht eure Ungerechtigkeit, indem ihr den Habenichts bestraft, weil er dem etwas zu entwenden wagte, der alles besitzt: euer ungerechter Schwur gibt ihm dazu mehr Veranlassung denn je. Indem ihr ihn durch diesen – für ihn sinnlosen – Schwur zum Meineid zwingt, rechtfertigt ihr alle Verbrechen, zu denen ihn sein Meineid anstiften wird; es steht euch daher nicht zu, das zu bestrafen, wozu ihr selber die Ursache geliefert habt. Ich will nichts mehr hinzufügen, um die schreckliche Grausamkeit deutlich zu machen, die in der Bestrafung von Dieben liegt. Eifert dem weisen Gesetz des Volkes nach, von dem ich gerade gesprochen habe; bestraft den Mann, der nachlässig genug ist, sich bestehlen zu lassen, doch verhängt nicht die geringste Strafe gegen den, der stiehlt; bedenkt, daß euer Schwur ihn zu dieser Tat berechtigt und er, indem er sie ausführte, nur dem ersten und weisesten Naturtrieb folgte, sein eigenes Dasein zu bewahren, ohne zu fragen, auf wessen Kosten.

Innerhalb dieser zweiten Klasse der Pflichten des Menschen gegen seine Mitmenschen müssen wir nunmehr die Handlungen untersuchen, zu denen die Ausschweifung antreiben kann; unter ihnen stehen, als besonderer Anschlag auf das, was jeder dem anderen schuldig ist, *Prostitution*, *Ehebruch*, *Inzest*, *Vergewaltigung* und *Sodomie* im Vordergrund. Nicht einen Augenblick lang dürfen wir darüber in Zweifel sein, daß die sogenannten Sittlichkeitsverbrechen, d. h. Handlungen von der Art derjenigen, die wir eben aufgeführt haben, völlig gleichgültig sind in einer Regierungsform, deren einzige Pflicht darin besteht, die für ihr Weiterbestehen wesentliche Form – durch welche Mittel auch immer – zu bewahren: darin besteht die einzige Sittenlehre einer republikanischen Regierung. Da sie stets von den sie umgebenden Despoten bedroht ist, kann man sich vernünftigerweise nicht vorstellen, daß die Mittel zu ihrer Erhaltung *sittliche Mittel* sein könnten; denn sie wird sich nur durch den Krieg behaupten können, und nichts ist unmoralischer als der Krieg. Ich frage nun, wie man den Beweis erbringen kann, daß es für einen seinen Verpflichtungen nach *unmoralischen* Staat wesentlich sei, daß die Individuen *moralisch* seien. Ich behaupte noch mehr: es ist gut, wenn sie es nicht sind. Die Gesetzgeber Griechenlands hatten vollkommen die Notwendigkeit eingesehen, die Einzelglieder zu vergiften, damit ihre *sittliche Zersetzung* die

Gesamtmaschinerie nützlich beeinflussen und die stets unentbehrliche Revoltestimmung in einer Regierungsform erzeugen sollte, die, weil sie völlig glücklich ist wie die republikanische, Haß und Eifersucht ihrer ganzen Umgebung notwendig herausfordern muß. Die Revolte, so dachten diese weisen Gesetzgeber, ist kein moralischer Zustand; sie muß jedoch der permanente Zustand einer Republik sein. Es wäre ebenso sinnlos wie gefährlich, wenn man verlangte, diejenigen, die die ständige unmoralische Erschütterung der Maschinerie in Gang halten müssen, sollten selbst besonders moralische Wesen sein; denn der *moralische* Zustand eines Menschen ist ein solcher des Friedens und der Ruhe, während sein *unmoralischer* Zustand ein solcher ständiger Bewegung ist; er bringt ihn der notwendigen Revolte näher, in der der Republikaner die Regierungsform, deren Mitglied er ist, stets halten muß.

Treten wir nun in die Einzelheiten ein und beginnen wir mit der Analyse des Schamgefühls, dieser kleinmütigen Regung, die den unzüchtigen Trieben widerstrebt. Wenn es den Absichten der Natur entspräche, daß der Mensch schamhaft sein sollte, hätte sie ihn gewiß nicht nackt auf die Welt kommen lassen. Eine Unzahl von Völkern, die von der Zivilisation weniger verdorben waren als wir, gehen nackt und schämen sich keineswegs; es kann keinem Zweifel unterliegen, daß der Brauch, gekleidet zu gehen, einzig auf die Unbill der Witterung und die Koketterie der Frauen zurückzuführen ist. Sie spürten, daß man sie bald nicht mehr begehren würde, wenn sie der Begierde zuvorkämen, statt sie zu wecken; da die Natur sie nicht fehlerlos geschaffen hatte, begriffen sie, daß sie sich alle Mittel zu gefallen weit besser sichern würden, wenn sie diese Fehler durch Schmuck versteckten. So war also das Schamgefühl, weit davon entfernt, eine Tugend zu sein, nur eine der ersten Wirkungen der Verderbnis, eines der ersten Mittel der Koketterie der Frauen. Lykurg und Solon waren überzeugt davon, daß die Ergebnisse der Unsittlichkeit den Bürger in dem *unmoralischen* Zustand halten, der für die

Gesetze einer republikanischen Regierung wesentlich ist, und zwangen die jungen Mädchen dazu, sich nackt im Theater zu zeigen.* Rom ahmte dieses Beispiel später nach: zu den Spielen der Flora wurde nackt getanzt; der größte Teil der heidnischen Mysterienspiele wurde auf diese Weise gefeiert; die Nacktheit galt sogar bei einigen Völkern als Tugend. Wie dem auch sei; aus der Schamlosigkeit erwachsen wollüstige Regungen; aus diesen Regungen ergeben sich die angeblichen Verbrechen, die wir untersuchen; an erster Stelle steht dabei die Prostitution. Da wir jetzt hinsichtlich aller dieser Dinge von der Menge religiöser Irrtümer abgekommen sind, die uns gefangenhielten, und der Natur näher stehen, weil wir eine Fülle von Vorurteilen abgeschüttelt haben, so wollen wir nur noch auf ihre Stimme hören; seien wir überzeugt, wenn irgend etwas verbrecherisch sein sollte, so wäre es eher, den Neigungen, die sie uns einflößt, Widerstand zu leisten als ihnen nachzugeben; da die Folge dieser Neigungen Wollust ist, geht es weniger darum, diese Leidenschaften in uns zu ersticken als vielmehr Mittel und Wege zu finden, um ihnen friedlich Genüge zu tun. Wir müssen daher Wert darauf legen, in dieses Kapitel Ordnung und Sicherheit zu bringen, damit der Bürger, den sein Bedürfnis den Objekten der Wollust nahebringt, sich mit ihnen dem überlassen kann, was seine Leidenschaften ihm diktieren, ohne dabei von irgend etwas eingeengt zu werden; denn keine Leidenschaft des Menschen bedarf der gänzlichen Freiheit mehr als diese. In den Städten sollen mehrere hygienische, weitläufige, sauber

* Man hat behauptet, es habe in der Absicht dieser Gesetzgeber gelegen, indem sie die Leidenschaft abstumpften, die die Männer einem nackten Mädchen entgegenbringen, die Leidenschaft anzufachen, die die Männer gelegentlich für ihr Geschlecht empfinden. Diese Weisen ließen das zeigen, woran man den Geschmack verlieren sollte, und das verbergen, was sie dazu angetan glaubten, die süßesten Begierden einzuflößen; arbeiteten sie nicht in beiden Fällen auf das Ziel hin, das wir angedeutet haben? Sie spürten, so bemerkt man, das Bedürfnis nach Unsterblichkeit in den republikanischen Sitten.

möblierte und in jeder Hinsicht sichere Baulichkeiten entstehen; dort sollen Geschöpfe jeden Geschlechts und jeder Altersstufe den Launen der Lüstlinge, die sich zum Genuß einfinden, preisgegeben werden, und die Verhaltensregel der preisgegebenen Individuen wird vollständigste Willfährigkeit sein; die geringste Ablehnung kann alsbald willkürlich von demjenigen bestraft werden, dem sie widerfahren ist. Ich muß auch das noch erläutern und an den republikanischen Sitten messen; ich habe überall die gleiche Logik versprochen, und ich werde Wort halten.

Wie ich eben ausgeführt habe, bedarf keine Leidenschaft mehr der völligen Freiheit als diese; keine ist despotischer; von ihr besessen, liebt es der Mensch zu befehlen, Gehorsam zu finden und sich mit Sklaven zu umgeben, die gezwungen sind, ihm Genüge zu tun. Wenn ihr dem Menschen nicht geheime Mittel bietet, um die Dosis an Despotismus zu verbrauchen, die die Natur in sein Herz eingesenkt hat, wird er sich, um sie üben zu können, auf die Objekte seiner Umgebung werfen; so wird er die Regierung stören. Wenn ihr diese Gefahr vermeiden wollt, erlaubt diesen tyrannischen Begierden, die ihn gegen seinen Willen unaufhörlich quälen, freien Aufschwung; wenn er seine kleine Oberherrschaft in einem Harem von Lustknaben oder Sultaninnen ausgeübt hat, die eure Vorsorge und euer Geld ihm unterordnen, wird er zufrieden nach Hause gehen, ohne den Wunsch, eine Regierung zu behelligen, die ihm so gefällig alle Mittel zu seiner Lust sichert. Wenn ihr dagegen ein anderes Verfahren wählt und den Objekten der öffentlichen Wollust die lächerlichen Fesseln anlegt, die einst von der ministeriellen Tyrannei und der Lüsternheit unserer Sardanapale erfunden wurden*, so wird der Mensch, verbit-

* Bekanntlich verfaßte der schurkische und verbrecherische Sartine für Ludwig XV. Wollustspender, indem er ihm von der Dubarry dreimal wöchentlich intime, von ihm angereicherte Einzelheiten über die Begebenheiten in den verrufenen Örtlichkeiten von Paris vorlesen ließ. Diese Unterart der Ausschweifung des französischen Nero kostete den Staat drei Millionen.

tert über eure Regierungsform und eifersüchtig auf den Despotismus, den er euch allein ausüben sieht, bald das Joch abschütteln, das ihr ihm auferlegt, und die Regierungsform zu verändern trachten, wie er es gerade vor kurzem getan hat.
Seht euch daraufhin an, wie die griechischen Gesetzgeber, durchdrungen von diesen Gedankengängen, die Ausschweifung in Sparta und Athen behandelten; weit davon entfernt, sie dem Bürger zu verbieten, berauschten sie ihn mit Wollust; keine Art von Lüsternheit war ihm verboten, und Sokrates, den das Orakel zum weisesten Philosophen der Erde erklärt hatte, ging unterschiedslos aus den Armen Aspasias in die des Alkibiades über und war doch darum nicht weniger Griechenlands Stolz. Ich will noch einen Schritt weitergehen und, wie sehr auch meine Gedanken den gegenwärtigen Sitten entgegenstehen, euch zu überzeugen versuchen, daß die Prostitution der sogenannten ehrbaren Frauen nicht gefährlicher ist als die der Männer und wir sie folglich nicht nur in die Lüste einbeziehen müssen, die in den von mir vorgeschlagenen Häusern geübt werden, sondern wir sogar eigens für sie bestimmte Häuser errichten müssen, wo ihre Launen und die Erfordernisse ihres Temperaments, das heißer ist als das unsrige, in gleicher Weise mit allen Geschlechtern befriedigt werden können. Es geht mir um den Beweis, daß wir uns beeilen müssen, die gegenwärtigen Sitten zu verändern, wenn wir die angenommene Regierungsform sichern wollen.
Mit welchem Recht behauptet ihr eigentlich, die Frauen müßten der blinden Unterwerfung unter die Launen der Männer, die ihnen die Natur vorschreibt, entzogen werden? Mit welchem Recht strebt ihr danach, ihnen eine Enthaltsamkeit aufzuerlegen, die für ihre Konstitution unmöglich und für ihre Ehre gänzlich nutzlos ist?
Ich werde beide Fragen getrennt behandeln.
Es steht fest, daß die Frauen im Naturzustand allseits verfügbar auf die Welt kommen, d. h. die Vorteile der übrigen weiblichen Tiere genießen und wie sie allen Männchen ohne

Ausnahme gehören; so besagten es zweifellos die ersten Gesetze der Natur und die einzigen Institutionen der ersten Horden, zu denen sich Menschen zusammenfanden. Selbstsucht, Egoismus und Liebe verdarben diese so einfachen und natürlichen ersten Ansichten; indem man eine Frau und mit ihr das Gut ihrer Familie zu sich nahm, glaubte man sich zu bereichern; so befriedigte man die ersten beiden Gefühle, die ich erwähnte; häufiger noch raubte man diese Frau und hielt an ihr fest; so tritt der zweite Beweggrund in Aktion, und in allen Fällen herrscht Ungerechtigkeit.
An einem freien Wesen kann nie ein Akt der Besitzergreifung ausgeübt werden. Es ist ebenso ungerecht, eine Frau ausschließlich zu besitzen wie Sklaven zu halten. Alle Menschen sind frei geboren, alle sind gleich an Rechten: vergessen wir diese Prinzipien nie! Nie kann demzufolge einem Geschlecht ein legitimes Recht zuerkannt werden, sich des anderen mit Ausschließlichkeit zu bemächtigen; nie kann eines dieser Geschlechter – oder eine dieser Klassen – das andere willkürlich besitzen. Wenn es nur nach den Gesetzen der Natur geht, kann eine Frau als Grund für die Ablehnung, die sie dem widerfahren läßt, der sie begehrt, nicht einmal die Liebe zu einem anderen anführen; denn dieser Grund beinhaltet eine Ausschließung, und kein Mann kann von dem Besitz einer Frau ausgeschlossen werden, wenn feststeht, daß sie grundsätzlich allen Männern gehört. Der Besitzakt kann nur über Immobilien und Tiere ausgeübt werden, niemals über ein Individuum, das uns gleicht; alle Bande, die eine Frau derart an einen Mann fesseln können, daß sie wahrnehmbar werden, sind ebenso ungerecht wie trügerisch.
Wenn es mithin unbestreitbar ist, daß wir von der Natur das Recht erhalten haben, unsere Begierden unterschiedslos allen Frauen fühlbar zu machen, so ist es ebenso unbestreitbar, daß wir das Recht haben, sie zur Unterwerfung unter unsere Wünsche zu zwingen, zwar nicht ausschließlich, sonst würde

ich mir widersprechen, wohl aber momentan.* Unbestreitbar haben wir das Recht, Gesetze zu schaffen, die sie zwingen, der Glut desjenigen nachzugeben, der sie begehrt. Da die Gewalt zu den Auswirkungen dieses Rechtes gehört, können wir sie gesetzlich anwenden. Hat die Natur nicht selbst bewiesen, daß wir dieses Recht besaßen, indem sie uns die nötige Kraft mitgab, die Frauen unseren Begierden zu unterwerfen? Vergeblich sollen sich die Frauen zu ihrerer Verteidigung auf das Schamgefühl oder ihre Neigung zu anderen Männern berufen; diese trügerischen Mittel sind nichtig; wir haben gesehen, ein wie künstliches und verächtliches Gefühl das Schamgefühl ist. Die Liebe, die man eine *Narrheit der Seele* nennen kann, hat auch nicht mehr Recht, ihre Beständigkeit zu legitimieren; da sie nur zwei Individuen zufriedenstellt, das geliebte und das liebende Wesen, dient sie nicht zum Glück der übrigen; und die Frauen sind uns zum Glück aller Menschen, nicht zu einem egoistischen und bevorrechteten Glück gegeben worden. Alle Männer haben mithin ein gleiches Genußrecht auf alle Frauen; nach den Gesetzen der Natur kann sich daher kein Mann ein einzigartiges, persönliches Recht auf eine Frau anmaßen. Das Gesetz, das sie dazu verpflichten soll, sich in den Freudenhäusern, von denen die Rede war, hinzugeben, sooft wir es wollen, sie zwingen wird, wenn sie sich weigern, bestrafen, wenn sie nicht gehorchen, ist also eines der gerechtesten Gesetze, gegen das kein rechtmäßiger Einspruch erhoben werden kann.

* Man sage nicht, ich widerspräche mir, weil ich, nachdem ich oben dargelegt habe, wir hätten kein Recht, eine Frau an uns zu binden, diese Prinzipien aufhebe, indem ich jetzt sage, daß wir das Recht besitzen, sie zu zwingen. Ich wiederhole, es handelt sich hier nur um den Genuß und nicht um das Eigentumsrecht. Ich habe kein Eigentumsrecht auf die Quelle, die ich auf meinem Wege finde, aber ich habe gewisse Rechte auf ihren Genuß; ich habe das Recht, das klare Wasser zu nutzen, das sie meinem Durst darbietet. Ebenso habe ich kein wirkliches Recht auf diese oder jene Frau, aber ich habe unbestreitbare Rechte auf ihren Genuß; ich habe auch das Recht, sie zu diesem Genuß zu zwingen, wenn sie ihn mir aus irgendeinem Grunde versagt.

Ein Mann, der eine Frau oder ein Mädchen genießen will, wird sie demzufolge, wenn die von euch erlassenen Gesetze gerecht sind, auffordern können, sich in einem der erwähnten Häuser einzufinden; dort wird sie ihm, unter dem Schutz der Matronen dieses Venustempels, ausgeliefert werden, um ebenso demutsvoll wie unterwürfig alle Launen zu befriedigen, die es ihm einfallen sollte, sich mit ihr zu gestatten, so ausgefallen oder regelwidrig sie immer seien; es gibt keine Laune, die nicht in der Natur vorhanden wäre, keine, die nicht von ihr gutgeheißen würde. Dabei würde es sich nur noch darum handeln, ein Mindestalter festzulegen; nun behaupte ich aber, daß man das nicht kann, ohne die Freiheit desjenigen zu beschneiden, der den Genuß eines Mädchens von beliebigem Alter wünscht. Nun gibt es aber, wird man uns entgegnen, eine Altersstufe, auf der die Praktiken des Mannes der Gesundheit des Mädchens entschieden schaden werden. Diese Überlegung ist wertlos; sobald ihr mir das Eigentumsrecht über den Genuß einräumt, ist dieses Recht unabhängig von den Wirkungen, die der Genuß hervorruft; von diesem Augenblick an ist es gleich, ob der Genuß für das Objekt, das sich ihm unterwerfen muß, vorteilhaft oder nachteilig ist. Habe ich nicht bereits bewiesen, daß es legitim ist, dem Willen einer Frau in dieser Hinsicht Gewalt anzutun, und sie sich, sobald sie die Begierde nach dem Genuß eingeflößt hat, diesem Genuß unterwerfen und von jedem egoistischen Gefühl absehen müßte? Ebenso steht es mit ihrer Gesundheit. Sobald die Rücksichten, die man auf diese Überlegung nähme, den Genuß desjenigen, der sie begehrt, und das Recht hat, sie sich anzueignen, vernichten oder mindern würden, wird die Sorge um das Mindestalter hinfällig; es geht dabei keineswegs um das, was das Objekt spüren könnte, das von der Natur und dem Gesetz zur momentanen Stillung der Begierden des anderen verurteilt ist; es geht nur um das, was dem zuträglich ist, der begehrt. Wir werden die Waage wieder ins Gleichgewicht bringen.

Gewiß, wir werden das Gleichgewicht wiederherstellen, und wir müssen es ohne Zweifel; wir müssen diese Frauen, die wir so grausam unterjocht haben, zweifellos entschädigen, und dies soll die Antwort auf die zweite Frage darstellen, die ich mir vorgelegt habe.

Wenn wir, wie wir es eben getan haben, einräumen, daß alle Frauen unseren Begierden unterworfen werden müssen, können wir ihnen sicherlich ebenso gestatten, alle ihrigen in weitem Umfang zu befriedigen. Unsere Gesetze müssen in dieser Hinsicht ihrem feurigen Temperament entgegenkommen; es war absurd, ihre Ehre und ihre Tugend von der antinatürlichen Kraft abhängig zu machen, die sie aufbieten müssen, um den Neigungen zu widerstehen, die sie in größerem Umfang empfangen haben als wir. Es ist eine schreiende Ungerechtigkeit unserer Sitten, daß wir übereingekommen sind, sie durch Verführungskünste schwach zu machen und anschließend dafür zu bestrafen, daß sie den Anstrengungen nachgeben, die wir unternahmen, um ihren Fall herauszufordern. Die ganze Absurdität unserer Sitten spricht sich, so scheint mir, in diesem ungerechten Greuel aus; diese Darstellung allein müßte uns die Notwendigkeit vor Augen führen, sie gegen reinere Sitten einzutauschen. Ich bin daher der Meinung, da die Frauen den Genüssen der Wollust heftiger zuneigen als wir, sollten sie sich ihnen so hingeben können, wie sie es wollen, frei von allen Ehebanden, allen falschen Vorurteilen des Schamgefühls, dem Naturzustand völlig zurückgegeben. Ich möchte, daß die Gesetze es ihnen erlauben, sich ebenso vielen Männern hinzugeben, wie sie es für richtig halten; ich möchte, daß ihnen der Genuß aller Geschlechter und aller Körperteile ebenso erlaubt sein soll wie den Männern; unter der Voraussetzung, daß sie sich ebenso allen hingeben, die es wünschen, müssen sie die Freiheit haben, in gleicher Weise diejenigen zu genießen, die sie für würdig befinden werden, sie zu befriedigen.

Welche Gefahren, so frage ich, bringt diese Erlaubnis mit

sich? Vaterlose Kinder? Was schadet das in einer Republik, in der alle Individuen keine andere Mutter als die Heimat kennen sollen, in der alle, die auf die Welt kommen, samt und sonders Kinder des Vaterlandes sind? Wieviel besser werden diejenigen das Vaterland lieben, die nichts anderes gekannt haben und von Geburt auf wissen, daß sie nur von ihm alles erwarten sollen! Glaubt nicht, ihr könntet gute Republikaner heranbilden, solange ihr die Kinder, die nur der Republik gehören sollten, in ihren Familien isoliert! Dort lassen sie nur einigen Individuen die Dosis an Zuneigung zukommen, die sie unter alle Menschenbrüder aufteilen sollten, und nehmen so unweigerlich deren oft gefährliche Vorurteile an. Ihre Meinungen und ihre Gedanken tragen die Kennzeichen dieser Isolierung, sondern sich ab, und so werden ihnen alle Tugenden eines Staatsbürgers unmöglich. Schließlich überlassen sie ihr Herz ganz und gar denjenigen, die ihnen das Leben geschenkt haben, und finden in ihrem Herzen keine Zuneigung mehr für das Vaterland, das sie am Leben erhält, bekannt werden und sich auszeichnen läßt, als wenn diese zweiten Wohltaten nicht wichtiger wären als die ersten! Wenn es äußerst nachteilig ist, daß sich die Kinder in ihren Familien Interessen zu eigen machen, die oft mit denen des Vaterlandes nichts gemein haben, ist es folglich von größtem Vorteil, sie von ihnen zu trennen. Geschieht das nicht ganz von selbst durch die Mittel, die ich vorschlage? Indem alle Ehebande völlig zerstört werden, entstehen aus den Genüssen der Frau keine anderen Früchte als Kinder, die ihren Vater nicht kennenlernen dürfen, denen damit die Mittel genommen sind, nur einer einzigen Familie anzugehören statt, wie es sein sollte, nur die Kinder des Vaterlandes zu sein.

Es soll daher Häuser geben, die für das Ausleben der Frauen bestimmt sind und, wie die der Männer, unter dem Schutz der Regierung stehen; dort werden ihnen alle Individuen des einen oder des anderen Geschlechtes, die sie begehren können, ausgeliefert, und je häufiger sie diese Häuser besuchen, desto mehr werden diese Frauen geachtet werden. Nichts ist so barbarisch und lächerlich wie die Tatsache, daß man Ehre und Tugend der Frauen von dem Widerstand abhängig gemacht hat, den sie Begierden entgegensetzen, die sie von der Natur empfingen und die diejenigen anhaltend erhitzen, die sie barbarischerweise tadeln. Vom zartesten Alter an* wird ein Mädchen von den Bindungen an die Eltern frei sein und nichts mehr für die Ehe aufzusparen haben (die durch die weisen Gesetze, die ich erhoffe, völlig abgeschafft wird); dem Vorurteil entronnen, das ehemals ihr Geschlecht in Ketten hielt, wird es sich in den zu diesem Zweck eingerichteten Häusern allem hingeben können, was ihm das Temperament vorschreibt; man wird es dort achtungsvoll empfangen, in Hülle und Fülle befriedigen und, in die Gesellschaft zurückgekehrt, kann es von den Genüssen, die es gekostet hat, ebenso öffentlich reden, wie es das heute von einem Ball oder einem Spaziergang tut. Reizendes Geschlecht, du wirst frei sein; wie die Männer wirst du alle Genüsse auskosten, die dir die Natur zur Pflicht macht; du wirst dir bei keinem Zwang antun. Soll denn der göttlichste Teil der Menschheit von dem anderen in Ketten gelegt werden? Zerbrecht sie nur, diese Ketten, die Natur will es so; kennt keinen anderen Zügel als eure Neigungen, keine anderen Gesetze als eure Begierden, keine andere Sittenlehre als die der Natur; schmachtet nicht länger in den barbarischen Vorurteilen, die eure Reize verwelken ließen und den göttlichen Schwung eurer Herzen lähmten*. Ihr seid frei wie wir, und die Laufbahn der Venuskämpfe steht euch so offen wie uns; fürchtet keine sinnlosen Vorwürfe mehr; Pedanterie und Aberglaube sind vernichtet. Man wird euch

* Die Babylonierinnen warteten nicht einmal sieben Jahre, um ihre Unschuld im Venustempel darzubringen. Die erste lüsterne Regung, die ein junges Mädchen verspürt, ist der Zeitpunkt, den ihm die Natur anzeigt, um sich hinzugeben; ohne weitere Überlegung soll sie nachgeben, sobald ihre Natur spricht; sie beleidigt deren Gesetze, wenn sie widerstrebt.

nicht mehr ob eurer reizenden Seitensprünge erröten sehen; gekrönt mit Myrten und Rosen, wird die Schätzung, die wir für euch hegen, mit dem größeren Ausmaß eurer Verirrungen zunehmen.

Was wir eben ausgeführt haben, müßte uns ohne Zweifel von der Untersuchung des Ehebruchs entbinden; wir wollen ihn gleichwohl kurz betrachten, auch wenn er durch die Gesetze, die ich erlasse, gegenstandslos geworden ist. Wie äußerst lächerlich war es doch, daß er in unseren früheren Institutionen als verbrecherisch angesehen wurde! Wenn es etwas Sinnloses auf der Welt gab, so war es sicherlich die Ewigkeit der ehelichen Bindungen: man braucht nur, so scheint mir, das ganze Gewicht dieser Bande zu prüfen oder zu spüren, um die Handlung, die sie erleichterte, fortan nicht mehr als Verbrechen anzusehen. Da die Natur, wie wir eben sagten, die Frauen mit einem glutvolleren Temperament, mit einer tieferen Gefühlsfähigkeit ausgestattet hat als sie es mit den Individuen des anderen Geschlechtes tat, war das Joch einer ewigen Ehe für sie zweifellos drückender. Zärtliche, liebesfeurige Frauen, entschädigt euch nunmehr ohne Furcht; überzeugt euch davon, daß nichts Böses darin liegen kann, den Trieben der Natur zu folgen, daß die Natur euch nicht geschaffen hat, um einen einzigen Mann, sondern um allen unterschiedslos zu gefallen. Kein Zügel soll euch im Zaume halten! Tut es den Republikanerinnen Griechenlands nach! Nie haben es sich dessen Gesetzgeber einfallen lassen, aus dem Ehebruch ein Verbrechen zu machen; fast alle billigten die Zügellosigkeit der Frauen. Thomas Morus beweist in seiner »Utopa«, daß es für die Frauen vorteilhaft sei, sich der

* Die Frauen wissen gar nicht, wie sehr ihre Unzüchtigkeit sie verschönert. Man vergleiche zwei Frauen annähernd gleichen Alters und gleicher Schönheit, von denen die eine im Zölibat lebt, die andere in der Ausschweifung: man wird bemerken, wie überlegen an Glanz und Frische die letztere ist. Jede Gewalt, die man der Natur antut, nutzt rascher ab als der Mißbrauch der Genüsse; jedermann weiß, daß das Wochenbett eine Frau verschönert.

Ausschweifung hinzugeben, und die Gedanken dieses großen Mannes waren nicht immer bloße Träumereien.*

Bei den Tartaren wurde eine Frau um so höher geschätzt als sie sich häufiger hingab; sie trug die Zeichen ihrer Schamlosigkeit öffentlich am Hals und diejenigen, die damit nicht geschmückt waren, schätzte man nicht. In *Pégu* liefern die Familien selbst ihre Frauen oder Töchter den reisenden Fremden aus: man vermietet sie gegen einen gewissen Betrag pro Tag wie Pferde oder Wagen! Ganze Bände würden nicht für den Beweis ausreichen, daß die Wollust von keinem der weisen Völker der Erde je als verbrecherisch betrachtet worden ist. Alle Philosophen wissen wohl, daß wir es nur den christlichen Betrügern zu verdanken haben, daß sie zum Verbrechen gestempelt wurde. Die Priester hatten ihre guten Gründe, als sie uns die Wollust verboten: diese Empfehlung behielt ihnen die Kenntnis und Absolution dieser geheimen Sünden vor und sicherte ihnen so eine unglaubliche Herrschaft über die Frauen; sie erschloß ihnen eine Laufbahn der Lüsternheit, deren Ausdehnung keine Grenzen kannte. Es ist bekannt, welchen Nutzen sie daraus gezogen haben und welchen Mißbrauch sie damit treiben würden, wäre ihr Ansehen nicht für immer verlorengegangen.

Ist der Inzest gefährlicher? Nein, gewiß nicht; er erweitert die Familienbande und aktiviert infolgedessen die Liebe der Bürger zum Vaterlande; die ersten Gesetze der Natur schreiben ihn uns vor, wir erproben ihn, und der Genuß der Objekte, die uns gehören, erschien uns immer köstlicher. Die Institutionen der Frühzeit begünstigen den Inzest; man trifft ihn in der Urzeit der Gesellschaften; er wird in allen Religionen geheiligt; alle Gesetze haben ihn gefördert. Wenn wir die Welt überblicken, so finden wir den Inzest überall heimisch.

* Der gleiche Autor verlangte, die Verlobten sollten sich vor der Heirat nackt sehen. Wie viele Ehen blieben ungeschlossen, wenn dieses Gesetz durchgeführt würde! Man wird einräumen, daß die gegenteilige Lösung dazu führt, daß man die Katze im Sack kauft.

Die Neger von der Pfefferküste und von Rio Gabon liefern ihre Frauen ihren eigenen Kindern aus; im Königreich Judäa mußte der älteste Sohn die Frau seines Vaters heiraten; die Einwohner Chiles schlafen ohne Unterschied mit ihren Schwestern und ihren Töchtern und heiraten oft zugleich Mutter und Tochter. Kurzum, ich wage zu versichern, daß der Inzest ein Gesetz jeder Regierungsform bilden müßte, deren Grundlage die Brüderlichkeit ist. Wie konnten vernünftige Menschen so absurd sein anzunehmen, daß der Genuß der Mutter, der Schwester oder der Tochter jemals verbrecherisch sein könnte? Ist es nicht ein abscheuliches Vorurteil, frage ich euch, daß es einem Menschen als Verbrechen angekreidet werden soll, wenn er zu seinem Genuß das Objekt vorzieht, das ihm dem Trieb der Natur nach am nächsten steht? Mit gleichem Recht könnte man sagen, es solle uns verboten sein, die Individuen zu sehr zu lieben, zu denen uns die Natur die größte Zuneigung einflößt; je mehr Neigung sie uns zu einem Gegenstand einflöße, desto mehr befehle sie uns gleicherzeit, uns von ihm zu entfernen. Diese Widersprüchlichkeiten sind absurd: nur vom Aberglauben vertierte Völker können sie glauben oder anerkennen. Da der Allgemeinbesitz der Frauen, den ich einführe, notgedrungen den Inzest einschließt, bleibt kaum noch etwas zu sagen über ein angebliches Verbrechen, dessen Nichtigkeit zu eindeutig ist, als daß man noch weiterhin darauf zurückkommen müßte. Wir gehen nun zu der Vergewaltigung über, die auf den ersten Blick am ehesten eine Schädigung darzustellen scheint, weil sie eine Verletzung zufügt. Dennoch ist es gewiß, daß die Vergewaltigung, eine seltene, schwer zu beweisende Tat, dem Nächsten weniger Unrecht zufügt als der Diebstahl, da dieser den Besitz angreift, den erstere nur beschädigt. Was könntet ihr im übrigen dem Vergewaltiger entgegnen, wenn er euch zur Antwort gäbe, das Übel, das er begangen habe, sei in Wirklichkeit recht belanglos, weil er den Gegenstand, den er mißbrauchte, nur etwas früher in den gleichen Zustand versetzte, in den ihn bald Ehe oder Liebe versetzt haben würden?

Wie steht es jedoch mit der Sodomie, diesem angeblichen Verbrechen, das das Feuer des Himmels auf die Städte herabzog, die sich ihr ergeben hatten: ist sie nicht eine abscheuliche Verirrung, deren Züchtigung gar nicht hart genug ausfallen kann? Zweifellos ist es sehr schmerzlich für uns, daß wir unseren Vorfahren die Justizmorde vorwerfen müssen, die sie in dieser Hinsicht auf sich geladen haben. Kann jemand barbarisch genug sein, um es zu wagen, ein unglückliches Individuum zum Tode zu verurteilen, dessen ganzes Verbrechen darin besteht, daß es nicht den gleichen Geschmack hat wie ihr? Man erschrickt bei dem Gedanken, daß die Absurdität der Gesetzgeber vor kaum vierzig Jahren an diesem Punkte stand. Tröstet euch, Bürger; solche Absurditäten werden sich nicht wiederholen: die Weisheit eurer Gesetzgeber bürgt euch dafür. Da man über diese Schwäche einiger Menschen völlig aufgeklärt ist, fühlt man heute nur zu gut, daß eine solche Verirrung nicht verbrecherisch sein kann und die Natur der Flüssigkeit, die in unseren Lenden umläuft, keine hinreichend große Wichtigkeit beigemessen hat, um sich über den Weg zu erzürnen, den es uns einfällt, sie nehmen zu lassen.

Welches ist das einzige Verbrechen, das darin liegen könnte? Sicherlich besteht es nicht darin, sich an diesen oder jenen Ort zu placieren, es sei denn, man wollte behaupten, die Körperteile ähnelten sich nicht alle und es gäbe reine und schmutzige; da es jedoch unmöglich ist, solche Absurditäten vorzubringen, könnte das einzige vorgebliche Verbrechen nur im Samenverlust liegen. Ich frage nun, ob es wahrscheinlich ist, daß dieser Samen in den Augen der Natur eine solche Kostbarkeit sei, daß es unmöglich wird, ihn ohne Verbrechen zu verlieren? Würde sie sich täglich solche Einbußen gestatten, wenn das der Fall wäre? Und heißt es nicht, sie gestatten, wenn sie in den Träumen und beim Genuß einer schwangeren Frau erlaubt sind? Kann man sich wirklich vorstellen, daß die Natur uns die Möglichkeit zu einem Verbrechen geben sollte, das sie beleidigen würde? Sollte sie einwilligen können, daß die Menschen ihre Genüsse vernichteten und dadurch stärker würden als sie? In welchen unglaublichen Abgrund von Absurditäten stürzt man, wenn man beim Nachdenken die Hilfe der Fackel der Vernunft verschmäht! Halten wir uns daher für durchaus überzeugt, daß es ebenso einfach ist, eine Frau auf die eine wie auf die andere Weise zu genießen, wie es völlig gleichgültig ist, ob man ein Mädchen oder einen Jungen genießt. Sobald ausgemacht ist, daß in uns nur von der Natur gewollte Neigungen aufkommen können, ist sie zu weise und zu folgerichtig, um uns Neigungen einzupflanzen, die sie jemals beleidigen könnten.

Die Neigung zur Sodomie ergibt sich aus der Konstitution, und zu dieser Konstitution steuern wir nichts bei. Kinder im zartesten Alter verraten diesen Geschmack und lassen nie wieder von ihm ab. Manchmal ist er eine Folge der Übersättigung, aber ist er in diesem Falle weniger natürlich? Immer ist er ihr Werk, und in allen Fällen muß, was sie eingibt, von den Menschen geachtet werden. Wenn man durch eine Zählung zu dem Beweis kommen sollte, daß diese Neigung unendlich mehr aufregt als die normale, daß die daraus hervorgehenden Genüsse erheblich heftiger sind und ihre Anhänger demzufolge tausendmal zahlreicher, sollte man daraus nicht schließen können, dieses Laster sei weit davon entfernt, die Natur zu kränken, es diene ihren Absichten und es komme ihr bei weitem weniger auf die Nachkommenschaft an als wir die Torheit besitzen, anzunehmen? Wenn wir die Erde überblicken, wie viele Völker sehen wir nicht die Frauen verachten! Einige bedienen sich ihrer durchaus nur, um das Kind zu bekommen, das zu ihrer Ersetzung notwendig ist. Die Gewohnheit, die die Menschen in den Republiken miteinander leben läßt, wird dieses Laster dort stets häufiger in Erscheinung treten lassen, doch ist es sicherlich nicht gefährlich. Hätten es die Gesetzgeber Griechenlands in ihre Staatswesen eingeführt, wenn sie es dafür gehalten hätten? Im Gegenteil, sie hielten es für notwendig für ein kriegerisches Volk. Plutarch spricht mit Begeisterung von der Schar der *Liebhaber* und der *Geliebten;* sie allein verteidigten lange Zeit die Freiheit Griechenlands. Dieses Laster herrschte in der Gemeinschaft der Waffenbrüder; es stärkte sie; die größten Männer waren ihm zugeneigt. Ganz Amerika war zur Zeit seiner Entdeckung von Leuten dieser Geschmacksrichtung bevölkert. In Louisiana, bei den Illinois, prostituierten sich als Frauen verkleidete Indianer wie Kurtisanen. Die Neger von *Benguela* halten öffentlich Männer aus; fast alle Harems von Algier werden heute nur noch von jungen Knaben bevölkert. In Theben beschränkte man sich nicht darauf, die Knabenliebe zu dulden; man schrieb sie vor; Aristoteles empfahl sie, um die Sitten der jungen Männer zu verfeinern.

Wir wissen, wie sehr sie in Rom geherrscht hat: es gab dort öffentliche Lokalitäten, wo sich Knaben in Mädchengewändern und Mädchen in Knabentracht hingaben. Martial, Catull, Tibull, Horaz und Vergil schrieben an Männer als an ihre Geliebten, und bei Plutarch* können wir lesen, daß die Frauen an der Liebe der Männer keinen Anteil haben sollten. Die *Amasier* der Insel Kreta raubten ehedem Knaben mit den merkwürdigsten Zeremonien. Wenn sie einen von ihnen liebten, teilten sie den Eltern den Tag mit, an dem ihn der Entführer rauben wollte; wenn ihm sein Liebhaber nicht gefiel, leistete der junge Mann einigen Widerstand; im anderen Fall brach er mit ihm auf, und der Verführer schickte ihn zu seiner Familie zurück, sobald er sich seiner bedient hatte; denn bei dieser Leidenschaft wie bei der zu Frauen hat man stets zu viel, sobald man genug davon hat. Strabo berichtet uns, daß man auf derselben Insel die Harems nur mit Knaben füllte: man prostituierte sie öffentlich.

Bedarf es einer letzten Autorität zu dem Beweise, wie nützlich dieses Laster in einem Staatswesen ist? Hören wir *Hieronymus* den Peripathetiker. Die Knabenliebe, so sagt er,

* Moralische Schriften, Abhandlung über die Liebe.

breitete sich in ganz Griechenland aus, weil sie Mut und Stärke einflößte und dazu diente, die Tyrannen zu verjagen; die Verschwörungen bildeten sich unter den Liebenden, und sie ließen sich eher foltern als ihre Mitwisser preiszugeben. So opferte der Patriotismus alles der Wohlfahrt des Staates auf; man war überzeugt, daß diese Bindungen das Staatswesen stärkten, man zog gegen die Frauen zu Felde, und die Schwäche, sich an sie zu hängen, blieb dem Despotismus vorbehalten.

Immer war die Päderastie das Laster der kriegerischen Völker. Cäsar berichtet uns, daß ihr die Gallier sehr ergeben waren. Die Kriege, die die Staaten zu führen hatten, breiteten dieses Laster aus, indem sie die beiden Geschlechter trennten, und als man ihre Folgen für den Staat so nützlich fand, wurde sie von der Religion sanktioniert. Bekanntlich heiligten die Römer die Liebe Jupiters zu Ganymed. *Sextus Empiricus* versichert uns, diese Laune sei bei den Persern Vorschrift gewesen. Schließlich erboten sich die eifersüchtigen und verschmähten Frauen, ihren Männern den gleichen Dienst zu erweisen, den sie von den Knaben empfingen; einige versuchten es und fielen in ihre alten Gewohnheiten zurück, weil sie die Täuschung unmöglich fanden.

Die Türken sind dieser Verderbtheit, die Mohammed in seinem Koran guthieß, sehr zugetan und versichern gleichwohl, ein ganz junges unschuldiges Mädchen könne einen Jungen gut ersetzen, und die türkischen Mädchen werden selten Frauen, ehe sie nicht durch diese Probe hindurchgegangen sind. *Sixtus V.* und *Sanches* erlaubten diese Ausschweifung; der letztere versuchte sogar den Beweis zu führen, daß sie für die Fortpflanzung nützlich sei und daß ein nach diesem Vorkursus gezeugtes Kind eine unvergleichlich bessere Konstitution aufweise. Zu guter Letzt hielten die Frauen sich untereinander schadlos. Diese Laune hat ohne Zweifel nicht mehr Nachteile als die andere, denn ihr Ergebnis ist nur die Weigerung, sich fortzupflanzen, und die Mittel derjenigen, die an der Bevölkerungsvermehrung Geschmack finden, sind hinlänglich kraftvoll, daß ihre Widersacher nicht gegen sie aufkommen können. Die Griechen verteidigten sogar diese Verirrung der Frauen mit Gründen der Staatsräson. Daraus ergab sich, daß ihre Beziehungen zu den Männern spärlicher waren, weil sie sich untereinander befriedigten, und sie deshalb den Staatsgeschäften nicht schaden konnten. Lukian belehrt uns, wie sehr sich diese Ausschweifung ausbreitete, und nicht ohne Interesse bemerken wir sie bei Sappho.

Mit einem Wort, all diese Manien sind völlig harmlos; selbst wenn sie noch weiter gingen und zum Liebkosen von Ungeheuern und Tieren führten, wie es das Beispiel mehrerer Völker zeigt, so wären all diese Albernheiten nicht im mindesten nachteilig; denn die Sittenverderbnis ist im Staat oftmals sehr nützlich, kann ihm in keiner Hinsicht schaden, und wir können von unseren Gesetzgebern genug Weisheit und Klugheit erwarten, um überzeugt zu sein, daß sie kein Gesetz zur Unterdrückung dieser Bagatellen erlassen werden. Da sie mit der Konstitution des Menschen zusammenhängen, können sie ihre Anhänger nie schuldiger machen als es ein Individuum ist, das die Natur mißgestalt geschaffen hat.

Innerhalb der zweiten Klasse der Verbrechen des Menschen gegen seinen Nächsten müssen wir nur noch den Mord untersuchen, und wir können alsdann zu seinen Pflichten gegen sich selbst übergehen. Von allen Kränkungen, die der Mensch seinem Mitmenschen zufügen kann, ist der Mord unbestreitbar die grausamste, da er ihm das einzige Gut raubt, das er von der Natur empfangen hat, das einzige, dessen Verlust unersetzlich ist. Gleichwohl stellen sich auch hierbei mehrere Fragen, einmal abgesehen von dem Unrecht, das der Mord demjenigen zufügt, der ihm zum Opfer fällt.

1. Ist diese Tat, wenn man nur die Gesetze der Natur in Rechnung zieht, wahrhaft verbrecherisch?

2. Ist sie es in bezug auf die Gesetze der Politik?

3. Ist sie gesellschaftsschädlich?

4. Wie soll sie in einer republikanischen Regierungsform beurteilt werden?

5. Endlich: soll der Mord durch den Mord unterbunden werden?

Wir werden jede dieser Fragen getrennt prüfen: der Gegenstand ist so wesentlich, daß man uns gestatten muß, näher bei ihm zu verweilen. Vielleicht findet man unsere Gedanken etwas zu verwegen: aber was macht das schon? Haben wir nicht das Recht erworben, alles auszusprechen? Stellen wir den Menschen daher große Wahrheiten vor Augen: sie erwarten sie von uns; es ist an der Zeit, daß der Irrtum verschwindet; seine Binde muß fallen wie die der Könige. Ist der Mord in den Augen der Natur ein Verbrechen? So lautet die erste Frage.

Wir werden hier ganz gewiß den Stolz des Menschen demütigen, indem wir ihn auf den Rang aller übrigen Naturprodukte herabdrücken; doch der Philosoph streichelt nicht die kleinen menschlichen Eitelkeiten: in der glühenden Suche nach der Wahrheit erkennt er sie unter den törichten Vorurteilen der Eigenliebe, ergreift sie, entwickelt sie und zeigt sie kühn der erstaunten Welt.

Was ist der Mensch, und welcher Unterschied besteht zwischen ihm und den übrigen Pflanzen, zwischen ihm und den übrigen Tieren der Natur? Ganz sicherlich keiner. Zufällig auf diesen Erdball gestellt wie sie, wird er wie sie geboren; er vermehrt sich, wächst und verfällt wie sie; er altert wie sie und fällt wie sie ins Nichts, nach der Frist, welche die Natur jeder Tiergattung durch den Bau ihrer Organe gesetzt hat. Wenn nun die Ähnlichkeiten so groß sind, daß es dem prüfenden Auge des Philosophen unmöglich wird, irgendeine Unähnlichkeit zu entdecken, so liegt folglich ebensoviel Böses darin, ein Tier zu töten wie einen Menschen, oder ebensowenig Böses im einen wie im anderen, und der Abstand besteht allein dank den Vorurteilen unseres Hochmuts; aber unglücklicherweise ist nichts so absurd wie die Vorurteile des

Hochmuts. Rücken wir gleichwohl der Frage näher zu Leibe. Ihr könnt nicht abstreiten, daß es gleich ist, ob man einen Menschen vernichtet oder ein Tier; aber ist nicht die Vernichtung jeden Lebewesens entschieden ein Übel, wie die Pythagoräer meinten und es heute noch die Bewohner des Ganges-Ufers glauben? Bevor wir darauf antworten, wollen wir den Lesern zunächst in Erinnerung bringen, daß wir die Frage hier nur im Hinblick auf die Natur untersuchen; später werden wir sie im Hinblick auf die Menschen betrachten.
Ich frage nun: welchen Wert können für die Natur Individuen besitzen, die sie nicht die geringste Mühe und nicht die geringste Pflege kosten? Der Arbeiter schätzt sein Werk nur auf Grund der Mühe, die es ihn kostet, und der Zeit, die er auf seine Herstellung verwendet. Wohlan denn, kostet der Mensch die Natur Mühe? Und angenommen, er koste sie Mühe, kostet er sie mehr als ein Affe oder ein Elefant? Ich gehe noch weiter: welches sind die Zeugungsstoffe der Natur? Woraus bestehen die Wesen, die ins Leben gelangen? Entstammen die drei Elemente, aus denen sie gebildet sind, nicht der vorherigen Zerstörung anderer Körper? Wenn alle Individuen ewig dauerten, wäre es der Natur dann nicht unmöglich, neue zu erschaffen? Wenn die ewige Dauer der Wesen für die Natur unmöglich ist, so wird ihre Vernichtung zu einem ihrer Gesetze. Wenn nun diese Zerstörung für sie so nützlich ist, daß sie um keinen Preis darauf verzichten kann, wenn sie nicht zu ihren Schöpfungen zu gelangen vermag, ohne aus den Massen an Zerstörung zu schöpfen, die der Tod für sie aufbereitet, so wird im gleichen Augenblick der Gedanke der Vernichtung, den wir mit dem Tode verbinden, irreal. Es kann keine ausdrückliche Vernichtung mehr geben; was wir das Ende eines Lebewesens nennen, ist kein wirkliches Ende mehr, sondern eine einfache Verwandlung; ihre Grundlage bildet die ständige Bewegung, diese wahre Essenz der Materie, die alle modernen Philosophen als eines ihrer ersten Gesetze anerkennen. Diesen unwiderleglichen Prinzipien zufolge ist der Tod

mithin nicht mehr als ein Wechsel der Form, ein unmerklicher Übergang von einer Existenz zu einer anderen, und das ist es, was Pythagoras als Seelenwanderung bezeichnet hat.
Wenn diese Wahrheiten einmal anerkannt sind, so frage ich, ob man jemals die Behauptung wagen kann, die Zerstörung sei ein Verbrechen. Werdet ihr mir, um eure absurden Vorurteile beizubehalten, zu erwidern wagen, die Verwandlung sei eine Zerstörung? Gewiß nicht; denn dazu müßte man in der Materie einen Augenblick der Untätigkeit, einen Augenblick der Ruhe nachweisen. Diesen Augenblick aber werdet ihr nie entdecken. In dem Augenblick, in dem das große Tier aufhört zu atmen, bilden sich kleine Tierchen, und das Leben dieser kleinen Tiere ist nur eine von den Wirkungen, die durch den momentanen Schlummer des großen notwendig und bestimmt worden ist. Wagt ihr jetzt noch zu sagen, das eine gefalle der Natur besser als das andere? Dazu müßte man etwas Unmögliches beweisen, nämlich daß die rechteckige oder quadratische Form der Natur nützlicher und willkommener sei als die längliche oder dreieckige. Man müßte beweisen, daß den erhabenen Plänen der Natur ein Nichtstuer, der sich in Untätigkeit und Faulheit mästet, förderlicher sei als das Pferd, dessen Dienst so wesentlich ist, oder der Ochse, dessen Leib so kostbar ist, daß alle seine Teile zu etwas nütze sind; man müßte sagen, die giftige Schlange sei notwendiger als der treue Hund.
Da nun alle diese Systeme unhaltbar sind, muß man zugeben, daß es uns ganz unmöglich ist, die Werke der Natur zu vernichten, weil das einzige, was wir tun, wenn wir zerstören, darin besteht, eine Veränderung der Formen zu bewirken, die das Leben nicht auslöschen kann. Dann wird der Beweis, daß in der Zerstörung eines Wesens – welchen Alters, welchen Geschlechtes, welcher Gattung es immer sein mag – ein Verbrechen liegen soll, ein übermenschliches Unterfangen. Unter dem Zwang unserer Folgerungen, die sich alle auseinander ergeben, muß man schließlich zugeben, daß die Handlung,

mit der ihr die Formen der verschiedenen Werke der Natur verändert, der Natur nicht im mindesten schadet, sondern für sie nützlich ist; durch diese Handlung liefert ihr der Natur den Rohstoff für ihre Neuschöpfungen, deren Ausarbeitung ihr ohne euer Vernichtungswerk unmöglich würde. So laßt sie ihr Werk allein besorgen, sagt man euch. Gewiß, man soll sie gewähren lassen, doch der Mensch folgt nur ihren Trieben, wenn er mordet; die Natur rät ihm dazu, und der Mensch, der seinen Mitmenschen vernichtet, ist für die Natur das gleiche wie die Pest oder die Hungersnot, die ebenfalls von ihrer Hand geschickt sind. Aller möglichen Mittel bedient sie sich, um rascher den Rohstoff der Zerstörung zu erhalten, der für ihre Werke unumgängliche Voraussetzung ist.

Wagen wir es, unsere Seele einen Augenblick lang mit der heiligen Fackel der Vernunft zu erhellen: ist es eine andere Stimme als die der Natur, die uns den persönlichen Haß, die Racheakte, die Kriege eingibt, mit einem Wort, alle Beweggründe für fortwährende Morde? Wenn sie uns dazu rät, so bedarf sie ihrer. Wie können wir uns also ihr gegenüber schuldig fühlen, wenn wir nur ihren Absichten folgen?

Mehr braucht es nicht, um jeden aufgeklärten Leser davon zu überzeugen, daß der Mord die Natur niemals beleidigen könnte.

Ist er ein Verbrechen in der Politik? Geben wir lieber zu, daß er unglücklicherweise nur eine der großen Triebfedern der Politik ist. Ward Rom nicht durch Morde zur Herrin der Welt? Ist Frankreich nicht heute durch Morde frei geworden? Es braucht hier nicht darauf hingewiesen zu werden, daß nur von kriegsbedingten Morden die Rede ist, nicht von den Greueln, die Aufwiegler und zersetzende Elemente begangen haben. Sie sind dem öffentlichen Abscheu preisgegeben und brauchen nur in Erinnerung gerufen zu werden, um für immer allgemeinen Schrecken und Entrüstung auszulösen. Welche menschliche Wissenschaft hätte es nötiger, sich auf den Mord zu stützen, als eine, die nur auf Betrug bedacht ist, deren einziges Ziel in der Vergrößerung einer Nation auf Kosten der anderen besteht? Sind die Kriege, die einzigen Früchte dieser barbarischen Politik, etwas anderes als die Mittel, von denen sie sich nährt, mit denen sie sich kräftigt, auf die sie sich stützt? Und was ist der Krieg anderes als die Wissenschaft von der Zerstörung? Seltsame Verblendung des Menschen, der in der Öffentlichkeit die Kunst des Tötens lehrt, den belohnt, der dabei am erfolgreichsten ist, und den bestraft, der sich um einer privaten Ursache willen seines Feindes entledigt hat! Ist es nicht an der Zeit, so barbarische Irrtümer zu überprüfen?

Ist der Mord schließlich ein Verbrechen an der Gesellschaft? Wer hat das jemals vernünftigerweise glauben können? Was macht es dieser zahlreichen Gesellschaft aus, ob es in ihr ein Mitglied mehr oder weniger gibt? Werden ihre Gesetze, ihre Sitten und Bräuche dadurch in Mitleidenschaft gezogen? Hat jemals der Tod eines Individuums auf die große Menge Einfluß gehabt? Würde nach dem Verlust der größten Schlacht, was sage ich! nach der Vernichtung der halben Welt oder, wenn man so will, der ganzen Welt die kleine Zahl der Überlebenden die geringste materielle Veränderung bemerken? Leider nein. Die Natur selbst würde sie nicht verspüren, und der törichte Hochmut des Menschen, der meint, alles sei für ihn gemacht worden, würde sehr erstaunt sein, wenn er nach der gänzlichen Vernichtung des Menschengeschlechtes feststellen müßte, daß sich in der Natur nichts geändert hat und der Lauf der Gestirne davon nicht verzögert wird. Fahren wir fort!

Wie soll der Mord in einem kriegerischen, republikanischen Staat beurteilt werden?

Es wäre gewiß sehr gefährlich, diese Tat in Mißkredit zu bringen oder gar zu bestrafen. Zum Stolz des Republikaners gehört eine gewisse Härte; wenn er erschlafft und seine Energie einbüßt, wird er bald unterworfen werden. Hier stellt sich eine sehr merkwürdige Überlegung ein; da sie jedoch trotz ihrer Kühnheit wahr ist, will ich sie mitteilen. Eine

Nation, die ihre Geschichte mit einer republikanischen Regierungsform beginnt, wird sich nur durch Tugenden halten, weil man, um zu einem Mehr zu gelangen, stets mit dem Weniger beginnen muß. Eine schon gealterte und verdorbene Nation indessen, die mutig das Joch ihrer monarchischen Regierung abwirft, um sich stattdessen eine republikanische zu geben, wird sich nur durch zahlreiche Verbrechen behaupten können; denn sie befindet sich schon im Verbrechen, und wenn sie vom Verbrechen zur Tugend, d. h. von einem gewaltsamen zu einem gewaltlosen Zustand übergehen wollte, würde sie in eine Trägheit verfallen, die bald zu ihrem sicheren Untergang führen würde. Was würde aus dem Baum, den ihr aus kräftigem Erdreich in eine sandige, trockene Ebene verpflanzen würdet? Alle geistigen Ideen sind der Physik der Natur so untergeordnet, daß Vergleiche, die uns die Landwirtschaft liefert, uns im sittlichen Bereich niemals täuschen werden.
Die unabhängigsten aller Menschen, die der Natur am nächsten stehen, die Wilden, geben sich täglich dem Morden hin. In Sparta, in Lakedämonien, ging man auf die Helotenjagd wie wir in Frankreich auf Rebhuhnjagd. Die freiesten Völker gewähren dem Mord den größten Spielraum. In *Mindanao* wird derjenige, der einen Mord begehen will, alsbald in den Rang der Tapferen erhoben: man ehrt ihn mit einem Turban. Bei den *Curagaos* muß man sieben Menschen getötet haben, um der Ehre dieses Hauptschmucks teilhaftig zu werden. Die Einwohner von Borneo glauben, daß diejenigen, die sie ums Leben bringen, ihnen nach ihrem Tode dienen werden. Sogar die frommen Spanier legten vor St. Jakob von Galizien das Gelübde ab, zwölf Amerikaner pro Tag zu töten. Im Königreich *Tangut* wählt man einen kräftigen Jüngling aus, dem es an bestimmten Tagen des Jahres erlaubt ist, alles, was ihm in die Quere kommt, zu töten. Gibt es ein Volk, das den Mord mehr liebte als die Juden? Man erkennt es in allen Formen, auf allen Seiten ihrer Geschichte.

Der Kaiser von China und seine Mandarine ergreifen von Zeit zu Zeit Maßnahmen, um das Volk aufzuwiegeln und durch diese Manöver das Recht zu erhalten, ein schreckliches Gemetzel zu veranstalten. Dieses schlaffe, verweiblichte Volk möge das Joch seiner Tyrannen abschütteln, dann wird es sie seinerseits mit größerem Rechte umbringen; der immer praktizierte, immer notwendige Mord wird nur die Opfer ausgetauscht haben; er bildete das Glück der einen, nun wird er die Seligkeit der anderen werden.
Unzählige Nationen dulden öffentliche Mordtaten: sie sind in Genua, Venedig, Neapel und ganz Albanien erlaubt. In *Kachao*, am São-Domingo-Fluß bringen Mörder in einer bekannten, offen zur Schau gestellten Gewandung auf euren Befehl und unter euren Augen das Individuum um, das ihr ihnen bezeichnet. Die Inder nehmen Opium, um sich zum Mord zu ermutigen; dann stürzen sie auf die Straßen und massakrieren alles, was ihnen in den Weg kommt; englische Reisende haben diese Manie in *Batavia* gefunden.
Welches Volk war gleichzeitig größer und grausamer als die Römer, und welche Nation hat ihren Glanz und ihre Freiheit länger bewahrt? Das Schauspiel der Gladiatoren hielt sie mutig; sie wurde kriegerisch, weil sie sich an das Spiel mit dem Tode gewöhnt hatte. 1200 oder 1500 tägliche Opfer füllten die Zirkusarena; dort wagten es die Frauen, grausamer als die Männer, zu fordern, daß die Sterbenden anmutig niedersanken und sich noch in den Zuckungen des Todes um ihre Gunst bemühten. Später gingen die Römer zu dem Vergnügen über, Zwerge sich vor ihren Augen niedermetzeln zu lassen. Als der christliche Kultus, die Erde verpestend, die Menschen zu der Überzeugung brachte, es sei böse, sich gegenseitig zu töten, legten alsbald Tyrannen dieses Volk an die Kette, und die Helden der Welt wurden zu ihren Spielzeugen.
Überall hat man mit Recht angenommen, der Mörder, d. h. ein Mensch, der seine Gefühlsfähigkeit so sehr erstickte, daß

er seinen Mitmenschen tötete und öffentlicher oder privater Rache trotzte, überall hat man geglaubt, sagte ich, daß ein solcher Mensch sehr mutig und infolgedessen in einer kriegerischen oder republikanischen Regierungsform sehr kostbar sein müßte. Überschauen wir die Völker, die noch grausamer und erst zufrieden waren, wenn sie Kinder, und oft genug ihre eigenen, aufopfern konnten, so sehen wir, daß diese Taten allgemein üblich waren und manchmal sogar einen Bestandteil der Gesetze bildeten. Verschiedene wilde Völkerstämme töten ihre Kinder, sobald sie auf die Welt kommen. An den Ufern des *Orenochio*-Flusses ermordeten die Mütter ihre Töchter, sobald sie ihnen das Leben geschenkt hatten, weil sie der Überzeugung waren, sie seien nur zu ihrem Unglück geboren; sollten sie doch die Gattinnen der Wilden dieser Gegend werden, die die Frauen nicht leiden konnten. In Ceilon und dem Königreich Sopit wurden alle mißgestalteten Kinder von ihren eigenen Eltern geopfert. Die Frauen von Madagaskar gaben diejenigen ihrer Kinder, die an bestimmten Wochentagen geboren wurden, den wilden Tieren preis. In den Staatswesen Griechenlands prüfte man die Kinder, die geboren wurden, sorgfältig und wenn man sie unbrauchbar fand, eines Tages die Republik verteidigen zu können, wurden sie alsbald getötet: dort hielt man es nicht für wesentlich, reich ausgestattete Häuser aufzuführen, um diesen elenden Abschaum der Natur zu erhalten.* Bis zur Verlegung der Reichshauptstadt warfen alle Römer, die ihre Kinder nicht ernähren wollten, sie auf die Müllhalde. Die Gesetzgeber des Altertums kannten keine Skrupel, die Kinder dem Tod auszuliefern, und nie beschränkte eines ihrer Ge-

* Man muß hoffen, daß die Nation diese Ausgabe, die nutzloseste von allen, einer Reform unterziehen wird. Jedes Individuum, das ohne die notwendigen Eigenschaften auf die Welt kommt, eines Tages der Republik nützlich zu werden, hat kein Recht, das Leben zu behalten; es ist das Beste, was man tun kann, ihm das Leben im Augenblick der Geburt zu rauben.

setzbücher die Rechte eines Vaters über seine Familie. Aristoteles befürwortete die Abtreibung. Die alten Republikaner, von glühender Vaterlandsliebe erfüllt, kannten nicht das individuelle Mitgefühl, das man unter den modernen Nationen findet; man liebte seine Kinder weniger, aber man liebte sein Vaterland mehr. In allen Städten Chinas kann man allmorgendlich eine unglaubliche Anzahl von Kindern in den Straßen ausgesetzt finden; ein Kippkarren nimmt sie bei Tagesanbruch mit, und man wirft sie in einen Graben; oft befreien die Hebammen selber die Mütter von ihnen, indem sie alsbald ihre Früchte in Bottichen mit kochendem Wasser ertränken oder sie in den Fluß werfen. In Peking legt man sie in Rohrkörbchen und setzt sie auf den Kanälen aus; diese Kanäle werden täglich gesäubert, und der berühmte Reisende schätzt die tägliche Zahl derer, die man bei der Suche entfernt, auf über 30 000. Es ist nicht zu leugnen, daß es ungemein notwendig und politisch höchst vernünftig ist, der Bevölkerungszunahme in einem republikanischen Staatswesen einen Riegel vorzuschieben; dagegen muß sie in einer Monarchie begünstigt werden; da die Tyrannen nur durch die Anzahl ihrer Sklaven reich sind, brauchen sie Menschen; in einer republikanischen Staatsform aber, zweifeln wir nicht daran, ist der Bevölkerungsüberschuß ein wirkliches Laster. Man sollte ihn jedoch nicht umbringen, um die Bevölkerungszahl zu vermindern, wie unsere modernen *Dezemvirn* sagen: es handelt sich lediglich darum, die Bevölkerung nicht über die Grenzen hinaus wachsen zu lassen, die ihr Glück ihr vorschreibt. Hütet euch, ein Volk, in dem jedes Wesen souverän ist, zu sehr zu vervielfachen; seid versichert, daß Revolutionen stets die Auswirkungen einer zu zahlreichen Bevölkerung sind. Wenn ihr zum Ruhme des Staates euren Kriegern das Recht zugesteht, Menschen zu vernichten, so gestattet jedem Individuum zur Erhaltung des gleichen Staates ebenso, sich, sooft es das will, das Recht herauszunehmen, Kinder aus der Welt zu schaffen, die es nicht ernähren oder von denen die

Regierung keinen Beistand erwarten kann; das Individuum kann das tun, ohne die Natur zu beleidigen. Gestattet dem Einzelmenschen ebenso, sich auf eigenes Risiko und Gefahr aller Feinde zu entledigen, die ihm schaden können; alle diese Taten, die an sich selbst völlig wertlos sind, werden eure Bevölkerung übersichtlich halten; nie wird sie zahlreich genug sein, um eure Regierung umzustürzen. Laßt die Monarchisten sagen, ein Staat sei nur groß auf Grund seiner übergroßen Bevölkerungszahl: dieser Staat wird immer arm sein, wenn die Bevölkerungsziffer seine Unterhaltsmittel übersteigt, und er wird immer blühen, wenn er, auf die rechten Grenzen beschränkt, mit seinem Überfluß Handel treiben kann. Beschneidet ihr nicht den Baum, wenn er zu viele Äste hat? Kappt ihr nicht, um den Stamm zu retten, die Äste? Jedes System, das sich von diesen Prinzipien entfernt, ist eine Verirrung; seine Mißbräuche würden uns bald zum völligen Einsturz des Gebäudes führen, das wir mit so großer Mühe aufgeführt haben. Doch nicht, wenn der Mensch schon da ist, sollte man ihn vernichten, um die Bevölkerungszahl zu vermindern: es ist ungerecht, die Tage eines wohlgestalteten Individuums abzukürzen. Nicht ungerecht ist es jedoch, so meine ich, ein Wesen am Eintritt ins Leben zu hindern, das der Welt sicherlich unnütz sein würde. Die Menschengattung muß von der Wiege an gereinigt werden; was aller Voraussicht nach nie für die Gesellschaft nützlich sein wird, muß man aus ihrem Schoße ausstoßen. Das sind die einzigen vernünftigen Mittel, eine Bevölkerungszahl zu vermindern, deren zu große Zunahme, wie wir eben bewiesen haben, der gefährlichste Mißbrauch wäre.

Es ist an der Zeit, kurz zusammenzufassen.

Soll der Mord durch Mord unterbunden werden? Gewiß nicht. Wir wollen dem Mörder keine andere Strafe auferlegen außer derjenigen, die ihm aus der Rache der Freunde oder der Familie des Getöteten erwachsen kann. *Ich begnadige Sie*, sagte Ludwig XV. zu *Charolais*, der einen Menschen zum

Vergnügen getötet hatte, *aber ich begnadige auch den, der Sie töten wird.* Alle Grundlagen des Gesetzes gegen die Mörder sind in diesem erhabenen Ausspruch zu finden.*

Mit einem Wort, der Mord ist ein Greuel, aber ein oftmals notwendiger, nie verbrecherischer Greuel, dessen Duldung in einem republikanischen Staatswesen wesentlich ist. Ich habe dargestellt, daß die ganze Welt dazu das Beispiel geboten hat. Ist er als eine Handlung anzusehen, die mit dem Tode bestraft werden muß? Wer eine Antwort auf das folgende Dilemma weiß, hat der Frage Genüge getan: Ist der Mord ein Verbrechen oder ist er es nicht? Wenn er keines ist, wozu dann Gesetze schaffen, die ihn bestrafen? Ist er aber eines, dank welch barbarischer, törichter Inkonsequenz bestraft ihr ihn dann mit einem ähnlichen Verbrechen?

Es bleibt uns noch übrig, von den Pflichten des Menschen gegen sich selbst zu sprechen. Da der Philosoph diese Pflichten nur anerkennt, so weit sie seinem Genusse oder seiner Selbsterhaltung dienen, ist es überflüssig, ihm ihre Erfüllung ausdrücklich zu empfehlen, noch überflüssiger aber, ihm Strafen aufzuerlegen, wenn er dagegen verstößt.

Das einzige Delikt, das der Mensch innerhalb dieser Abteilung begehen könnte, ist der Selbstmord. Ich werde mich hier nicht damit vergnügen, den Schwachsinn der Leute zu beweisen, die diese Tat zu einem Verbrechen stempeln: wer noch Zweifel darüber hegt, den verweise ich auf den berühmten Brief Rousseaus. Nahezu alle Regierungen des Altertums erlaubten

* Das salische Gesetz bestrafte den Mord nur mit einer einfachen Geldbuße, und da der Schuldige leicht Mittel und Wege fand, sich ihr zu entziehen, bestimmte Childebert, der König *Austrasiens*, in einer in Köln erlassenen Verordnung, die Todesstrafe solle nicht den Mörder treffen, sondern denjenigen, der sich der gegen den Mörder verhängten Geldbuße entziehen würde. Das *ribuarische Gesetz* verhängte für diese Tat ebenfalls nur eine Geldbuße, je nach dem Rang des getöteten Individuums. Ein Priester war teuer: man verfertigte für den Mörder ein Unterkleid aus Blei, seiner Größe entsprechend, und er mußte sein Gewicht in Gold aufwiegen, andernfalls wurden der Schuldige und seine Familie Sklaven der Kirche.

den Selbstmord aus politischen und religiösen Gründen. Die Athener erläuterten vor dem Areopag die Gründe, die sie zum Selbstmord veranlaßten: hernach erdolchten sie sich. Alle Staatswesen Griechenlands duldeten den Selbstmord; er war im Plan der Gesetzgeber vorgesehen; man tötete sich öffentlich, und machte aus seinem Tode ein aufwendiges Schauspiel. Die römische Republik ermutigte den Selbstmord: die berühmten Opfertaten für das Vaterland waren nichts anderes als Selbstmorde. Als Rom von den Galliern eingenommen wurde, gaben sich die bekanntesten Senatoren den Tod. Wenn wir diese Gesinnung wiederaufleben lassen, eignen wir uns die gleichen Tugenden an. Während des Feldzugs von 1792 hat sich ein Soldat aus Kummer darüber getötet, daß er seine Kameraden nicht in die Schlacht von Jemappes begleiten durfte. Wenn wir die hohe Denkart dieser stolzen Republikaner stets beherzigen, werden wir bald ihre Tugenden überflügeln: die Regierungsform macht den Menschen. Die lange Gewohnheit des Despotismus hatte unseren Mut völlig entnervt; er hatte unsere Sitten verdorben: wir erleben eine Wiedergeburt; bald wird man sehen, welch erhabener Taten französischer Geist und Charakter fähig sind, wenn sie frei sind. Erhalten wir um den Preis unseres Vermögens und unseres Lebens diese Freiheit, die uns schon so viele Opfer gekostet hat; bedauern wir keines dieser Opfer, wenn wir ans Ziel gelangen; sie alle sind freiwillig gebracht worden. Entwerten wir nicht diese Blutopfer! Aber seid einig ... einig, oder wir werden die Frucht aller unserer Mühsal verlieren! Schaffen wir auf den Siegen, die wir davontragen, ausgezeichnete Gesetze! Unsere ersten Gesetzgeber waren noch Sklaven des Despoten, den wir endlich zerschmettert haben, und gaben uns nur Gesetze, die des Tyrannen würdig waren, dem sie noch immer Weihrauch streuten: erneuern wir ihr Werk, bedenken wir, daß wir schließlich für Republikaner und Philosophen arbeiten; unsere Gesetze seien so sanft wie das Volk, das sie lenken sollen.

Indem ich, wie ich es eben getan habe, die Nichtigkeit, die Gleichgültigkeit einer Unzahl von Taten aufzeige, die unsere Vorväter, von einer falschen Religion verführt, als verbrecherisch ansahen, verringere ich diese Mühsal auf ein Minimum. Schaffen wir wenige, aber gute Gesetze. Es kommt nicht darauf an, die Zügel zu vervielfachen: es geht darum, die auferlegten Zügel unzerstörbar zu machen. Die Gesetze, die wir erlassen, sollen nur der Ruhe des Bürgers dienen, seinem Glück und dem Glanz der Republik. Wenn ihr aber den Feind aus eurem Lande verjagt habt, Franzosen, so wollte ich nicht, daß der Eifer, eure Prinzipien auszubreiten, euch weitertriebe; nur mit Feuer und Schwert könnt ihr sie bis ans Ende der Erde tragen. Bevor ihr solche Entschlüsse faßt, erinnert euch an den Mißerfolg der Kreuzzüge! Glaubt mir, wenn der Feind auf der anderen Rheinseite stehen wird, so hütet eure Grenzen und bleibt zu Hause! Hebt euren Handel, gebt euren Manufakturen neue Kraft und neue Absatzmärkte! Führt eure Künste zu neuer Blüte! Ermutigt die Landwirtschaft, die in einer Regierungsform wie der eurigen so notwendig ist; ihr Auftrag soll darin bestehen, an die ganze Welt liefern zu können, ohne jemanden nötig zu haben. Laßt die Throne Europas von selber einstürzen: euer Beispiel und euer Wohlstand werden sie bald umstoßen, ohne daß ihr euch darum kümmern müßtet.

Unbesiegbar in eurem Lande und Vorbild aller Völker dank eurer Ordnungen und guten Gesetze, werden sich alle Regierungen der Welt darum bemühen, euch nachzueifern, und es wird keine geben, die sich nicht durch ein Bündnis mit euch geehrt fühlen würde. Wenn ihr jedoch um der eitlen Ehre willen, eure Prinzipien in die Ferne zu tragen, die Sorge um euer eigenes Glück vernachlässigt, wird der nur schlummernde Despotismus neu erstehen; innere Zwietracht wird euch zerreißen; ihr werdet eure Finanzkraft und eure Soldaten erschöpfen, und all das, um abermals die Fesseln zu küssen, die euch Tyrannen auferlegen werden, indem sie euch in eurer

Abwesenheit unterwerfen. Alles, was ihr wünscht, kann geschehen, ohne daß ihr eure Heime verlassen müßtet; wenn euch die anderen Völker glücklich sehen, werden sie dem Glück auf derselben Straße nachjagen, die ihr ihnen vorgezeichnet habt.*

* Man denke daran, daß der Krieg im Ausland nur von dem schurkischen *Dumouriez* vorgeschlagen worden ist.

Anmerkungen

Die utopische Insel Tamoé

Unsere Auswahl hält sich an die von Gilbert Lély besorgte Gesamtausgabe der Schriften des Marquis de Sade (Paris, Au cercle du livre précieux, 1966). Bei der Wiedergabe der Utopie von Tamoé, einem Teilstück des Reiseberichts von Sainville aus »Aline et Valcour«, haben wir an vier Stellen geringfügige Kürzungen vorgenommen; Sainville spricht darin den um Madame de Blamont versammelten Hörerkreis an; die Aufnahme dieser auf das Romanpersonal verweisenden Bezüge hätte die Geschlossenheit der utopischen Erzählung beeinträchtigt.

26 In den von Herodot und Diodor überlieferten Sesostris-Sagen sind Züge verschiedener Pharaonen dieses Namens vereinigt; sie gehören der 12. Dynastie an (XV.–XIV. Jahrhundert v. Chr.).

39 Fu-hi, einer der weisen chinesischen Urkaiser, soll gegen 3300 v. Chr. den Kalender erfunden, Ackerbau und Musik begründet und die Ehe gestiftet haben. Die mit seinem Namen verbundenen Legenden gelten heute als unhistorisch.

Unbedingte Verehrer des Kalifen Ali (ca. 650 n. Chr.) sind die Schiiten.

43 Grève – der alte Name des Platzes vor dem Rathaus von Paris. Er diente als Hinrichtungsstätte.

Mérindol (Vaucluse) – der Ort erlangte traurige Berühmtheit, als die nicht-katholische Einwohnerschaft 1545 niedergemetzelt wurde.

Cabrières-d'Aigues (Vaucluse) – unter Franz I. wurden auf Beschluß des Gerichtshofes von Aix 3000 der Ketzerei verdächtige Einwohner dieses Dorfes hingerichtet.

Amboise – nach der Aufdeckung der Verschwörung, durch welche die Calvinisten 1560 den jungen Franz II. dem Einfluß der Guisen entziehen wollten, wurden die Anführer der Protestanten gehängt.

50 Heinrich II., Fürst von Montmorency (1595–1632), ergriff Partei gegen Richelieu, den Vorkämpfer der königlichen Machtstellung, wurde im Kampf gefangengenommen und wegen Majestätsbeleidigung hingerichtet.

51 Die Liga von Malines wurde 1313 vom Papst, Maximilian I., Ferdinand dem Katholischen von Spanien und England abgeschlossen, um Frankreichs Macht zu brechen.

53 Das Edikt von Romorantin bewahrte Frankreich vor der Inquisition; das Parlament registrierte es nach langem Widerstand. Die Partei der Sechzehn versuchte 1588, unter dem Einfluß der Guisen, Heinrich III. auf ihre Politik zu verpflichten. Königstreue Truppen versuchten Paris von Guise-Anhängern zu säubern, mußten jedoch vor den von der Bevölkerung errichteten Barrikaden kapitulieren. Der König floh aus der Stadt, um seine Unabhängigkeit zu retten.

54 Jean Calas, calvinistischer Kaufmann in Toulouse, wurde 1762 gerädert, mit der Begründung, er habe seinen Sohn am Übertritt zum Katholizismus gehindert. Voltaire erreichte nach langer Bemühung die Rehabilitation des Hingerichteten und die Entschädigung seiner Familie.

Pierre-Paul Sirven, geb. 1709 in Castres, wurde des Mordes angeklagt, als seine Tochter, die man gewaltsam zum Katholizismus zu bekehren versucht hatte, im Wahnsinn Selbstmord beging; er flüchtete mit seiner Familie und rettete sich nach größten Entbehrungen in die Schweiz (1764).

Marie Salmon, geb. 1761, Dienstmädchen in Caen, wurde unter dem Verdacht, ihre Herrschaft vergiftet zu haben, zum Tode verurteilt und erst kurz vor der Hinrichtung freigesprochen.

Jean-François, Chevalier de la Barre (1747–1766) war von Denunzianten angeklagt worden, er habe bei einer Prozession den Hut auf dem Kopf behalten, Schmählieder gegen Maria Magdalena gesungen und ein Kruzifix zerbrochen. Der Bischof von Amiens beeinflußte den Urteilsspruch des Gerichtes, der verfügte, de la Barre solle gefoltert und bei schwachem Feuer verbrannt werden. Auch bei der Berufungsverhandlung in Paris war der Einfluß des Klerus so stark, daß das Urteil bestätigt wurde. Voltaire setzte sich für den Hingerichteten ein, und die Nationalversammlung hob 1794 das Schandurteil des Ancien Régime gegen de la Barre auf.

94 Bélisaire – moralpolitischer Roman Marmontels (1767).

95 Louis-Dominique Cartouche, wegen seiner Kaltblütigkeit und seiner Bonmots berühmter Dieb, der 1721 hingerichtet wurde.

100 Andronikus I., Kaiser von Byzanz, verübte während seiner

kurzen Regierungszeit (1183–1185) so abscheuliche Greueltaten, daß sich das Volk gegen ihn empörte und ihn ermordete.
Prosper Farinacius (1554–1613), berühmter italienischer Jurist von lockerem Lebenswandel.

106 Antoine de Sartine (1729–1801), führte als Polizeipräsident und Minister die Straßenbeleuchtung ein; auf sein Schuldkonto gingen viele Verhaftungen ohne Urteilsspruch. 1780 wurde er auf Drängen Neckers entlassen und emigrierte nach Spanien.

131 Jean-François, Marquis de Saint-Lambert (1716–1803), Dichter und Philosoph, der den Enzyklopädisten nahestand.
Hieronymus Cardan (1501–1576), italienischer Mathematiker und Philosoph, genialer Scharlatan.
Henri Bertin (1719–1792) war Generalinspektor der Finanzen und 1757 Polizeipräsident von Paris.

131 Klearch von Soles (4. Jh. v. Chr.); von seinen Schriften ist nichts erhalten geblieben.
Guillaume-Thomas-François Raynal (1713–1796), wurde wegen seines antikatholischen Hauptwerks »Philosophische und politische Geschichte der Niederlassungen und des Handels der Europäer in beiden Indien« (1770), an dem auch Diderot mitgearbeitet haben soll, zur Flucht aus Frankreich genötigt und fand bei Katharina II. eine Zufluchtsstätte.
Simon-Nicolas-Henri Linguet (1736–1794), einer der berühmten Advokaten und Publizisten des 18. Jahrhunderts, bekämpfte die Enzyklopädisten und wurde unter der Schreckensherrschaft der Jakobiner guillotiniert. Sade beruft sich offenbar auf sein Werk »Notwendigkeit einer Reform in der Justizverwaltung und den bürgerlichen Gesetzen Frankreichs« (1764).

Reden zu Ehren von Marat und Le Pelletier

Die verschiedenen Eingaben und Petitionen, die Sade als Sekretär und Geschworener seiner Sektion verfaßt hat – über die Reform der Krankenhäuser, über die Beteiligung des Volkes an der Abstimmung über das neue Gesetzeswerk, gegen die Aufstellung einer besoldeten Bürgermiliz in Paris – sind zeitgebundene Dokumente, die den heutigen Leser kaum interessieren können. Auch die Rede auf Marat ist eher Ausdruck einer kollektivistischen als einer individuellen Überzeugung. Sade hielt sie aus Anlaß der Enthüllung von Gedenkbüsten für die ermordeten Revolutionspolitiker Marat und Le Peltier. Am 29. 9. 1793 beschloß die Sektion ihre Drucklegung. Mit Le Peltier verband Sade die Forderung nach staatlicher Kindererziehung, an Marat wird er den konsequenten Kampf gegen den Despotismus der Könige geschätzt haben. Es ist nicht anzunehmen, daß Marats Blutjustiz dem Bekämpfer der Todesstrafe Sympathien eingeflößt hat. Sich von Marats Taten zu distanzieren, wäre jedoch für Sade selbstmörderisch gewesen. Die Rede auf Marat muß daher, wenigstens teilweise, als Dokument des Opportunismus angesehen werden. Das zeigt sich vor allem in der Beurteilung von Charlotte Corday; Sade verurteilt sie mit den Argumenten der Jakobiner, während beispielsweise André Chénier, der Poet der Revolution, unbefangen genug war, ihre edelmütigen Motive anzuerkennen. Nach seiner Verhaftung im Dezember 1793 hat Sade die Marat-Rede seinen Richtern als Entlastungsmaterial vorgelegt. Sie stellt den einzigen historisch nachweisbaren Berührungspunkt zwischen den beiden heterogenen Exponenten der Revolutionszeit dar.

Le Pelletier (Louis-Michel le Peltier de Saint-Fargeau), (1760 – 20. 1. 1793), ging als Vertreter des Pariser Adels bei den Generalstaaten von 1789 zur Volkspartei über, vertrat liberale und demokratische Ideen und bekämpfte energisch die Todesstrafe. Als Abgeordneter der Nationalversammlung (1792) trat er für die Pressefreiheit ein und forderte den Tod Ludwigs XVI. Am Vorabend der Hinrichtung des Königs wurde er im Palais Royal von einem früheren Leibgardisten wegen seines Votums gegen Ludwig XVI. niedergestochen. Seine letzten Worte lauteten: »Ich bin zufrieden, daß ich mein Blut für das Vaterland vergieße; ich hoffe, es wird dazu dienen, die Freiheit und Gleichheit zu befestigen und ihre Feinde sichtbar zu machen.« Die Beisetzung Le Peltiers vollzog sich unter starker Beteiligung der Jakobiner und der Pariser Sektionen; sein »Plan der öffentlichen Erziehung« wurde von Robespierre vor der Nationalversammlung verlesen.

Franzosen, noch eine Anstrengung, wenn ihr Republikaner bleiben wollt

Das Pamphlet entstammt dem Roman »La Philosophie dans le boudoir« (1795). Offenbar war es Sade darum zu tun, seinem utopischen Entwurf die größte mögliche Resonanz zu verschaffen; daher hat er ihn recht unvermittelt in einen Roman eingeschoben, der einen großen Leserkreis ansprechen sollte. Mit der aristokratischen Wüstlingsgesellschaft, die der Roman schildert, hat das Pamphlet kaum etwas zu schaffen; Dolmancé und seine Spießgesellen repräsentieren die Auswüchse des Ancien Régime. Das Pamphlet hingegen versucht die permanente Immoralität der Revolutionsgesellschaft theoretisch zu begründen. Der Verdacht liegt nahe, daß Sade der Übergang von der sittlichen Korruption der aristokratischen Gesellschaft zu einer neuen, diesmal republikanischen Korruption nicht schwer gefallen sein kann.

149 Am 27. 11. 1790 beschloß die Nationalversammlung, von allen Priestern den Schwur auf die »Constitution civile« zu fordern, auf Grund deren die katholische Kirche in Frankreich verwaltungstechnisch neu geordnet, die Klöster aufgehoben und die Besoldung der Priester dem Staat übertragen wurde. 52–55 % der Priester verweigerten diesen Schwur (der sogenannte »clergé réfractaire«), nachdem der Papst die Constitution civile im April 1791 verurteilt hatte. Die Nationalversammlung beschloß die Verfolgung der ohne Schwur weiteramtierenden Geistlichen und hetzte den Pöbel gegen die Gläubigen auf, die den »curés réfractaires« den Vorzug gaben.

Robespierre wurde am 28. 7. 1794 guillotiniert. Sades Pamphlet entstand also in den Monaten, in denen die neue Verfassung ausgearbeitet wurde (Dezember 1794 – August 1795).

Paul Scarron, burlesker Dichter und Dramatiker (1610–1660), verheiratet mit der späteren Geliebten Ludwigs XIV., Madame de Maintenon. Sein Hauptwerk ist der »Roman comique« (1651).

171 Den Schwur, das Eigentum zu achten, legte die Nationalversammlung am 20. 9. 1792 ab.

176 Sardanapal IV., König von Assyrien, starb 817 v. Chr. Die Geschichte schreibt ihm Prunksucht und Völlerei zu. Auf sei-

nem Grab soll die Inschrift gestanden haben: »Wanderer, iß und trink und vergnüge dich; alles Übrige ist nichts wert.«

185 Pegu, Stadt in Burma, 1323 Hauptstadt des Mon-Reiches, ab 1852 unter englischer Herrschaft.

Gabun – heute selbständiger Teil des ehem. französischen Äquatorialafrika.

189 Benguela, Provinzhauptstadt in Port.-Angola.

Amasia, Stadt in Anatolien (nicht in Kreta), von Lukullus unter römische Herrschaft gebracht, Geburtsort des Geographen Strabo.

Hieronymus von Rhodos, Schüler des Aristoteles, lebte gegen 300 v. Chr.

190 Sextus Empiricus, griechischer Philosoph, Skeptiker, lebte gegen 200 n. Chr. in Alexandrien und in Rom. Seine Schriften sind eine wertvolle Quelle für die griechische Philosophie.

Sixtus V. (1521–1590), einer der großen Päpste der Gegenreformation. Thomas Sanchez, spanischer Jesuit und berühmter Kasuistiker (1550–1610). In seinen »Disputationes de sancto matrimonii sacramento« erörtert er die heikelsten Einzelheiten des Ehelebens mit einem die Obszönität streifenden Freimut.

197 Mindanao – die zweitgrößte Insel der Philippinen.

Curagaos – gemeint sind offenbar die Bewohner der Antilleninsel Curaçåo.

Tangut – 883 n. Chr. gründeten die mongolisch-tibetanischen Tanguten ein von China unabhängiges Reich, das 1227 von Dschingis-Chan erobert wurde.

198 Cachao, kleine westafrikanische Stadt unter portugiesischer Verwaltung (S. Tomé).

Batavia, bis 1950 Name von Dschakarta; die »Inder« sind also Indonesier.

199 Orinoco – Fluß in Südvenezuela, mit dem Amazonas verbunden.

200 Dezemvirn – die zehn römischen Gesetzgeber der frühen Republik (448–446 v. Chr.), die das sogenannte 12-Tafel-Gesetz aufstellten.

201 Charles de Bourbon, Graf von Charolais (1700–1760), Sohn des Prinzen Condé, pflegte mit Musketenschüssen Dachdecker von den Häusern herunterzuschießen, um sich an ihrem Todeskampf zu weiden. Um gerichtlicher Verfolgung zu entgehen,

bat er Ludwig XV. um Gnade. Der Monarch erteilte ihm die von Sade zitierte Antwort.

Austrasien (oder Austrien), unter den Merowingern der östliche Teil des Frankenreiches mit den Hauptstädten Reims und Metz.

202 Ribuarisches Gesetz, Volksrecht der ribuarischen Franken, verfaßt unter Benutzung der Lex Salixa und des burgundischen Volksrechts. Es stammt aus dem 7.–8. Jahrhundert.

Charles-François Dumouriez (1739–1823), wechselte in der Revolutionszeit von den Jakobinern zu den Girondisten über. Im März 1792 wurde er Außenminister, im August des gleichen Jahres Befehlshaber der Nordarmee. Er eroberte Belgien; nach der Niederlage von Neerwinden plante er einen Marsch auf Paris und lieferte die Abgesandten des Konvents an die Österreicher aus. Als ihm die Armee die Gefolgschaft versagte, trat er zu den Koalitionsmächten über.

Französische, spanische, italienische Literatur im insel taschenbuch

Pietro Aretino: Kurtisanengespräche. Aus dem Italienischen von Ernst Otto Kayser. Mit Anmerkungen des Übersetzers und einem Nachwort von Helmuth Faust. it 948

Honoré de Balzac: Eugénie Grandet. Aus dem Französischen von Gisela Etzel. Herausgegeben von Eberhard Wesemann. it 1127

– Die Frau von dreißig Jahren. Aus dem Französischen übertragen von Werner Blochwitz. it 460

– Das Mädchen mit den Goldaugen. Aus dem Französischen von Ernst Hardt. Mit einem Vorwort von Hugo von Hofmannsthal. Zehn Illustrationen von Marcus Behmer. it 60

– Tolldreiste Geschichten. Aus dem Französichen von Benno Rüttenauer. Mit Illustrationen von Gustave Doré. it 911

– Über die Liebe. Sein Weltbild aus seinen Werken. Zusammengestellt und mit einem Essay herausgegeben von Stefan Zweig. it 715

Giambattista Basile: Das Märchen aller Märchen. ›Der Pentamerone‹. 5 Bde. Deutsch von Felix Liebrecht. Herausgegeben und mit einem Nachwort versehen von Walter Boehlich. it 354

Charles Baudelaire: Die Blumen des Bösen. Übertragen von Carlo Schmid. it 120

Pierre Augustin Caron de Beaumarchais: Die Figaro-Trilogie. Deutsch von Gerda Scheffel. Nachwort von Norbert Miller. Mit zeitgenössischen Illustrationen. it 228

Cesare Beccaria: Über Verbrechen und Strafen. Nach der Ausgabe von 1766. Übersetzt und herausgegeben von Wilhelm Alff. it 1068

Die Wahrheiten des G. G. Belli. Römer, Huren und Prälaten. Eine Auswahl seiner frechen und frommen Verse. Vorgestellt und aus dem Italienischen übertragen von Otto Ernst Rock. it 754

Hector Berlioz: Groteske Musikantengeschichten. Aus dem Französischen von Elly Ellès. it 859

Die Blümlein des heiligen Franziskus von Assisi. Aus dem Italienischen nach der Ausgabe der Tipografia Metastasio, Assisi 1901, von Rudolf G. Binding. Mit Initialen von Carl Weidemeyer. it 48

Boccaccio: Erotische Geschichten. Aus dem Italienischen von Albert Wesselski. Mit einem Aufsatz von Friedrich Schlegel und Zeichnungen von Jakob Schwarzkopf. it 1078

Leben des Benvenuto Cellini florentinischen Goldschmieds und Bildhauers. Von ihm selbst geschrieben, übersetzt und mit einem Anhange herausgegeben von Johann Wolfgang Goethe. Mit einem Nachwort von Harald Keller. it 525

Miguel de Cervantes Saavedra: Die Novellen. Übersetzt von Konrad Thorer. it 1007

152/1/7.88

Französische, spanische, italienische Literatur
im insel taschenbuch

Miguel de Cervantes Saavedra: Der scharfsinnige Ritter Don Quixote von der Mancha. Mit einem Essay von Iwan Turgenjew und einem Nachwort von André Jolles. Mit Illustrationen von Gustave Doré. 3 Bde. it 109

George Clémenceau: Claude Monet. Betrachtungen und Erinnerungen eines Freundes. Mit einem Nachwort von Gottfried Boehm. it 1152

Collodi: Pinocchios Abenteuer. Aus dem Italienischen von Nino Erné. Mit farbigen Bildern von Sabine Friedrichson. it 1047

Hernán Cortés: Die Eroberung Mexikos. Drei Berichte von Hernán Cortés an Kaiser Karl V. Mit 112 Federlithographien von Max Slevogt. Übersetzungen von Mario Spiro und C. W. Koppe. Herausgegeben von Claus Litterscheid. it 393

Dante: Die Göttliche Komödie. Mit fünfzig Holzschnitten von Botticelli. Deutsch v. Friedrich Freiherrn von Falkenhausen. 2 Bde. it 94

Alphonse Daudet: Briefe aus meiner Mühle. Aus dem Französichen übertragen von Alice Seiffert. it 446

– Tartarin von Tarascon. Die wunderbaren Abenteuer des Tartarin von Tarascon. Mit 45 Zeichnungen von Emil Preetorius. it 84

Denis Diderot: Erzählungen und Gespräche. Übersetzt von Katharina Scheinfuß. it 554

– Jakob und sein Herr. In der Übersetzung von Mylius. Herausgegeben von Horst Günther. it 772

– Die Nonne. Mit einem Nachwort von Robert Mauzi, die Übersetzung des Nachworts besorgte Margaret Carroux. it 31

– Rameaus Neffe. Le Neveu de Rameau. Ein Dialog. Übersetzt von Goethe. Zweisprachige Ausgabe. Mit Zeichnungen von Antoine Watteau. Herausgegeben und mit einem Nachwort versehen von Horst Günther. it 775

Alexandre Dumas: Die drei Musketiere. Aus dem Französischen von Herbert Bräuning. it 1131

– Der Graf von Monte Christo. 2 Bde. Bearbeitung einer alten Übersetzung von Meinhard Hasenbein. Mit Illustrationen von Pavel Brom und Dagmar Bromova. it 266

– Die Kameliendame. Aus dem Französischen von Walter Hoyer. Mit Illustrationen von Paul Gavarni. it 546

Dominique Fernandez: Süditalienische Reise. Aus dem Französischen von Julia Kirchner. Mit Fotografien von Martin Thomas. it 1076

Gustave Flaubert: Bouvard und Pécuchet. Aus dem Französischen übersetzt von Georg Goyert. Mit Illustrationen von András Karakas. Mit einem Vorwort von Victor Brombert und einem Nachwort von Uwe Japp. it 373

152/2/7.88

Französische, spanische, italienische Literatur im insel taschenbuch

Gustave Flaubert: Drei Erzählungen. Trois contes. Übersetzt und herausgegeben von Cora van Kleffens und André Stoll. it 571
– Lehrjahre des Gefühls. Geschichte eines jungen Mannes. Übertragen von Paul Wiegler. Mit einem Essay und einer Bibliographie von Erich Köhler. it 276
– Madame Bovary. Revidierte Übersetzung aus dem Französischen von Arthur Schurig. it 167
– November. Aus dem Französischen übersetzt von Ernst Sander. Mit einem Nachwort von Monika Bosse. it 411
– Reise in den Orient. Ägypten. Nubien. Palästina. Syrien. Libanon. Aus dem Französischen von Reinhold Werner und André Stoll. Mit Photographien von Maxime Du Camp, einem Register und einem Nachwort. Herausgegeben von André Stoll. it 619
– Salammbô. Herausgegeben und mit einem Nachwort versehen von Monika Bosse und André Stoll. Aus dem Französischen übersetzt von Georg Brustgi. it 342
Anatole France: Blaubarts sieben Frauen und andere Erzählungen. Mit Illustrationen von Lutz Siebert. Aus dem Französischen von Irmgard Nickel. »Die Affäre Crainquebille« wurde von Günther Steinig übersetzt. it 510
Federico García Lorca: Die dramatischen Dichtungen. Deutsch von Enrique Beck. it 3
Edmond und Jules de Goncourt: Germinie Lacerteux. Aus dem Französischen von Curt Noch. it 1054
– Tagebücher. Aufzeichnungen aus den Jahren 1851-1870. Nach der ersten Gesamtausgabe der Académie Goncourt ausgewählt, übertragen und herausgegeben von Justus Franz Wittkop. it 692
Victor Hugo: Notre-Dame von Paris. Aus dem Französischen von Else von Schorn. Mit zeitgenössischen Illustrationen. it 298
Choderlos de Laclos: Schlimme Liebschaften. Mit 14 Kupferstichen. Übertragen und eingeleitet von Heinrich Mann. it 12
Madame de Lafayette: Die Prinzessin von Clèves. Roman. Aus dem Französischen von Julia Kirchner. Mit einem Nachwort von Emile Magne. it 768
Bartolomé de Las Casas: Kurzgefaßter Bericht von der Verwüstung der Westindischen Länder. Herausgegeben von Hans Magnus Enzensberger. Deutsch von D. W. Andreä. it 553
Giacomo Leopardi: Gedichte und Prosa. Ausgewählte Werke. Ausgewählt und übersetzt von Ludwig Wolde. Mit einem Nachwort von Ralph-Rainer Wuthenow. it 104

152/3/7.88

Französische, spanische, italienische Literatur im insel taschenbuch

Alain René Le Sage: Die Geschichte des Gil Blas von Santillana. Aus dem Französichen von Konrad Thorer. Mit Illustrationen von Daniel Chodowiecki. it 949

Pierre Carlet de Marivaux: Die Abenteuer des jungen Brideron. Eine Parodie. Übersetzt und herausgegeben von Gerda Scheffel. it 1035

– Betrachtende Prosa. Aus dem Französischen übertragen und mit einem Nachwort herausgegeben von Gerda Scheffel. it 1049

– Das Spiel von Liebe und Zufall. Und andere Komödien. Aus dem Französischen und mit einem Nachwort von Gerda Scheffel. it 805

Guy de Maupassant: Bel-Ami. Aus dem Französischen von Josef Halperin. Mit zeitgenössischen Illustrationen. it 280

– Die Brüder. Novelle. Deutsch von Ernst Weiß. Mit Illustrationen von Géo Dupuis. it 712

– Das Haus Tellier. Und andere Erzählungen. Ausgewählt und mit einem Nachwort versehen von Werner Berthel. Mit zeitgenössischen Illustrationen. Aus dem Französischen übersetzt von Helmut Bartuschek und Karl Friese. it 248

– Pariser Abenteuer. Und andere Erzählungen. Ausgewählt von Werner Berthel. Mit zeitgenössischen Illustrationen. Aus dem Französischen von Helmut Bartuschek und Karl Friese. it 106

– Unser einsames Herz. Herausgegeben und mit einem Nachwort versehen von Dolf Oehler. Mit zeitgenössischen Illustrationen. Aus dem Französischen von Josef Halperin. it 357

Louis Sébastien Mercier: Mein Bild von Paris. Mit dreiundvierzig Wiedergaben nach Kupferstichen. Übertragen und herausgegeben von Jean Villain. it 374

Prosper Mérimée: Carmen. Mit Zeichnungen von Pablo Picasso. Aus dem Französischen übersetzt von Franz Schnabel. it 361

Jules Michelet: Die Frauen der Revolution. Herausgegeben und übersetzt von Gisela Etzel. Mit zahlreichen Abbildungen. it 726

Honoré-Gabriel Mirabeau: Der gelüftete Vorhang oder Lauras Erziehung. Aus dem Französischen von Eva Moldenhauer. Nachbemerkung von Norbert Miller. it 32

– Preußische Monarchie und Französische Revolution. Herausgegeben von Horst Günther. it 1118

Jean Baptiste Poquelin Molière: Der eingebildete Kranke. Aus dem Französischen von Johanna Walser und Martin Walser. it 1014

– Der Menschenfeind. Nach dem Französischen des Molière von Hans Magnus Enzensberger. it 401

152/4/7.88

Französische, spanische, italienische Literatur im insel taschenbuch

Michel de Montaigne: Essais. Herausgegeben und mit einem Nachwort versehen von Ralph-Rainer Wuthenow. Revidierte Fassung der Übertragung von Johann Joachim Bode. it 220

– Tagebuch einer Reise durch Italien. Aus dem Französischen von Otto Flake. it 1074

Michel de Montesquieu: Perserbriefe. Aus dem Französischen von Jürgen von Stackelberg. Mit Anmerkungen zum Text und einem Nachwort. it 458

Ippolito Nievo: Pisana oder die Bekenntnisse eines Achtzigjährigen. Roman. Aus dem Italienischen von Charlotte Birnbaum. it 880

Blaise Pascal: Größe und Elend des Menschen. Aus den »Pensées«. Auswahl, Übersetzung und Nachwort von Wilhelm Weischedel. it 441

– Über die Religion. Und über einige andere Gegenstände. Aus dem Französischen übertragen und mit einem Nachwort herausgegeben von Ewald Wasmuth. it 1008

Jan Potocki: Die Handschrift von Saragossa. 2 Bde. Herausgegeben von Roger Caillois. Aus dem Französischen von Louise Eisler-Fischer, aus dem Polnischen von Maryla Reifenberg. Mit Bildern von Goya. it 139

Abbé Prévost: Manon Lescaut. Geschichte des Ritters Des Grieux und der Manon Lescaut. Mit einem Nachwort von Josef Heinzelmann. Illustrationen von Franz von Bayros. Aus dem Französischen von Elisabeth von Hase und Walter Hoyer. it 518

Marcel Proust/Eugène Atget: Ein Bild von Paris. Texte und Photographien. Herausgegeben von Arthur D. Trottenberg. it 669

François Rabelais: Gargantua und Pantagruel. Mit Illustrationen von Gustave Doré. Herausgegeben von Horst und Edith Heintze. 2 Bände. it 77

Jean-Jacques Rousseau: Bekenntnisse. Aus dem Französischen von Ernst Hardt. Mit einer Einführung von Werner Krauss. it 823

– Zehn botanische Lehrbriefe für eine Freundin. Mit siebzehn Illustrationen von P. J. Redouté. Herausgegeben und aus dem Französischen übersetzt von Ruth Schneebeli-Graf. it 366

Marquis de Sade: Schriften aus der Revolutionszeit. 1788-1795 Herausgegeben von Georg Rudolf Lind. it 1117

George Sand: Geschichte meines Lebens. Aus ihrem autobiographischen Werk ausgewählt und mit einer Einleitung versehen von Renate Wiggershaus. it 313

– Indiana. Aus dem Französischen von A. Seubert. Mit einem Essay von Annegret Stopczyk. it 711

152/5/7.88

Französische, spanische, italienische Literatur im insel taschenbuch

152/6/7.88

Französische, spanische, italienische Literatur im insel taschenbuch

Voltaire: Zadig oder das Schicksal. Eine orientalische Erzählung. Aus dem Französischen von Ilse Lehmann. Mit vierzig Radierungen von Marcus Behmer. it 121

Emile Zola: Germinal. Aus dem Französischen von Armin Schwarz. Mit Illustrationen von Renate Sendler-Peters. it 720

– Nana. Aus dem Französischen und mit einem Nachwort versehen von Erich Marx. Illustrationen von Renate Sendler-Peters. it 398

– Thérèse Raquin. Aus dem Französischen von Ernst Hardt. it 1146

152/7/7.88